国家文化产业资金支持媒体融合重大项目

21世纪新概念教材 · 高等职业教育现代物流管理专业教材新系

全国联编

商品检验与养护

【第六版】

汪永太 编著

Shangpin Jianyan Yu Yanghu

东北财经大学出版社 Dongbei University of Finance & Economics Press | 大连

图书在版编目（CIP）数据

商品检验与养护 / 汪永太编著．—6版．—大连：东北财经大学出版社，2022.3

（21世纪新概念教材·高等职业教育现代物流管理专业教材新系）

ISBN 978-7-5654-4450-0

Ⅰ．商…　Ⅱ．汪…　Ⅲ．①商品检验-高等职业教育-教材 ②商品养护-高等职业教育-教材　Ⅳ．①F760.6 ②F760.4

中国版本图书馆CIP数据核字（2022）第018092号

东北财经大学出版社出版

（大连市黑石礁尖山街217号　邮政编码　116025）

网　　址：http：//www.dufep.cn

读者信箱：dufep@dufe.edu.cn

大连图腾彩色印刷有限公司印刷　　东北财经大学出版社发行

幅面尺寸：185mm×260mm　字数：341千字　印张：16　插页：1

2022年3月第6版　　2022年3月第1次印刷

责任编辑：郭海雷　　责任校对：思　齐

封面设计：冀贵收　　版式设计：钟福建

定价：40.00元

教学支持　售后服务　　联系电话：（0411）84710309

如有印装质量问题，请联系营销部：（0411）84710711

第六版前言

《国家职业教育改革实施方案》明确提出："坚持以习近平新时代中国特色社会主义思想为指导，把职业教育摆在教育改革创新和经济社会发展中更加突出的位置。牢固树立新发展理念，服务建设现代化经济体系和实现更高质量更充分就业需要，对接科技发展趋势和市场需求，完善职业教育和培训体系，优化学校、专业布局，深化办学体制改革和育人机制改革，以促进就业和适应产业发展需求为导向，鼓励和支持社会各界特别是企业积极支持职业教育，着力培养高素质劳动者和技术技能人才。"2021年10月，中共中央办公厅、国务院办公厅印发《关于推动现代职业教育高质量发展的意见》，提出了"深化教育教学改革""改进教学内容与教材"等具体要求。

为了使本教材与现代职业教育"培养更多高素质技术技能人才、能工巧匠、大国工匠，为全面建设社会主义现代化国家提供有力人才和技能支撑"目标同步，强化学生综合职业能力的培养，提升学生整体素质，促进职业技术技能培养与职业精神培养相融合，编者依照东北财经大学出版社提出的教材升级要求对教材进行了修订。第六版教材的框架和体例与第五版教材基本相同，保证了教材特色的延续性；教材内容则根据社会经济和高等职业教育的新发展进行了相应修订，保证了教材的与时俱进性。

本教材具有以下特点：

1. 教材紧紧围绕"知识传授与价值引领相结合"的课程目标，落实立德树人根本任务，提炼思政元素，设置思政目标，推进专业课程思政的实施，实现全过程育人。

2. 教材继续以提高学生职业素养为基础，以能力为本位，融思想性、知识性、技能性和时代性于一体，着力培养学生精益求精的工作态度、社会适应能力、岗位适应能力和实践操作能力。

3. 在保持原有栏目的基础上，各章继续嵌入数字学习资源二维码，供教师和学生进一步拓展学习内容。在案例使用上，一方面尽量甄选近二年的新案例，另一方面沿用了一些有长期使用价值的典型案例。

4. 在具体内容方面，根据2020年版《中华人民共和国药典》等对药品检验的内容作了较多修改；对商品检验的方法与数据处理、纺织品与日用商品的检验等内容作了部分修改；地理标志、冷链食品溯源、种子安全、智能化包装、温湿度智能化管理、食品保鲜新技术等与商品检验与养护相关的最新研究成果在本次修订中也有所反映。

为方便教学，本教材提供配套的PPT电子课件和章后习题参考答案与提示，使用本教材的任课教师可登录东北财经大学出版社网站（www.dufep.cn）查询或下载。本教材既可作为高等职业教育本科和高等职业教育专科的财经商贸大类、交通运输大类相关专业的教材，也可作为成人教育教材和职业培训教材。

本次修订工作仍由汪永太完成。在修订过程中，编者参阅了大量文献，得到了学校领导、有关部门专家和老师的大力支持与帮助，尤其是得到安徽商贸职业技术学院领导和老师、芜湖新瑞医药有限公司佘晓菊女士、国药控股芜湖有限公司金红女士、东北财经大学出版社郭海雷编辑等人员的指导和帮助，在此一并致谢。

由于编者水平有限，教材中的缺点和不足在所难免，敬请同行专家和广大读者赐教匡正。

编著者

2021年10月于芜湖

第五版前言

《国务院关于加快发展现代职业教育的决定》（国发〔2014〕19号）明确提出，职业教育要“服务经济社会发展和人的全面发展，推动专业设置与产业需求对接，课程内容与职业标准对接，教学过程与生产过程对接，毕业证书与职业资格证书对接，职业教育与终身学习对接”。为了能够培养适应生产、建设、管理、服务第一线所需要的高素质技能型人才，强化学生综合职业能力，促进职业技能培养与职业精神培养融合，本书在第四版的基础上，按照东北财经大学出版社的要求进行了修订。第五版的框架与第四版基本相同，保证了教材的延续性；内容则根据社会经济和高等职业教育的新发展进行了相应修订，保证了教材的先进性。本书是高职高专院校物流管理专业及相关专业的理想教材，还可供应用型本科、成人高校和企业职工培训选用。

本书具有如下特点：

1.本次修订的指导思想仍以提高学生基本素质为基础，以能力为本位，融思想性、知识性、技能性和时代性为一体，着力培养学生的社会适应能力、岗位适应能力和实践操作能力。

2.本着高职高专教育以职业能力为本位、德技融合的教学思想，修改或删除书中陈旧过时的内容，增加了本专业课程发展及国内外最新研究成果，并同步更换了相关习题。

3.在体例结构方面，保留原有栏目的同时，本次修订嵌入了二维码链接的学习资源，供老师和学生拓展学习使用。在案例选择上，一方面尽量选用近几年的新案例，另一方面将一些有长期价值的案例作为典型案例予以保留，以保持教材的延续性。

4.在具体内容方面，对商品检验的依据、食品与药品的检验、纺织品与日用商品的检验等部分内容进行了较多修改；根据新修订的《中华人民共和国标准化法》、《中华人民共和国进出口商品检验法》、《中华人民共和国药典》和《农药标签和说明书管理办法》等，对部分内容进行了修改；智能检测、千克新定义、智能家电、环境监控、食品保鲜新技术等与商品检验及养护相关的最新研究成果在本次修订中得到了体现。

为方便教学，本书配套了PPT电子教学课件和课后习题参考答案与提示。使用本书的任课教师可登录东北财经大学出版社网站（www.dufep.cn）查询或下载这些辅助教学资源。

本书仍由汪永太修订。在修订过程中参阅了大量文献，得到了学校领导、有关部门专家和老师的大力支持与帮助，尤其是得到安徽商贸职业技术学院领导和老师、芜湖新瑞医药有限公司佘晓菊女士、国药控股芜湖有限公司金红女士、东北财经大学出版社郭海雷编辑等的指导和帮助，在此一并致谢。

由于编者水平有限，修订中的缺点和错误在所难免，敬请同行专家和广大读者赐教匡正。

编著者

2019年1月于北京

目　录

第1章
绪　论

学习目标

□ 思政目标：引导学生正确把握提高商品质量的社会意义，帮助学生形成正确的商品质量观，把满足人民对美好生活的向往作为今后工作的方向。

□ 知识目标：了解商品检验与养护的概念；认识商品检验与养护的作用；掌握商品检验与养护的内容和程序、商品质量的概念和基本要求。

□ 能力目标：能根据商品检验的内容、方式和程序，对商品检验工作进行科学的管理；能应用入库、在库和出库管理的基本技能，对商品进行日常储存管理；能够运用商品检验与养护的理论知识指导课堂学习和以后所从事的商务活动。

1.1 商品检验概述

1.1.1 商品检验的概念、内容和商品检验机构

1）商品检验的概念

商品检验就是在社会生产活动中，为实现商品的价值和使用价值，对在生产领域和进入流通领域的商品，依据合同、标准或国际、国家的有关法律、法规和惯例，运用科学手段进行检验、鉴定，以证实或判断该商品在物流过程中的品质、数量、重量、安全、卫生、包装及运载工具等方面的情况和状态，为贸易有关方面提供交接、结算、计费、计税、处理风险责任的客观凭证。

商品检验的产生和商品的生产与交换关系密切，最早的商品检验几乎与商品生产同时产生。最初的商品检验是感官检验，着重评价商品的外在质量，随着商品交换活动增加、商品结构复杂化和技术含量提升，增加了理化方面的检验项目，检验重点由外在质量逐渐转向内在质量。商品质量检验是商品检验的中心内容。现在，商品检验不仅是保证商品质量的手段，还是贸易各方维护合法权益，国家调控宏观经济、进行质量监督的有效方法。

商品检验有利于保证商品质量，维护贸易各方的合法权益；能够为仓储管理、商品安全保管与科学养护提供可靠的数据；能够促进生产和贸易的发展，为国家从宏观上控制商品质量提供客观依据；有利于维护国家的利益和声誉，增强国际竞争力。

2）商品检验的内容

（1）商品质量检验。商品质量检验包括成分、规格、等级、性能和外观检验等。它是根据合同和有关检验标准规定或申请人的要求对商品的使用价值所表现出来的各种特性运用人的感官或化学、物理等各种手段进行测试、鉴别。其目的就是判别、确定该商品的质量是否符合合同中规定的商品质量条件和标准。

案例1-1

出口半漂布合同纠纷

我国某外贸公司与欧洲G国某公司签订了出口半漂布合同。根据双边贸易协定，凡从G国进口的货物，均按G国国家标准进行验收，我国出口到对方的货物按我国国家标准验收。出口半漂布合同的品质条款规定交货品为一等品，每100米允许10个疵点，每个疵点让码10厘米。对方收到我方的出口货物后，认为我方出口的500多万米半漂布不符合合同品质条款的规定，提出了高达110万美元的索赔要求。对方也承认，这个合同的品质条款要求实际上我方做不到，但已签订了合同，就要赔偿，最后我方赔偿了相当金额后了结此案。

资料来源　万融．商品学概论［M］．北京：中国财政经济出版社，2000．

问题：出现上述问题的主要原因有哪些？对方也承认，这个合同的品质条款要求我方实际上做不到，我方为什么还赔偿？

分析提示：合同签订者未按照双边协定的规定，而是另外确定了一套品质规格和检验标准，从而使本来可以避免的损失发生了。这一方面说明我方签订合同的人员不懂商品的检验、鉴定业务（事实上我国标准规定半漂布每30厘米允许10个疵点，每类疵点都有具体规定，而合同却完全脱离了我国标准），听任对方提条件；另一方面也说明对方在签订合同时缺乏诚意。然而，既然签了合同，双方就要遵照执行。

（2）商品重量和数量的检验。商品重量和数量的多少，与其质量的优劣一样，直接关系到买卖双方的经济利益。因此，买卖双方在交易时有必要要求检验机构作出检验和鉴定。重量检验就是根据合同规定，对于不同的商品采用不同的计量方式，计量出它们准确的重量。数量检验就是按照发票、装箱单或尺码明细单等内容，对整批商品进行逐一清点，证明其实际装货数量。

案例1-2

10 000公吨大米出口合同

某出口公司在某次交易会上与外商当面谈好出口大米10 000公吨，每公吨USD275 FOB中国口岸。但在签约时，合同上只笼统地写了10 000吨（ton），我方当事人主观上认为合同上的“吨”就是公吨。后来，外商来证要求按长吨（long ton）供货，如我方照证办理则要多交大米160.5公吨，合计44 137.5美元。

资料来源 万融. 商品学概论［M］. 北京：中国财政经济出版社，2000.

问题：这里“吨”与“公吨”一字之差就涉及数万美元，你有何感想?

分析提示：这个损失主要是业务人员对计量单位的无知导致的。吨（ton）和长吨（long ton）是两种计量单位，1长吨=1.016吨。所以业务人员在签订数量条款时，一定要明确是什么计量单位，以免履行合同时被动。

（3）商品包装检验。商品包装检验是根据贸易公司或契约的规定，对商品的包装标志、包装材料、包装种类、包装方法等进行检验，查看商品包装是否完好、牢固等。事实上，商品包装检验就是对商品的销售包装和运输包装进行检验。

案例1-3

更换新包装的索赔

我国某公司出口某种化工原料，共500吨，合同规定以“单层新麻袋，每袋50千克”包装，但我方装船发货时发现新麻袋只够装450吨的货物，于是剩余50吨货物用一种更结实、价格也比新麻袋贵的涂塑麻袋包装，结果被对方索赔。

资料来源 万融. 商品学概论［M］. 北京：中国财政经济出版社，2000.

问题：我方使用了更好的包装物，结果反而被对方索赔，道理何在?

分析提示：包装也是贸易合同的要素之一，如所用的包装材料与规定不符，不管是好是坏，也不管是贵是贱，都属于违约，买方有权拒收并提出索赔。

（4）安全、卫生检验。商品安全检验主要是指电子电器类商品的漏电检验、绝缘性能检验和X光辐射检验等。商品的卫生检验是指商品中的有毒、有害物质及微生物的检验，如食品添加剂中砷、铅、镉的检验，茶叶中的农药残留量检验等。

对于进出口商品的检验，除上述检验内容外，还包括海损鉴定、集装箱检验、进出口商品的残损检验、出口商品的装运技术条件检验、货载衡量、产地证明、价值证明和其他业务检验。

3）商品检验机构

（1）国外的商品检验机构。国际上进出口商品的检验机构大致可分为官方的、半官方的和非官方的三种类型。官方的商品检验机构由国家或地方政府设置，根据国家颁布的有关法令对特定的进出口商品，特别是有关卫生、安全、检疫、环境保护、劳动保护等方面的商品，执行强制的检验、检疫和监督管理，如美国食品药品管理局（FDA）；非官方的商品检验机构，即第三方独立检验机构，大都是经政府注册登记，由具备专业检验鉴定技术业务能力和国际法律知识的社团法人或私人办理的，通常称检验公司、公证行、鉴定公司等，如瑞士通用公证行（SGS）、英国英之杰检验集团（IITS）、日本海事检定协会（NKKK）、国际羊毛局（IWS）等；国外的民间商品检验机构，有些已树立了一定的威信，由国家授权代表政府行使某项商品或某一方面的检验管理职能，可以承担部分的法定检验任务，成为半官方的检验机构。

（2）中国的商品检验机构。一是国家商品检验部门、商品检验机构。二是专门机构，是指国家法律、行政立法规定，承担一些特定进出口商品或项目检验的管理机构，主要有药品检验、卫生防疫、计量、船舶、航空、安全监察等检验部门。三是指定检验机构，是指国家商品检验部门或商品检验机构指定承担部分检验任务的检验机构。四是认可检验机构，是指国家商品检验部门或机构根据实际需要和检验机构的申请，经过审查认可的符合条件的专业检验机构，以及科研单位、大专院校、厂矿企业等具备相应检验能力的机构。认可检验机构承担指定的商品检验任务，不能签发检验证书，其检验结果由商品检验机构凭证换发检验证书或其他有关单证。

小思考1-1

商品质量检验是商品检验的中心内容。这个观点对吗？

答：对。狭义的商品检验即商品质量检验。

1.1.2 商品检验的分类、方式与程序

1）商品检验的分类

（1）商品检验根据其目的不同可分为第一方检验、第二方检验和第三方检验。

①第一方检验即自检，也称生产检验。它是商品生产者出于维护企业信誉，达到保证质量的目的，对原材料、半成品和成品进行的检验活动。这种检验是企业质量管理的职能之一，也是企业质量体系的基本要素之一，经检验合格的商品应附有“质量合格证”标识。

②第二方检验又称验收检验或买方检验。它是商品的买方为了维护自身和消费者的利益，保证购买的商品满足需要，以便买卖成交或适于使用，对所购买的商品进行

的检验活动。

③第三方检验。它是指处于买卖利益之外的第三方以公正、中立、权威的非当事人身份根据有关法律、合同或标准所进行的检验活动。其目的在于维护买卖双方的合法权益和国家利益，协调各方面的矛盾，促进商品交易活动的正常进行。第三方检验具有公正性、科学性和权威性的特征，其检验结果为国内外所公认，具有法律效力。

（2）商品检验根据其检验对象的流向可分为内销商品检验和进出口商品检验。

①内销商品检验。它是指国内的商品质量管理机构与检验机构，或国家质量检验机构及其所属的商品质量监督管理机构与其认可的商品质量检验机构，根据国家法律、法规、有关技术标准或合同对内销商品所进行的检验活动，如日常监督抽查、委托性检查、全国统检等。

②进出口商品检验。它是指由出入境检验检疫机构及其分支机构或其指定的检验机构按照有关法律、法规、合同规定、技术标准、公约或国际贸易惯例等，对进出口商品所进行的检验活动。其包括法定检验、鉴定检验（也叫公证鉴定）和监督管理检验三种。

（3）商品检验根据有无破坏性可分为破坏性检验和非破坏性检验。

①破坏性检验。它是指经测定、试验后的商品遭受破坏的检验。

②非破坏性检验。它是指经测定、试验后的商品仍能使用的检验，也称无损检验。

（4）商品检验根据商品相对数量可分为全数检验、抽样检验和免予检验三种。

①全数检验。全数检验是对被检批的商品逐个进行检验，也称百分之百检验。其特点是能提供较多的质量信息，给人一种心理上的平衡。其缺点是由于检验量大、费用高，易造成检验人员的疲劳而导致漏检或错检现象。全数检验适用于批量小、质量特性少且不稳定、较贵重的商品检验，如大型机电设备产品、照相机、手表、彩电和电冰箱等的检验。

②抽样检验。抽样检验是按照事先已确定的抽样方案，从被检批的商品中随机抽取少量样品，组成样本，再对样本逐一测试，并将检验结果与标准或合同技术要求进行比较，最后由样本质量状况统计推断被检批的商品整体质量是否合格的检验。其特点是被检验商品的数量相对较少，节约费用，具有一定的科学性和准确性，不足之处是提供的质量信息少。抽样检验适用于批量较大、价值低、质量特性多且质量较为稳定或具有破坏性的商品检验，如天然矿泉水、糕点、乳制品等的检验。

③免予检验。根据《中华人民共和国进出口商品检验法》第五条，列入必须实施检验的进出口商品目录的进出口商品，由商检机构实施检验。其中，符合国家规定的免予检验条件的，由收货人或者发货人申请，经国家商检部门审查批准，可以免予检验。

2）商品检验的方式

按商品内、外销售情况，商品检验可分为内销商品检验和进出口商品检验两种。其具体形式有：

（1）工厂签证，商业免检。工厂生产出来的产品，经工厂检验部门检验签证后，销售企业可以直接进货，免予检验。该形式多适用于生产技术条件好、工厂检测手段完善、产品质量管理制度健全的生产企业。

（2）商业监检，凭工厂签证收货。商业监检是指销售企业的检验人员对工厂生产的半成品、成品及包装甚至原材料等，在生产的全过程中进行监督检验，销售企业可凭工厂检验签证验收。该形式适用于生产比较高档的商品的企业。

（3）工厂签证交货，商业定期或不定期抽验。对于某些工厂生产的质量信得过的产品或优质产品，一般是工厂签证后便可交货，但为确保商品质量，销售企业可采取定期或不定期抽验的方法。

（4）商业批验。商业批验是指销售企业对厂方的每批产品都进行检验，否则不予收货。此种检验形式适用于质量不稳定的产品。

（5）行业会检。对于多个厂家生产的同一种产品，在同行业中由市场监督管理部门进行行业会检。一般是联合组成产品质量评比小组，定期或不定期地对行业产品进行检验。

（6）库存商品检验。库存商品检验是指仓储部门对储存期内易发生质量变化的商品进行的定期检验，目的是及时掌握库存商品的质量变化情况，达到安全储存的目的。

（7）法定检验。法定检验是根据国家法令规定，对指定的重要进出口商品执行强制性检验。其方法是根据买卖双方签订的经济合同或标准进行检验，对合格商品签发检验证书，作为海关放行的凭证；未经检验或检验不合格的商品，不准出口或进口。

（8）公证检验。公证检验是指不带强制性的，完全根据对外贸易关系人的申请，接受办理的各项公证鉴定业务检验。商品检验机构以非当事人的身份和科学、公正的态度，通过各种手段来检验与鉴定各种进出口商品是否符合贸易双方签订的合同要求或国际上的有关规定，得出检验与鉴定结果、结论，或是提供有关数据，以便签发证书或其他有关证明等。

（9）委托业务检验。委托业务检验是指我国商品检验机构与其他国家的商品检验机构开展的相互委托检验业务和公证鉴定工作。目前，各国的质量认证机构大都实行相互认证，这大大方便了进出口贸易。

3）商品检验的程序

（1）进出口商品检验检疫的基本程序。根据海关总署2018年第60号公告，自2018年8月1日起执行新版《中华人民共和国海关进出口货物报关单填制规范》。全国所有关区全面切换为新报关单，报关单、报检单将合并为一张报关单。自2020年9月11日起，全国海关全面启用海关新无纸化平台，企业办理出入境检验检疫需通过国际贸易“单一窗口”进行申报。

进出口商品检验检疫可分为报检、抽样、检验和发放签证与放行四个方面。

①报检。所谓报检，即对外贸易关系人在进出口商品活动中按照国家法律和行政法规的规定、买卖契约规定，以及证明履约的需要等向商品检验机构申请办理检验、鉴定工作的手续。

②抽样。抽样，是根据技术标准或操作规程所规定的抽样方法和抽样工具，在整

批商品中随机地抽取一小部分在质量特性上代表整批商品的样品，通过对该样品的检验，据此对整批商品的质量作出评定。抽样是商品检验机构接受报检之后的首要工作，直接关系到检验结果的正确与否及出证的质量。

③检验。根据2021年4月29日第13届全国人民代表大会常务委员会第21次会议通过的第5次修正后的《中华人民共和国进出口商品检验法》（以下简称《商检法》）第七条的规定，列入目录的进出口商品，按照国家技术规范的强制性要求进行检验；尚未制定国家技术规范的强制性要求的，应当依法及时制定，未制定之前，可以参照国家商检部门指定的国外有关标准进行检验。其他检验机构可以接受对外贸易关系人或者外国检验机构的委托，办理进出口商品检验鉴定业务。法律、行政法规规定由其他检验机构实施检验的进出口商品或者检验项目，依照有关法律、行政法规的规定办理。

④发放签证与放行。发放签证与放行是进出口商品检验工作的最后一个环节，商品检验部门在进出口商品经检验合格后，签发有关单证以供海关凭单放行。对于出口商品的检验检疫，合格的签发相关的商品检验证书，不合格的签发“检验不合格通知单”；对于进口商品的检验检疫，合格的签发“检验情况通知单”，不合格的签发相应的商品检验证书，供对外贸易关系人进行索赔。

商品检验机构签发的检验证书也称商品检验证书，是商品检验机构实施进出口商品检验、鉴定后，根据检验、鉴定结果对外签发的具有法律效力的证明文件。商品检验证书在国际贸易中关系到各方的责任和经济利益，是各方极为关注的重要证件之一。

商品检验证书的种类有：品质（或分析）检验证书，证明进出口商品的品质和规格；重量检验证书，证明进出口商品的重量；数量检验证书，证明进出口商品的数量；兽医检验证书或检疫证书，证明动物产品或食品经过检疫合格；消毒或熏蒸检验证书，证明动物产品及食品已经过消毒或熏蒸；卫生（健康）检验证书，证明供食用的动物产品、食品经卫生检验或检疫合格；产地证明书，其中包括普惠制产地证明书，证明出口商品的产地；价值检验证书，证明出口商品的价值；残损检验证书，证明进口商品的残损情况，供索赔使用；积货鉴定证书，证明残损货物的损失程度和所有货物的到岸价值；衡量证书，证明进出口商品的重量、体积吨位；包装检验证书，证明出口商品的包装符合合同、标准和其他规定，适合长途运输及保护商品质量、数量的习惯要求；鉴定证书，包括包装、验仓、监装、监卸、水尺计重、流量计重、容量计重、载损鉴定、危险品包装鉴定等，用于证明车厢、船舱、集装箱等运输工具的清洁、密封、冷藏效能、出口商品的监视装载和进口商品的监视卸载、危险品包装的性能及使用情况等。

此外，商品检验证书还有放行通知单、合格通知单、预检结果单、换证凭单、检验情况通知单、委托检验结果单等。

（2）内贸商品检验的基本程序。内贸商品的检验一般包括抽样、检验、判定三个基本程序。

①抽样。抽样是商品质量检验的第一个环节，也是关键性环节，因为样品的真实

性和可靠性决定了检验的准确性。如果抽取的样品有问题，即使检验结果的准确性再高，也不能对商品的质量作出客观、公正的评价。因此，把好商品抽样这一关对商品质量检验是至关重要的。

②检验。检验工作可分为以下四个步骤：

一是选择商品质量检验技术标准。在进行商品质量检验之前，要做好检验的技术准备，其中之一就是正确选择检验技术标准。在通常情况下，商品质量检验所依据的技术标准即商品生产时所依据的技术标准。检验时应注意：技术标准的发布时间，不能选用已废止的标准；技术标准中援引的相关标准的发布时间、执行情况，以及标准中具体检验细则的相关规定等。

二是确定检验方法。选定合理的检验方法对保证检验结果的准确性至关重要。确定检验方法时要注意以下几点：如果所选用的技术标准中有规定检验方法的，则按标准中所规定的方法检验；如果所选用的技术标准中没有明确规定检验方法的，则参照选用其他技术标准中同类商品的检验方法；仲裁检验则要选择标准的检验方法，或者选用争议双方一致同意的检验方法。

三是检查检验仪器。检验仪器准确与否、精度是否符合要求，是影响商品检验工作的重要因素之一。故在检验工作开始之前，要对所用的检验仪器进行检查，具体内容有以下几点：需要计量检定的仪器，必须按照计量法的要求进行周期检定；其他仪器要保证完好率100%，有些仪器还需进行正式检验前的预备试用；所有的检验仪器都要采用国际单位制；对于自制的仪器设备，同样要进行定期校正和对比试验，以保证仪器设备的精度和准确可靠。

四是检验工作的实施。检验工作的实施可分为以下几个环节：其一，按照预先选择好的技术标准和确定的检验方法进行检验工作。一般先进行商品包装检验，然后进行外观检验，接着进行感官检验，最后进行理化指标等技术检验。当然，不同的商品检验步骤不尽相同，要视具体商品而定。其二，要认真做好检验的原始记录，不准随意涂改，涂改后要盖章确认。检验的原始记录是检验的原始科学凭证，要妥善保管，以便随时备查。其三，要认真填写商品检验报告书。检验报告书要字迹工整，这是商品质量检验的最终表述，是判定商品质量的科学依据。

③判定。商品质量检验结果的判定通常是商品检验的最后环节，也是最重要的一关。在一定程度上，检验人员要对检验结果的判定承担法律责任。一般情况下，对于检验结果，要从以下四个方面判定：

一是要把实际检验结果与采用的技术标准中的技术指标进行逐项对比，先判定其单项合格与否。

二是根据判定原则和具体检验的商品类别，确定哪些是主要项、次要项、重要缺陷、轻微缺陷、致命缺陷等。

三是根据商品技术标准规定的原则，判定其合格与否。

四是在检验报告书上书写判定结论。判定结论要准确恰当，不可含糊其辞、模棱两可。

相关链接1-1

冷链食品闭环全溯源守护“舌尖上的安全”

本报讯 日前，市民黄薇在华庭街好又多超市购物时，在进口水产品区域发现了不少新悬挂的二维码标志，打开手机用支付宝一扫，冷冻水产品的各类信息就全部获取了，包括检验检疫证明编号、生产或进口批号、境外出口商国家名称、生产日期、进货日期等。“没想到这么方便，你看我买的冷冻巴沙鱼柳，一扫就知道从越南进口的，什么时候生产的，什么时候进货的，都很清楚，我们买得也放心。”黄薇表示。

这一让消费者点赞的二维码就是“冷链食品溯源码”。为进一步健全食品安全追溯体系，近期南湖区市场监管部门依托新上线的浙江省冷链食品追溯系统，积极开展重点主体“浙冷链”系统激活和重点冷链食品赋码工作，加快实现进口冷链食品全链条追溯管理，推动疫情防控重点食品“物防”专项工作落细落实。

“浙冷链”系统是强化冷链食品全链条追溯管理的重要抓手，可以实现从供应链首站到消费环节产品最小包装的闭环追溯管理，全面掌握冷链食品供应链流向。“浙冷链”上线后，南湖区第一时间迅速行动，以进口或来自重点疫情防控地区的使用冷链运输的畜禽肉、水产品及其制品为“重点产品”，以进口食品经营企业、食用农产品批发市场、农贸市场、大中型商超、提供生食类水产品的餐饮单位、生鲜电商、食品冷库为“重点主体”，高速高质推进冷链食品闭环管理。

在对“重点主体”的“重点产品”开展监督检查时，南湖区还加大行政执法力度，如发现的环境脏乱差、防控措施不到位、食品票证不全、来源不明、抽查不合格、存在违法违规经营行为等溯源倒查情形，立即启动相关核查，倒查产品来源、主体责任、监管责任。“后续我们还将进一步拓宽宣传渠道，加大‘浙冷链’系统对外宣传，不断提高公众知晓度，供消费者扫码查询，保护消费者权益，增强消费者信心，倒逼经营主体自觉履行赋码工作。”区市场监管局相关负责人表示。

资料来源 徐亦为. 冷链食品闭环全溯源守护“舌尖上的安全”[N]. 嘉兴日报，2020-07-07(11). 经节选与改编。

1.2 商品养护概述

1.2.1 商品养护的相关概念及工作

商品进入消费领域之前，为实现销售目的所出现的暂时停滞，称为商品储存。在储存过程中对商品进行的保养和维护工作，称为商品养护。商品在储存期间，宏观上处于静止状态，但商品本身不断发生各种各样的动态变化，这些变化都会影响到商品的质量，如不加以控制，就会由量变发展到质变。商品储存养护就是根据商品在储存期间的质量变化规律，针对商品的不同特性，创造一个适宜商品储存的环境，控制外界因素对它的影响，达到防止或减弱商品的质量变化、降低商品的损耗、防止商品损失的目的。

商品在储存期间，由于商品成分、结构性质的差异，以及受外界因素的影响，会发生这样或那样的变化，使商品的质量和数量受到损失。针对不同商品的特性，研究和探索其在不同环境下质量变化的规律，采取相应的技术措施和方法，控制不利的因素，为保护商品质量、减少商品损耗创造优良的储存环境，是商品养护工作的主要目标和任务。商品养护要实现上述目的和任务，必须做好以下六个方面的工作：

一是从仓库实际出发，有效地研究、解决现代仓库中发生的质变问题，探索储存商品的质量在储存过程中的变化规律。

二是要为降低仓储费用、减少商品损耗提出合理的养护措施，以加强在库商品的质量管理。

三是研究仓储商品损耗的上下限和在库商品的安全储存期，尤其是研究商品使用价值的有效期，以防止商品霉变和失效。

四是研究仓储商品的分类体系，促使仓储工作向机械化、信息化方向发展。

五是运用商品养护理论，解决在库商品的污染和环境污染问题。

六是普及与提高商品养护理论和实践知识，培养商品养护人才。

商品养护是以商品质量变化为中心，以储存商品为主体，以维护商品的使用价值为根本，形成以防为主、防治结合的商品科学养护体系。商品养护体系如图 1-1 所示。

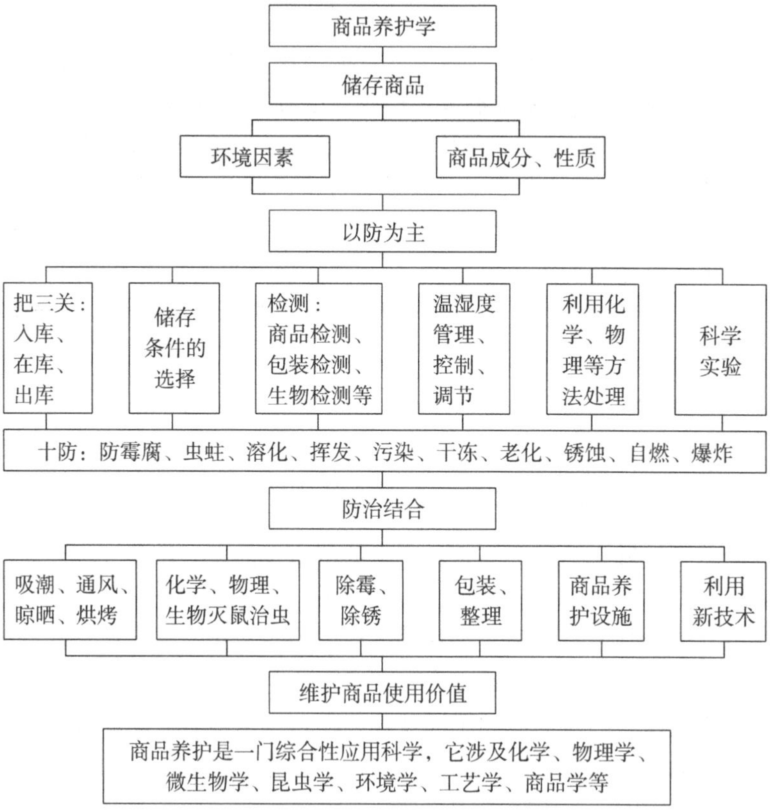

图1-1 商品养护体系图

小思考1-2

“商品在储存期间处于静止状态。”这句话正确吗？

答：不正确。商品在储存期间，宏观上处于静止状态，但商品本身不断发生各种各样的动态变化，这些变化都会影响到商品的质量，如不加以控制，就会由量变发展到质变。

1.2.2 商品养护中的储存管理

1）商品的入库管理

（1）商品入库验收。商品的入库验收，实际上是对商品质量的一次严格检查，为储存商品打下一个良好的基础。商品入库验收的主要内容包括：

①检验单货是否相符。商品入库时，先点大数，再检查单据上所列的产地、货号、品名、规格、数量、单价等与商品原包装标签上所列各项内容是否一致，即使有一项信息不符，也不能入库。

②检验包装是否符合要求。在清点商品数量的同时，还要检查包装，如木箱、塑料袋、纸盒等是否符合要求，有无玷污、残破、拆开等现象，有无受潮水浸的痕迹，包装上的文字、图案是否清楚等，包装不牢固影响堆垛的商品也不能入库。

③检查商品质量是否合格。在验收商品时，除检查包装外部情况外，还要适当开箱拆包，检查内部商品是否生霉、锈蚀、溶化、虫蛀、鼠咬等，同时还要测定商品的含水量是否正常，是否超过安全水分等。对液体商品，通常要观察有无沉淀现象。有时还需检验商品的内在质量是否合格，有质量问题的商品暂不入货区。

④对实施计算机管理的仓库，还应按规定定期或不定期对商品进行扫码操作，并及时将数据上传至仓库信息管理平台。

（2）分区分类管理。储存商品的分区分类要以安全、方便、节约为原则，在商品性能一致、养护措施一致、消防方法一致的前提下进行管理。分区分类管理方法一般有如下三种：一是按商品种类和性质进行分区分类管理，具体有分类商品的同区储存和单一商品的专仓专储两种方法，前者适用于同性质的普通商品，后者适用于贵重商品和化工危险品；二是按发往地区进行分区分类管理，此法适用于储存期不长而出入库数量较大的商品，但对化工危险品、性能相互抵触和运价不同的商品，应分别存放；三是按商品的危险性进行分区分类管理，此法适用于特种仓库，根据危险品本身具有的不同程度的易燃、易爆、毒害等特性进行分类储存管理，以防止互相接触而发生燃烧、爆炸等。

（3）货位选择。货位就是指仓库中货物存放的具体位置。货位的选择是在商品分区分类管理的基础上进行的，分区分类管理是对库存商品合理布局，货位选择则是具体落实每批入库商品的储存点。合理选择货位必须遵守商品安全、方便吞吐发运、力求节约库容原则。在选择货位时，既要掌握不同商品的特性，又要认真考虑存货区的温湿度、风吹、日晒、光照等条件是否适应商品储存。对于怕潮、易霉、易锈的商品，应选择干燥或密封的货位；对于怕光、怕热、易溶的商品，应选择低湿、干燥的货位；对于怕冻的商品，应选择高于0℃的货位；对于各种化工危险品，应存放在郊区仓库，分类专存；对于性能互相抵触和挥发、串味的商品，不能同区储存；对于外包装含水量过高而影响邻垛商品安全的商品，不能同区储存；在同一货区储存的商品中，应无虫害滋生。

（4）商品堆垛。商品应堆几层高，一是看商品包装容许的层数，二是不超库房地坪负荷范围，三是不超库房高度范围。货垛与墙壁之间的必要距离一般规定为：库房外墙0.3～0.5米，内墙0.1～0.2米；货场间距离不分内外，一般为0.8～3米；顶距一般规定为：平房0.2～0.5米，多层建筑库房底层与中层0.2～0.5米，顶层不低于0.5米，灯距不少于0.5米。

堆垛的方法取决于商品性能、包装质量和仓储设备等条件。根据包装形状、批量大小和仓库的装卸、搬运机械化程度不同，大体可分为整体商品堆垛法、货架堆垛法和散装商品堆垛法三种。在堆垛时，对含水量高、易霉腐变质，但适合通风的商品，在梅雨季节应堆通风垛，堆垛不宜过高；对易渗漏商品，应堆成间隔式行列垛，以便于及时检查；对易弯曲、变形的商品，应堆成平直交叉式实心垛等。

地面潮湿是引起商品变质的一个主要原因，因此，商品在堆垛时要注意做好地面的防潮工作。底层库房、货棚堆垛商品时，一定要垫底，并用苇席、油毡或塑料薄膜等铺垫隔潮。垛底距地面一般30～50厘米，以便垛下通风散热。

相关链接1-2

包装储运图示标志

包装储运图示标志（如图1-2所示）是依据商品特性，以文字、图形构成的特殊标识符号。其作用在于提醒人们在储运过程中规范操作、避免差错、保护商品。这种标志也叫指示标志。

图1-2 包装储运图示标志

2）商品的在库和出库管理

（1）卫生管理。储存环境不卫生，往往会引起微生物、害虫的滋生和鼠类的繁殖，会使商品被灰尘、垃圾等玷污，进而影响商品质量。因此，要经常对仓库进行彻底清扫，库外杂草、污水、垃圾“三不留”，必要时可使用药剂消毒杀菌、杀虫灭鼠，以确保商品安全。

（2）商品在库检查。储存商品要发生质量变化是需要一定时间的，不同商品由于性质不同，发生质量变化的时间也是不同的，有的商品会在一夜之间全部腐烂、变质，有的商品则需要几个月甚至几年的时间才逐步锈蚀或老化，因而应根据不同商品、不同的保管条件，制定相应的抽查检验制度。

商品在库期间，要经常进行定期或不定期、定点或不定点的检查，检查时间和方法应根据商品的性能及其变化规律，结合季节、储存环境和时间等因素确定。检查时，主要以眼看、耳听、鼻闻、手摸等感官检验为主，必要时可配合仪器进行检查，如发现问题，应立即分析原因，并采取补救措施（如采用翻堆倒垛、加工整理、施放药剂方式或采取晾晒、通风、吸潮等方法）来改善保管条件，保证商品安全。

（3）仓库温湿度管理。商品储存期间，会受到各种外界因素的影响，其中以温湿度的影响最为突出。可以这样说，商品储存中所有的质量变化都与温湿度有关。因此，必须根据商品的特性、质量变化规律及本地区的气候情况与库内温湿度的关系，加强库内温湿度的管理，采取切实可行的措施，创造适宜商品储存的温湿度条件。

（4）出库商品管理。商品出库必须做到单随货行，单、货数量当面点清，商品质量要当面检验。包装不牢或破损以及标签脱落或不清的，应经复核后交付货主。出库商品一般应贯彻先产先出、近效期先出、按批号出货，质量不合格、包装不牢固、内有破损、标记不清楚、不明显的不出的原则。

学习微平台

延伸阅读1-1：冷链产品如何从海关到餐桌？

案例1-4

超市生鲜经营的损耗控制

由于生鲜经营的特殊性和复杂性，损耗在经营过程中极易发生。损耗控制取决于整个生鲜区的运作状况和经营管理水平，反过来又在很大程度上影响着生鲜区甚至整个超市的盈亏兴衰。造成生鲜经营损耗的原因有很多，但仓储管理不当无疑是其中比较重要的原因。首先，有效期管理工作不当。生鲜和原料需要进行严格的有效期管理，做到“先进先出”，如果管理不当，就会出现较大的损失。其次，因仓管商品和原料保存不当而变质。由于生鲜和原料的保存环境和温湿度条件达不到要求，造成变质损失。最后，设备故障导致变质。因冷藏、冷冻陈列和储藏设备运转不正常、出现故障而导致变质损失。

问题：怎样控制超市生鲜经营的损耗？

分析提示：商品损耗控制涉及超市管理的方方面面，需要采购、仓储和各有关管理部门通力协作。

1.3 商品质量概述

商品质量检验是商品检验的核心内容，商品质量是工商企业和消费者关注的热点，也是商品进入市场的通行证。保证和提高商品质量，是人们生活水平日益提高和社会不断发展的需要。

1.3.1 商品质量的概念

商品质量，是指商品满足规定或潜在要求（或需要）的特征和特性的总和。这里的规定是指国家或国际有关法规、质量标准或买卖双方的合同要求等方面的人为界定；潜在要求（或需要）是指人和社会对商品的适用性、安全性、卫生性、可靠性、耐久性、美观性、经济性等方面的人为期望；特征是指用来区分同类商品不同品种的特别显著的标志；特性是指不同类别商品所特有的性质，即品质特性。可以说，商品质量是商品具备使用功能，能够满足规定和消费者需求的一个综合性概念。例如，一台电视机，不仅要求图像清晰、色彩逼真、伴音优美动听、安全可靠、有一定的使用寿命，还要求外形美观、操作方便、经济实惠、信誉好、牌子响、销售环境和售后服务良好等。

商品质量是一个动态的概念，表现出时间性、空间性和消费对象性等特点，不同时代、不同地区、不同的消费对象，对同一商品有不同的质量要求，并随着科技进步、生活水平的提高和社会的发展而不断变化。例如，我国消费者对商品的要求，以前注重实用价值，而现在既注重实用价值，又注重审美价值。人们在消费商品时，在满足物质享受的同时，能获得一定程度的精神享受的愿望越来越强烈。

1.3.2 商品质量的基本要求

商品质量的基本要求是根据其用途、使用方法以及消费者的期望和社会需求来确定的。商品的种类很多，用途不同，其质量的基本点也各不相同，一般可根据商品的用途，按吃、穿、用分为食品、纺织品和日用工业品三大类。

1）食品类商品质量的基本要求

食品是人们生活中的必需品，是人体发育和健康成长的物质基础。对食品类商品质量的基本要求是有营养价值、无毒无害，以及色、香、味、形俱佳。

（1）具有一定的营养价值。食品的营养价值主要表现在供给人体热量、形成细胞组织、调节人体各种生理代谢等方面，通常包括食品的营养成分、可消化率和发热量三项指标。

①食品的营养成分。食品的营养成分主要有糖类、蛋白质、脂肪、矿物质、维生素和水分等，是食品营养价值的物质基础。不同食品的营养成分不同，其营养功能也不一样。各种主食品，如粮食、食用油等是人体热量的主要来源；而蔬菜、水果、肉类、鱼类、蛋类、乳类及加工制品等副食品，则对人体发育、调节代谢起主要作用。

②可消化率。可消化率是指食品被食用后，人体能消化和吸收的程度。食品中所含的营养素，除了水、无机盐、某些维生素和单糖等能够直接被人体吸收外，蛋白质、脂肪、多糖等必须在消化道内进行分解，将结构复杂的大分子物质变成结构简单

的小分子物质，才能被人体吸收利用。植物性食品中的粗纤维、不溶性果胶、木质素等物质，是人体不能消化也不能吸收的物质，但它们对肠壁有刺激作用，有利于食物的消化吸收。从可吸收利用程度来说，动物性食品的营养价值高于植物性食品，如动物蛋白质人体消化吸收率高达90%以上，而植物蛋白质（大豆蛋白质除外）人体消化吸收率只有67%左右。

③发热量。发热量是指食品的营养成分经人体消化吸收后，在人体内能够产生的热量。如三大营养素每克的产热量分别为：碳水化合物16千焦耳，蛋白质16千焦耳~18千焦耳，脂肪38千焦耳。一般来说，热量不足时，体重减少，严重时会贫血；热量过剩时，体重增加。人体需要从多种食品中获取各种营养成分，以保持健康状态。此外，人体还应吸收足够的热量，以保证正常生命活动所需的能量。

（2）食品的安全性。食品安全，指食品无毒、无害，符合应当有的营养要求，对人体健康不造成任何急性、亚急性或者慢性危害。食品的无毒、无害性是指食品中不应含有或不超过允许限量的有害物质和微生物等，这是食品类商品最基本的质量要求。食品安全关系到人们的身体健康和生命安全，甚至还会影响到子孙后代，因此，食品必须符合有关的安全规定和标准，若不符合相关安全要求，其他质量要求也就失去了意义。食品有害物的来源，通常有食品自身产生的毒素、物质对食品的污染、加工中混入的毒素、保管不善产生的毒素、环境或化学药品造成的污染等。

（3）良好的色、香、味、形。食品的色、香、味、形是指食品的颜色、香气、滋味、外观形状，它是评定食品的新鲜程度、加工精度、品质特点和质量变化状况等的重要指标。这个指标是人们可以直观地进行判断的感官指标，是选择食品时首先考虑的问题。色、香、味、形俱佳的食品，能增强人们的食欲，有助于提高食品的可消化率。食品的色、香、味、形也是食品美感方面的基本要求，如食品有悦目的颜色、诱人的香气、可口的滋味，不仅能满足人们的味觉享受，而且能同时作用于人的视觉、嗅觉乃至人的听觉，给人以美的联想，从而产生良好的心理效应。

小思考1-3

“食品的无毒、无害性，就要求食品中不含有对人体有毒有害的物质。”这句话对吗？

答：不对。食品的无毒、无害性是指食品中不应有或不能含有超过允许限量的有毒有害物质和微生物。

2）纺织品类商品质量的基本要求

纺织品是人们日常生活中的必需品，对生活起着美化、装饰作用，人们对纺织品的质量要求也是根据其用途来确定的。纺织品的主要用途是制作服饰，满足人们穿戴的需求。因此，对纺织品质量的基本要求是服用性好、耐用性强、卫生安全、美观而有艺术性。

（1）服用性。服用性是指纺织品适合穿着的各种性能，如起毛性、起球性、缩水性、刚挺度、悬垂性和舒适性等。起毛性、起球性、缩水性要求纺织品不起毛、不起球，缩水率小，不然会造成纺织品变形，影响外观。此外，纺织品还要有较好的刚挺度、悬垂性和舒适性。刚挺度是指纺织品抵抗形变的能力，它能影响纺织品的手感、风格和服装的挺括性；悬垂性是指纺织品因自重而下垂的性能，反映纺织品的悬垂程度和悬垂形态，是决定纺织品视觉美感的一个重要因素，悬垂性好的纺织品制成的服装很贴体，并能产生美观、悦目的线条；舒适性是指人体着装后，纺织品具有的满足人体要求并排除任何不舒适因素的性能。

纺织品的舒适性表现在触觉舒适性、热湿舒适性和运动舒适性三个方面。触觉舒适性主要反映在纺织品和皮肤接触时的粗糙感、瘙痒感、温暖感或阴凉感等触觉感受上。试验研究表明，化纤纺丝过程中纤维黏结的硬头丝或珠子丝等疵点在内衣上将会产生显著的瘙痒感。热湿舒适性是指由于人体自身调节热平衡的能力有限，故需要通过穿着适当的服装来进行调节，使衣服内层空间形成舒适的小气候。服装的热舒适性是由服装面料的保温性、透气性、透湿性以及服装的式样与组合等因素决定的；湿舒适性是由服装面料的吸湿性、透气性等因素决定的。运动舒适性是指由于人体运动的多方面、多角度和大弯曲性，要求纺织品有一定的延伸性，能自由地依顺人体活动。不同种类的纺织品，其延伸性要求不同，如西装的延伸性要求为15%～25%，内衣、运动装等的延伸性要求更高。

（2）耐用性。耐用性是指纺织品在穿用和洗涤过程中抗外界各种破坏因素作用的能力，它会直接影响到纺织品的使用寿命。耐用性包括断裂强度和断裂伸长率、撕裂强度、耐磨强度、耐疲劳强度、耐日光性、耐热性、染色牢度、耐霉耐蛀性等。

（3）卫生安全性。纺织品的卫生安全性是指纺织品保证人体健康和人身安全而应具备的性质，主要包括纺织品的卫生无害性、抗静电性等。卫生无害性，不仅要求纺织纤维对人体无害，还要求纺织品在加工和染色过程中使用的染料如防缩剂、防皱剂、柔软剂、增白剂等化学物质对人体无害。这些化学物质如残留在纺织品表面，可能会造成对皮肤的刺激。吸湿性差的涤纶、腈纶、氯纶、丙纶等合成纤维容易产生静电。降低静电的方法有：一是在纺织品中混入导电纤维；二是将静电剂加入合成纤维内部或固着在纤维表面。

（4）审美性。审美性要求纺织品和服装能满足消费者的审美需要，达到精神与物质的统一、技术与艺术的结合。随着时代的发展，审美性已成为消费者购买衣着类商品的首选特性。纺织品的美包括内在美和外在美。内在美是指纺织品蕴藏的文化内涵；外在美是指纺织品的外观、风格、色泽、装饰和图案等所体现的技术与艺术性，包括外观平整、光滑和无疵点等。

3）日用工业品类商品质量的基本要求

日用工业品种类繁多，用途极其广泛，不仅能满足人们某种使用上的需要，还起着美化生活的作用。对日用工业品质量的基本要求是适用性能好、坚固耐用、卫生安全、结构合理、舒适美观。

（1）适用性能好。适用性能是指满足某种商品重要用途而必须具备的性能，它是构成这种商品使用价值的基本条件和评定其质量的重要方面。例如，钟表要求走时准确，保温瓶必须保温，电视机要求图像清晰、伴音优美动听。

（2）坚固耐用。坚固耐用性是指商品在使用时抵抗各种外界因素对其破坏的能力和对其适用性的影响，它反映了日用品的耐用程度。皮革、橡胶常用强度和耐磨性来评定其坚固耐用性，电器商品往往用使用寿命、可靠性、可修复性来反映其耐用性。要求商品坚固耐用，是消费者的普遍愿望，但对某些商品和不同消费水平的消费者而言可以有一定的弹性，达到物尽其用即可。

（3）卫生安全。卫生安全性是日用工业品在使用时不能影响人身安全和人体健康的质量特性。例如，盛放食物的器皿、化妆品、玩具等商品应具有无毒性和无刺激性；电器商品应具有防引起火灾、防损害人身安全的特性。从现代观念来考虑，卫生安全性还包括不污染环境的低公害性。低公害又称环境价值，是指商品在流通、消费、废弃和回收等环节，应不造成允许限度以上的环境恶化和污染。不符合低公害要求的商品，无论使用价值多大，都要限制使用，甚至被清理出市场。在社会环境保护方面，各种有害人们身心健康的商品应限制使用，如管制刀具等。例如，近些年来，无氟电冰箱、无磷洗衣粉、可降解塑料、低噪声家用电器等商品备受欢迎，就是商品环境效应的一个缩影。

（4）结构合理。结构主要指商品的形状、大小和部件装配等。日用工业品如果结构不科学、不合理，就会直接影响其适用性和坚固耐用性。

（5）舒适美观。商品的外观艺术性是通过其造型、款式、装饰、色泽、花纹、图案来体现的。它是日用工业品类商品美观性的基本要求。商品美观性方面的指标现已成为人们评价商品质量的一个重要组成部分。例如，有些灯具就其照明和美观来说，后者几乎成了这种商品的主要质量要求。在实际生活中，有些商品即使其适用性和耐用性都很好，但由于造型、式样不够新颖，外形不够美观，花纹图案无特色等，往往也会造成滞销和积压。商品的舒适性是指商品造型、选材等满足人体运动生理学的要求，有益于人们的活动和健康。例如，根据运动项目要求和人体工程学、运动生理学，运动鞋可分为跑鞋、球鞋和登山鞋等不同种类。

商品质量的基本要求也包括商品经济质量的基本要求，主要有商品成本、使用费用和商品寿命等。对消费者来说，商品成本包括商品价格、运输费用、安装费用和配套费用等；使用费用包括水、电、气、煤、油的能耗，维修养护费用，学习操作费用等；商品寿命包括商品的自然寿命和社会寿命，一般来说，商品寿命短意味着商品经济质量低。

学习微平台

延伸阅读1-2：中国质量（杭州）大会闭幕发布《杭州质量倡议》

商品质量的各项基本要求，并不是独立、静止、绝对的，特别是对某种商品提出具体质量要求时，不仅要根据不同的用途进行具体分析，还必须与社会生产力的发展、国民经济的发展水平和人们的消费习惯相适应。

基本训练

□ 知识题

1.判断题

（1）商品检验就是对商品质量的检验。 （ ）

（2）抽样是商品检验的关键性环节。 （ ）

（3）商品在储存期间处于静止状态。（　　）

2. 填空题

（1）商品检验的方式有法定检验、________和________等。

（2）在各种外界影响因素中，以空气________的影响最为主要，可以这样说，商品储存中所有的________变化都与温湿度有关。

（3）食品的营养价值包括食品的营养成分、________和________三项指标。

3. 选择题

（1）根据商品数量检验的种类是（　　）。

A. 全数检验　　B. 抽样检验　　C. 第三方检验　　D. 免予检验

（2）出库商品一般应贯彻的原则是（　　）。

A. 先产先出　　B. 按批号出货

C. 包装有破损先出　　D. 质量不合格的不出

（3）日用工业品质量的基本要求是（　　）。

A. 适用性能好　　B. 卫生安全　　C. 服用性能好　　D. 舒适美观

4. 简答题

（1）什么是商品检验？商品检验的主要内容有哪些？

（2）简述商品的入库与在库管理。

（3）什么是商品质量？举例说明商品质量的基本要求。

综合应用

□ 实训题

从商品样品室或某仓库中选5～10种商品，按入库验收的要求进行实际操作，完成下面的入库验收商品登记表（见表1-1），并提出相应的储存管理方案。

表1-1　×库×组入库验收商品登记表

进仓时间	车(船)航次	进仓清单号	验收时间	品名	规格厂牌	单位	数量	批号及有效期	包装情况	件数	抽查件数	数量情况	备注	验收人

□ 案例分析题

第21届中国方便食品大会在京召开

2021年10月9—11日，由中国食品科学技术学会主办的“第21届中国方便食品大会暨方便食品展”在北京召开。根据世界方便面协会2020年的统计数据，中国虽然早已是方便面消费第一大国，但方便面消费年人均包数远远低于韩国和日本等国家。韩国年人均方便面消费数量为79.7包，位居世界第一，日本也达到了47.5包，中国为32.7包。中国年人均消费包数约为韩国40%，这意味着中国方便面市场未来发展潜力巨大。

资料来源 董萍萍. 一切以满足和服务消费者为中心 康师傅亮相第21届方便食品大会［EB/OL］.［2021-10-10］. http：//news.hexun.com/2021-10-10/204492817.html.经编者节选与改编。

问题：

（1）你每月方便面消费量大约是多少？方便面符合食品质量的基本要求吗？

（2）你在日常生活中是如何检验方便面质量的？对方便面的储存保管有何建议？

职业工作站

开发你的消费者商品质量检验观察能力

● 目标

该项练习能帮助你提高对消费者商品质量检验的认知能力。

● 内容

在学校或社会选择5个左右的消费者，观察和调查这些消费者在商品质量检验方面掌握的技能，并进行对比分析。

● 时间

本章第一次课后的业余时间，要求一周内完成。

● 步骤

（1）3～5名同学分为一组，制订考察方案。

（2）进行实地观察和调查，了解不同消费者如何对商品质量进行检验。

（3）对观察和调查的资料进行分析整理。

（4）运用商品检验知识进行分析研究，并撰写书面报告。

（5）各组在班级进行交流、讨论。

第2章 商品检验的依据和器具

学习目标

□ 思政目标：引导学生正确把握商品检验的依据，树立公平意识，培养学生精益求精的工匠精神，形成正确的职业行为和职业判断能力。

□ 知识目标：了解商品检验的主要依据，认识到商品检验必须根据依据进行；掌握商品标准分级和中国法定计量单位的主要内容；熟悉商品检验常见器具操作与内校的内容。

□ 能力目标：能够认知商品检验的主要依据，能够对商品检验的常见器具进行初步的操作与内校；能够运用所学知识和技能进行初步的商品鉴别与检验。

2.1　商品检验的主要依据

2.1.1　进出口商品检验的依据

1）依据法律、法规和标准实施检验

按照《中华人民共和国进出口商品检验法实施条例》的有关规定，海关总署主管全国进出口商品检验工作，制定、调整必须实施检验的进出口商品目录并公布实施。出入境检验检疫机构对列入目录的进出口商品以及法律、行政法规规定须经出入境检验检疫机构检验的其他进出口商品实施检验（以下称法定检验）。出入境检验检疫机构对法定检验以外的进出口商品，根据国家规定实施抽查检验。

（1）列入目录的进出口商品，按照国家技术规范的强制性要求进行检验。

（2）尚未制定国家技术规范的强制性要求的，应当依法及时制定，未制定之前，可以参照国家商检部门指定的国外有关标准进行检验。

（3）进出口药品的质量检验、计量器具的量值检定、锅炉压力容器的安全监督检验、船舶（包括海上平台、主要船用设备及材料）和集装箱的规范检验、飞机（包括飞机发动机、机载设备）的适航检验以及核承压设备的安全检验等项目，由有关法律、行政法规规定的机构实施检验。

（4）进出境的样品、礼品、暂时进出境的货物以及其他非贸易性物品，免予检验。但是，法律、行政法规另有规定的除外。

（5）列入目录的进出口商品符合国家规定的免予检验条件的，由收货人、发货人或者生产企业申请，经海关总署审查批准，出入境检验检疫机构免予检验。

对外贸易合同中规定的商品品质、规格、检验方法是进行商品检验的基本依据，也是贸易合同必不可少的重要组成部分。在合同中明确凭样品成交和检验的，样品也是检验依据。

法律、行政法规规定的强制性标准或者其他必须执行的检验标准，低于对外贸易合同约定的检验标准时，按照合同中规定的检验标准检验。

法律、行政法规未规定有强制性标准或者其他必须执行的检验标准，对外贸易合同又未约定检验标准或者约定检验标准不明确的，按照生产国标准、有关国际标准或者出入境检验检疫机构指定的标准检验。

学习微平台

延伸阅读2-1：中华人民共和国海关进出口货物商品归类管理规定

2）检验检疫商品目录

根据《商检法》第四条的规定，进出口商品检验应当根据保护人类健康和安全、保护动物或者植物的生命和健康、保护环境、防止欺诈行为、维护国家安全的原则，由国家商检部门制定、调整必须实施检验的进出口商品目录并公布实施。目录应当至少在实施之日30日前公布；在紧急情况下，应当不迟于实施之日公布。海关总署制定、调整目录时，应当征求国务院对外贸易主管部门等有关方面的意见。列入目录的进出口商品，由商检机构实施检验。

3）在国际贸易中表明商品品质的方式

在国际贸易中，买卖双方用以明确商品质量的方式有很多种，应根据交易商品的具体情况选择使用，或数种并用，并应规定在合同条款和其他有关贸易文件中，作为商品检验、货物交接时的依据。

（1）明确技术标准。许多商品的质量、规格、检验方法等都已在不同范畴和等级的技术标准中被明确、统一规定，如国际标准、各国的国家标准、行业标准、企业标准等。选用双方满意的技术标准并在合同中加以明确，就可以准确而简明地表明商品的质量标准，这种方式在商业合同中被广为利用，商品检验部门在进行检验时也易于掌握。

（2）样品表示商品质量。样品是用来代表一批商品品质的极少量的实物，在买卖双方谈判、签订合同时为双方所确认，也是买方收到货后进行验收的实物对比依据，即实际到货的质量应与样品的质量完全一致。凭样品成交和检验应在合同中以文字形式阐明，样品可以是表明货物质量的唯一依据，也可以是合同条款中的一部分。如对商品的形态、外观、款式凭样品检验，对其成分、使用性能等则规定技术标准或指标。买卖双方应明确样品的移交方式、保管条件、有效时限等内容，以保证样品所具有的标准和可靠的质量水平。

（3）明确商品规格。商品规格是用以反映商品质量的主要指标，如成分、含量、纯度、尺寸等，根据商品的不同特性可以在合同中具体规定其规格，用来表明商品应具备的质量水平。对机电仪器类商品和成套设备来说，商品规格内容复杂，并且常用技术附件、图纸、数据等合同的附属部分来详细阐明商品的规格，作为商品交接、检验时的依据。

（4）凭牌证买卖。在国际贸易中采用牌名或商标表示品质的方法，称为凭牌证买卖。凭牌证买卖一般是针对质量稳定可靠、信誉良好的商品而言的，它们的牌号或商标代表了一定的质量和规格，因此在合同中有时仅明确其牌名或商标即可。为了使质量指标准确无误，有时也在明确牌名、商标的同时，标明型号、规格或规定清楚质量指标，如丰田汽车、海尔电器、杉杉牌衬衫、梅林牌罐头均属此类。此外，地名货也属于用牌名表示质量的一种方式，多用于已形成自己质量特色的农产品，如天津红小豆、四川榨菜、黄山毛峰茶等。

通过将上述几种表示商品质量的方式明确列入合同条款中，可以完整地反映出商品的质量，并将商品所应具备的内在质量（成分、纯度、含量、工艺质量）、外在质量（外形、尺寸、式样、花色）、性能（物理性能、化学性能、机械性能、使用性能）和卫生检疫等情况反映出来。

4）表述商品品质的商业文件

（1）合同。合同中有关商品品质和检验的规定，诸如质量、规格、包装、数量、重量、装运条件、检验和索赔等条款，合同当事人必须遵照执行，这也是第三方检验机构进行检验、鉴定的基本依据。为此，《中华人民共和国标准化法》（以下简称《标准化法》）规定：出口产品、服务的技术要求依照合同的约定执行。

可以说，商业合同是表述该合同项下商品品质的最重要文件，是执行检验、鉴定工作的基本文件。买卖双方在签订合约时一定要详细列明商品品质和检验要求，以便于检验工作有序进行，保证货物顺利交接。

（2）信用证。以信用证为结算方式的贸易合同要求买方不但要按时开出信用证，还要求信用证的各项条款与合同的规定相符合，否则卖方便无法按照信用证的规定交易，或者虽然按照信用证的规定办理了，但可能会使卖方遭受经济损失，从而使合同中确立的买卖双方的权利和义务关系无法得以实现。因此，对买卖双方来说，要求信用证的内容与合同相符。对检验机构来说，合同、信用证都是检验、鉴定商品的依据。因此，合同、信用证中规定的质量、数量、重量等条件与信用证不一致，高于或者多于合同规定的条件，卖方应要求买方修改信用证，如果卖方不提出异议，检验时则以信用证规定的条件为依据，以便安全迅速地结汇。

（3）运输单证。运输单证包括以下几种：

①海运提单。海运提单是货物承运人及其代理人收到货物之后，签发给托运人的凭证，也是货物所有权的凭证。

从法律上看，海运提单有三种功能：第一，它是承运人收到货物的证明，也是在卸货港提货的凭证；第二，它是证明承运人与托运人之间已签订运输契约并确定相互间的权利、义务关系的文件；第三，它是一种物权凭证，确定货物的所有权。

海运提单中关于货物的记载事项，具有证明效用。《中华人民共和国海商法》规定了任何提单都必须记载的内容，主要包括以下三项：一是凭证的名称及主要标志；二是包装的件数和货物的重量；三是货物的包装和表面状况是否良好，如果包装和表面状况有异常，应加批注。承运人在装运港接货和到达目的港办理交接时，应及时检验清楚，以分清责任。

关于货物包装和表面状况。如果承运人在接货时货物表面包装完好，但交货时发现异状，理货部门就要签发“货物残损单”，由承运人负责；如果承运人在接货时发现货物件数不清或不符，或货物包装有异状，就要在提单上批注。凡经承运人加批注的提单都被称为“不清洁提单”，银行通常会拒付货款；未加批注的提单被称为“清洁提单”，银行接受并作为付款的依据。

②国际铁路联运单。国际铁路联运是使用一份统一的国际联运单，由铁路部门负责，经过两个或两个以上国家的铁路全程运送，发货人无须办理交接手续的一种运输方式。

铁路运输单据称为“运单”，统一格式的运单有许多项目，分别由发货人和铁路部门填写相关内容，铁路部门验收货物后，在运单上加盖戳记，承运后，就成为运输合同。发货人在运单上必须填写货物名称、数量、包装、发货站、经由铁路、国境站、到达站、发货人和收货人等。

为了履行海关手续和其他规章，发货人还必须将货物的明细单、商品检验证书、检疫证明等需要加附的证明文件附在运单上。如果发货人未能履行规定，未附加文件，铁路部门可能拒绝承运货物，但铁路部门无义务检验发货人所附在运单上的文件是否正确和齐全。如果发货人没有将必须加附的文件附在运单上，或加附的文件的内容不正确而产生严重后果的，发货人应承担相应责任。

运单上记载的事项，在法律上有证据的作用。发货人应对运单上填写的内容和声明事项的正确性负责，如发货人填写的内容和声明事项不正确或未按规定填写造成后果的，应由发货人负责。

运单随同货物从发运站经国境站到国外的到达站全程附送，最后由铁路部门将货物和运单交付给收货人。运单是铁路承运货物的凭证，货物如有损失，发货人可凭运单向铁路部门提出索赔要求。

对于国际铁路联运的货物，买卖双方的风险转移以出口国国内发运站办妥托运手续、取得凭证作为划分界线。

如运单上填写的到达站为进口国的内地到达站，则称为“一票直达运输”。根据规定，发货人和收货人有权变更到达站，但必须向铁路部门办理变更手续。变更后，铁路部门仍继续负责全程运输。这种变更实际上是变更了运输合同，铁路部门要按照变更后的到达站组织运送，向收货人交付货物和运单后，运输责任才算终止。

③航空运输单。航空运输单据简称为空运单。空运单应载明起运地和目的地，经停地点，发货人和收货人的姓名、地址，货物的名称、件数，货物的包装、重量或体积尺码。托运人应对填写在空运单上的有关内容的正确性负责。如因托运人填写不实或有遗漏，使承运人受到损失，托运人应负责给予赔偿。

空运单是承运人接收、承运货物的证明，是关于货物的包装、数量、重量、尺码的证据。但对有关货物的数量、体积或表面状况的声明，并不构成对承运人不利的证据，除非承运人已当场进行核对，并将这些情况在空运单上注明。

④邮政运输单据。就邮政运输而言，寄件人需按照邮局的有关规定填写包裹单，将货物交给邮局，付清邮资，取得收据。邮包收据是证明邮局收到邮运货物的单据，需载明寄件人的姓名、地址，收货人的姓名、地址以及货物的名称、重量和交货日期。寄件人在包裹上所填写的寄件人和收件人的姓名、地址及其他应填明的事项应和包裹发递单上所填写的内容一致，如有差异，则以填写在包裹上的内容为准。

根据规定，各国邮政部门自收到寄件人的邮包之日起，直到寄送至他国邮政部门并将邮包投递或交付给收件人时止，对邮包遗失、被窃或损坏应负赔偿责任。

寄件人还需随同包裹发递单附在原寄国及寄达国办理海关手续所必需的各类文件，如进口/出口许可证、卫生证、检验证、货物产地证和发票等。

⑤运输、卸货的各种责任事故证明。在货物运输过程中或在中转港换船、中转地国境站换车、到达港站卸货交接时，对发生的货损、货差等情况的各种记录，是区分货损、货差责任的证明。如在海运方面，有经理货部门和承运人签字确认的“货物残损单”；在国际铁路联运方面，有铁路部门编制的或在国境站货物交接、换车时，由两国铁路货运人员共同签字编制的商务事故记录；在邮政运输方面，有邮局签发的“包裹被窃、损坏、重量短少记录单”。

上述这些运输、卸货、交接的单据和记录证明，有的是证明承运人交货的依据，有的是与提单（运单）记载的件数和货物的表面状况不相符合的依据，有的则是作为向承运人索赔的证据。如卸货交接事故记录中的整件短少部分，收货人可凭记录向承运人索赔。同时，各种卸货记录又是区分原残（指卸货前已存在的残损）和工残（指装卸部门的责任）的重要依据。

此外，尚有“海事声明”“海事报告”等多种单据，它们都是检验、鉴定货物的重要依据。

（4）其他凭证。其他凭证包括以下几种：

①商业发票。商业发票是出口商开列的出口货物清单，它主要用于进出口报关完税和记账。商业发票内记载有货物的名称、数量、规格等内容，它既是银行在结汇时审核其他单证是否与其一致的主要依据，也是买卖双方交接货物的主要单证之一，同时还是检验、鉴定货物的名称、数量和规格等是否相符的重要依据之一。

②装箱单（包装单）。装箱单是出口商编制的记载一批货物每一件包装内容的清单。它可作为商业发票的补充文件，用以补充说明各种不同规格货物所装箱号及各箱的重量、体积、尺寸等内容。其不仅便于买方在货物到达目的港（站）后验收货物，而且是检验、鉴定机构核对数量的依据。

③重量单（磅码单）。重量单是以重量计量、计价的商品清单，一般列明每件包装商品的毛重和净重、整批货物的总毛重和总净重，有的还增列皮重；按公量计量、计价的商品，则要列明公量及计算公量的有关数据。它是对发票内容的评述与补充，可供买方和有关部门在检验、核对货物重量时使用。

相关链接2-1

海关总署关于《中华人民共和国进出口食品安全管理办法》的解读

海关总署于2021年4月12日公布了《中华人民共和国进出口食品安全管理办法》（以下简称《办法》），自2022年1月1日起施行。为使行政相对人和社会各界全面了解和准确把握本次规章修订的背景情况、主要原则和重点内容，现就有关问题解读如下：

1.修订背景及目的

近年来，党中央、国务院对食品安全提出更高要求，《中华人民共和国食品安全法》及其实施条例也分别于2015年和2019年进行整体修订，海关全面深化改革和关检业务深度融合、我国进出口食品贸易量大幅增加、新冠肺炎疫情、国际贸易摩擦、国际食品安全面临新风险新挑战等新形势新变化，都对海关进出口食品监管提出更高要求，现行规定已不能完全适应监管需要，有必要予以修订。

2.需要说明的主要问题

（1）贯彻落实党中央、国务院以及相关法律法规关于进一步强化食品安全工作的要求。

《办法》以习近平总书记“四个最严”要求为遵循，明确将“安全第一、预防为主、风险管理、全程控制、国际共治”作为海关食品安全监管基本原则（第三条）；同时通过增设一系列制度，建立更为科学、严格的进出口食品安全监管制度。

（2）总结重大食品安全事件及疫情疫病应对，特别是新冠肺炎疫情防控经验，完善风险预警及控制措施。新增《国境卫生检疫法》及其实施细则作为立法依据（第一条）；明确中国缔结或参加的国际条约协定作为进出口食品监管依据（第四条、第九条、第三十八条）；细化《食品安全法实施条例》第五十二条有条件限制进口、暂停或者禁止进口等控制措施的具体方式及适用情形（第三十四条、第三十五条、第三十六条），其中特别明确规定进口食品被检疫传染病病原体污染或者有证据表明能够成为检疫传染病传播媒介的，海关可以采取暂停或者禁止进口的控制措施。

（3）固化海关全面深化改革、关检业务深度融合成果及执法经验。重点对进出口食品安全监管流程与主要制度予以固化，明确进出口食品监督管理、进口食品现场查验的具体内容（第十条、第二十八条）；固化《海关全面深化改革2020框架方案》实施成果，新增出口申报前监管规定，进一步提升通关时效（第四十八条、第四十九条）；明确海关运用信息化手段提升进出口食品安全监管水平（第六条）。

（4）优化整合海关食品安全监管领域规章结构布局。《办法》整合吸纳了进出口肉类产品、水产品、乳品以及出口蜂蜜检验检疫监督管理办法等5部单项食品规章中的共性内容，其他需进一步明确的事项将以规范性文件形式发布。通过本次修订，在海关进出口食品监管领域基本形成以《进出口食品管理办法》为基础、《进口食品境外生产企业注册管理规定》为辅，相关规范性文件为补充的执法体系。

资料来源 海关总署. 海关总署关于《中华人民共和国进出口食品安全管理办法》的解读[EB/OL]. [2021-04-26]. http://www.customs.gov.cn/customs/302249/302270/302272/3642213/index.html.经编者节选与改编。

2.1.2 内贸商品检验的依据

（1）质量标准。质量标准是监督、检验商品质量的主要依据，是生产、经销企业必须执行的技术法规。具有法律效力的质量标准有国家标准、行业标准、地方标准和企业标准等。

（2）统检细则。国家和地方监督部门出于对某一产品主要项目进行全面监督检查的需要，根据国家标准、行业标准或地方标准制定有统一检验项目、统一检验方法、统一技术指标和统一判据的统检细则。

（3）检验细则（检验规则）。当没有国家标准、行业标准或地方标准时，政府质量监督部门出于监督、检验的需要制定有临时检验项目、检验方法、技术指标和判据的检验细则。

（4）购销合同。供需双方约定的质量要求，必须共同遵守，一旦发生质量纠纷时，购销合同的质量要求，即为仲裁的法律依据。

（5）名优产品技术条件。获得中国名牌产品或免检产品称号的商品，产品质量除了符合质量标准外，还应获得名优产品技术条件规定的指标。

2.1.3 中国法定计量单位

1）中国法定计量单位

《中华人民共和国计量法》第三条规定，国家实行法定计量单位制度。我国法定计量单位包括以下几部分：

（1）国际单位制（SI）的基本单位。2018年11月16日，来自60个成员方的代表在巴黎召开的国际计量大会（CGPM）上投票通过了一项关于重新定义国际单位制

（SI）的历史性决议，永久性地改变了千克、安培、开尔文和摩尔的全球性定义，自2019年5月20日起正式生效。这意味着所有SI单位将由描述客观世界的常数定义，不仅保证了SI的未来稳定性，而且使这些定义可以通过量子技术等在内的新技术复现。修订后的国际单位制（SI）的基本单位见表2-1。

（2）国际单位制的辅助单位。

（3）国际单位制中具有专门名称的导出单位。

（4）国际单位制词头。

（5）由以上单位构成的组合形式的单位。凡是两个以上的单位相乘或相除或既有乘又有除而构成的单位，称为组合形式的单位，简称组合单位，如米每秒（m/s）等。由一个

表2-1　**国际单位制（SI）的基本单位**

量的名称	量的符号	单位名称	单位符号	定义
长度	ι（L）	米	m	自2019年5月20日起生效的国际单位制SI，将是满足以下条件的单位制： ——铯133原子基态的超精细能级跃迁频率$\Delta\nu_{Cs}$为9 192 631 770Hz； ——真空中光的速度c为299 792 458m/s； ——普朗克常数h为$6.626\ 070\ 15\times10^{-34}$Js； ——基本电荷e为$1.602\ 176\ 634\times10^{-19}$C； ——玻尔兹曼常数k为$1.380\ 649\times10^{23}$J/K； ——阿伏伽德罗常数$N_A$为$6.022\ 140\ 76\times10^{23}mol^{-1}$ ——频率为540×10^{12}Hz的单色辐射的发光效率K_{cd}为683lm/W。其中，单位赫兹、焦耳、库伦、流明、瓦特的符号为Hz、J、C、lm、W，它们分别与单位秒（s）、米（m）、千克（kg）、安培（A）、开尔文（K）、摩尔（mol）、坎德拉（cd）相关联，相互之间的关系为$Hz=s^{-1}$，$J=kgm^2s^{-2}$，C=As，lm=cd $m^2\ m^{-2}$=cd sr，$W=m^2kg\ s^{-3}$
质量	m	千克	kg	
时间	t	秒	s	
电流	I	安培	A	
热力学温度	T	开尔文	K	
物质的量	N	摩尔	mol	
发光强度	I（Iv）	坎德拉	cd	

单位与数学符号或数学指数构成的单位，也是组合单位，如立方米（m^3）等。这些单位也是法定单位。

（6）国家选定的非国际单位制单位。它包括以下两类：

①与国际单位制并用的单位（见表2-2）。

表2-2 与国际单位制并用的单位

量的名称	单位名称	单位符号	相当于国际单位制的值
	分	min	1min=60s
	〔小〕时	h	1h=60min=3 600s
时间	天〔日〕	d	1d=24h=86 400s
平面角	度	(°)	1°=60′=(π/180)rad
	[角]分	(′)	1′=60″=(π/10 800)rad
	[角]秒	(″)	1″=(π/648 000)rad
体积	升	L(l)	$1L=1dm^3=10^{-3}m^3$
质量	吨	t	$1t=10^3kg$
能	电子伏	eV	$1eV≈1.60218×10^{-19}J$
质量	原子质量单位	$u=m(^{12}c)/12$	$1u≈1.66054×10^{-27}kg$

②国家选定的其他非国际单位，主要有市制、英制、美制单位等。

2）量值传递及强制检定与认证

量值传递是通过对计量器具的检定或校准，将国家计量基准所复现的计量单位量值通过各等级计量标准传递到工作计量器具，以保证被测对象量值的准确和一致的过程。量值传递要求从上而下，按照国家检定系统表的规定、准确度划分的等级逐级送检。

为认定计量器具的计量特性，确定其是否符合法定要求，需要做大量的工作，包括按照法定的计量检定规程要求，通过具体的检验活动来确定计量器具的计量性能，如准确度、稳定性和灵敏性等，并出具证书或加盖印记以判断其是否合格。计量检定按管理性质可分为强制检定和非强制检定。

强制检定是由政府计量行政主管部门所属的法定计量检定机构或授权的计量检定机构，对社会公用计量标准、部门和企事业单位使用的最高计量标准，以及用于贸易结算、安全防护、医疗卫生和环境监测四个方面的被列入国家强制检定目录的工作计量器具，实行定点定期的一种检定。其强制性主要表现在三个方面：一是这种检定由政府计量部门强制实行，世界各国都是如此；二是检定关系固定，定点定期送检；三是必须按检定规程实施检定。

《中华人民共和国计量法》第二十二条规定：为社会提供公证数据的产品质量检验机构，必须经省级以上人民政府计量行政部门对其计量检定、测试的能力和可靠性考核合格。

计量认证是指政府计量行政部门对面向社会提供公证数据的技术机构的计量检定和测试能力、可靠性及公正性所进行的考核和证明。经过计量认证考核合格的技术机构在计量认证合格证书规定的范围内为社会提供的数据，用于贸易出证、产品质量评价和成果鉴定作为公证数据，具有法律效力和权威性。未取得计量认证合格证书的机构，不得开展产品质量检验工作，计量认证体现了法制性和科学性及监督执行性。

中国计量认证的英文缩写为CMA。取得计量认证合格证书的单位，其检测报告的左上方印有CMA标志，且标志与计量认证合格证书编号合并使用才有效，否则就是违法的。

2.2　商品标准

商品检验的常见依据是商品标准。商品标准是社会化工业大生产的一个必然产物，是标准体系的重要组成部分，是标准体系中的技术标准。

2.2.1　商品标准的定义、分类、构成及内容

1）商品标准的定义

标准是对重复性事物和概念所作出的统一规定。它以科学、技术和实践经验的综合成果为基础，经有关方面协商一致，由主管机构批准，以特定的形式发布，作为共同遵守的准则和依据。由此可见：制定标准的领域和对象是需要协调统一的重复性事物和概念；制定标准的依据是科学技术和实践经验的综合成果；标准经有关方面在充分协商的基础上产生；标准的本质特征是统一；标准文件有着自己的一套格式和制定颁布程序。

标准按其性质可以分为技术标准、生产组织标准和经济管理标准三大类。商品标准是技术标准的一个组成部分，也叫产品标准。商品标准是对商品质量和与商品质量有关的各方面所作出的技术规定。商品标准对商品的结构、化学组成、规格、等级、质量要求、试验方法、验收规则、标志、包装、运输、储存、使用，以及生产技术等方面均有统一的规定。商品标准是商品生产、检验、验收、监督、使用、维护和贸易洽谈的技术准则，也是发生商品质量争议时仲裁的技术依据。

2）商品标准的分类

商品标准按其存在形式，分为文件标准和实物标准两类。文件标准是用特定格式的文件，通过文字、表格、图样等形式，表述商品的品种、规格、质量要求、检验规则与方法、储运与包装规定等有关技术内容的统一规定。目前，绝大多数商品标准是文件标准。实物标准是指对某些难以用文字准确表述的色、香、味、形、手感和质地等质量要求，由标准化机构或指定部门把实物做成与文件标准规定的质量指标完全或部分相同的标准样品，按一定的程序发布，作为文件标准的补充。

商品标准按其约束性，分为强制性标准和推荐性标准两类。强制性标准是指标准制定之后，在需要使用此类标准的部门必须贯彻执行。《标准化法》规定，强制性标准必须执行，国家鼓励采用推荐性标准。

3）商品标准的构成

构成商品标准的全部要素可分为概述要素、标准要素和补充要素三类。概述要素，包括识别标准、介绍标准内容、说明标准背景、标准的制定以及与其他标准的关系等内容；标准要素，规定了标准的要求和必须遵守的条文；补充要素，提供有助于理解标准或使用标准的补充信息。商品标准要素的编排见表2-3。商品标准不需要包括表中所有的要素，但可以包括表中所示之外的其他要素。

表2-3 **商品标准要素的编排**

要素的类型		要素
概述要素		封面 目次 前言 引言 首页
标准要素	一般要素	标准名称 范围 引用标准
	技术要素	定义 符号和缩略语 要求 抽样 试验方法 分类与命名 标志、标签、包装 标准的附录
补充要素		提示的附录 脚注 采用说明的注释

4）商品标准的内容

（1）封面。封面的主要内容有标准名称、标准的级别与代号、批准机构、发布与实施时间等。

（2）前言。前言由专用和附加说明两部分组成。专用部分的内容主要有指明采用国际标准的程度，该标准废除和代替其他文件的全部或其中一部分的说明，实施标准过渡期的

要求，哪些附录是标准的附录，哪些附录是提示附录等；附加说明部分包括本标准的提出部门，归口单位，主要起草人，首次发布、历次修订和复审确定的年、月，委托负责解释的单位等。

（3）范围。范围明确规定标准的主题及其所包括的方面，指明该标准或其他部分的使用限制，包括本标准适用何种原料、何种工艺生产、有何用途的何种商品等内容。

（4）名词术语与符号代号。有关商品的名词术语和符号代号，凡在国家基础标准中未统一规定的，都应在标准中作出规定。

（5）技术要求。技术要求是为了保证商品使用要求而必须具备的商品技术性能方面的规定，是指导生产、使用和对商品质量进行检验的主要依据。其主要内容有理化性能、质量等级、使用特性、稳定性、耗能指标、感官指标、材料要求、工艺要求，

以及有关卫生、安全和环境保护等方面的要求。引入标准的技术要求应是决定商品质量和使用特性的关键性指标，并应该是可以测定和鉴定的。在规定技术要求时，必须同时规定产品的工作条件，在某些标准中，还需要规定该商品附有注意事项、用户须知或安装指南等。

（6）试验方法。试验方法的内容包括试验项目、适用范围、试验原理与方法、仪器用具、试剂样品制备、操作程序、结果计算、平行试验允许误差、分析评价和试验报告等。

（7）标志、标签和包装。为了使商品在从出厂到交付使用的整个过程中质量不致受损，标准中必须对商品的标志、标签、包装作合理的统一规定。其内容包括制造商或销售商的商标、牌号，以及搬运说明、危险警告、制造日期等，规定包装材料、包装技术与方式，每件包装中商品的数量、质量和体积。

学习微平台

延伸阅读2-2：中华人民共和国标准化法

2.2.2 国内标准的分级

按照其适用领域和有效范围的不同，标准可分为不同的层次、级别，其目的是适应不同技术水平、不同管理水平以及满足不同的经济要求。根据《标准化法》，国内标准划分为国家标准、行业标准、地方标准、团体标准和企业标准。国家标准分为强制性国家标准和推荐性国家标准，行业标准、地方标准是推荐性标准。

（1）国家标准。对保障人身健康和生命财产安全、国家安全、生态环境安全以及满足经济社会管理基本需要的技术要求，应当制定强制性国家标准。对满足基础通用、与强制性国家标准配套、对各有关行业起引领作用等需要的技术要求，可以制定推荐性国家标准。

强制性国家标准代号由“国标”两字的汉语拼音第一个字母组成，为“GB”；推荐性国家标准代号为“GB/T”。国家标准号由国家标准代号、标准顺序号和标准发布年号构成。强制性国家标准表示形式如图2-1所示：

图2-1 强制性国家标准表示形式

推荐性国家标准的表示形式为：GB/T ×××××—××××。

（2）行业标准。对没有推荐性国家标准而又需要在全国某个行业范围内统一技术要求，可以制定行业标准。行业标准号由行业标准代号加“/T”、标准顺序号及标准发布年号组成，行业标准表示形式如图2-2所示。我国行业标准代号见表2-4。

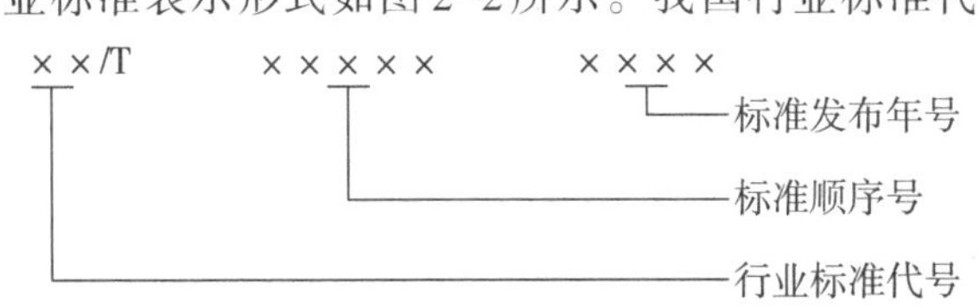

图2-2 行业标准表示形式

表2-4 我国行业标准代号

行业标准名称	标准代号	行业标准名称	标准代号	行业标准名称	标准代号
安全生产	AQ	建材	JC	水利	SL
包装	BB	建筑工业	JG	商检	SN
船舶	CB	建工行标	JGJ	石油天然气	SY
测绘	CH	金融	JR	海洋石油天然气	SY(10000号以后)
城镇建设	CJ	交通	JT	铁道	TB
新闻出版	CY	教育	JY	土地管理	TD
档案	DA	旅游	LB	铁道交通	TJ
地震	DB	劳动和劳动安全	LD	体育	TY
电力	DL	粮食	LS	物资管理	WB
地质矿产	DZ	林业	LY	文化	WH
核工业	EJ	民用航空	MH	兵工民品	WJ
纺织	FZ	煤炭	MT	外经贸	WM
公共安全	GA	民政	MZ	卫生	WS
建工国标5万号以上	GBJ	农业	NY	文物保护	WW
供销	GH	轻工	QB	稀土	XB
国军标	GJB	汽车	QC	黑色冶金	YB
广播电影电视	GY	航天	QJ	烟草	YC
航空	HB	气象	QX	通信	YD
化工	HG	国内贸易	SB	有色冶金	YS
环境保护	HJ	水产	SC	医药	YY
海关	HS	石油化工	SH	邮政	YZ
海洋	HY	电子	SJ	中医药	ZY
机械	JB				

小思考2-1

“有了商品标准，商品质量就完全有了依据”这句话对吗？

答：不对。商品标准是商品质量指标的技术依据，不能说有了商品标准，商品质量就完全有了依据。

（3）地方标准。为满足地方自然条件、风俗习惯等特殊技术要求，可以制定地方标准。在相应的国家或行业标准实施后，地方标准自行废止。

地方标准代号由汉语拼音字母“DB”加上省、自治区、直辖市行政区代码前两位数加“/T”、标准顺序号及标准发布年号组成。全国各省、自治区、直辖市、特别行政区代码见表2-5。

地方标准的表示形式为：DB××/T×××××—××××。

（4）团体标准。国家鼓励学会、协会、商会、联合会、产业技术联盟等社会团体协调相关市场主体共同制定满足市场和创新需要的团体标准，由本团体成员约定采用

表2-5　**全国各省、自治区、直辖市、特别行政区划代码**

名称	代码	名称	代码
北京市	11 0000	湖南省	43 0000
天津市	12 0000	广东省	44 0000
河北省	13 0000	广西壮族自治区	45 0000
山西省	14 0000	海南省	46 0000
内蒙古自治区	15 0000	重庆市	50 0000
辽宁省	21 0000	四川省	51 0000
吉林省	22 0000	贵州省	52 0000
黑龙江省	23 0000	云南省	53 0000
上海市	31 0000	西藏自治区	54 0000
江苏省	32 0000	陕西省	61 0000
浙江省	33 0000	甘肃省	62 0000
安徽省	34 0000	青海省	63 0000
福建省	35 0000	宁夏回族自治区	64 0000
江西省	36 0000	新疆维吾尔自治区	65 0000
山东省	37 0000	台湾省	71 0000
河南省	41 0000	香港	81 0000
湖北省	42 0000	澳门	82 0000

或者按照本团体的规定供社会自愿采用。团体标准编号依次由团体标准代号（T）、社会团体代号、标准顺序号和标准发布年号组成。团体标准表示形式如图2-3所示：

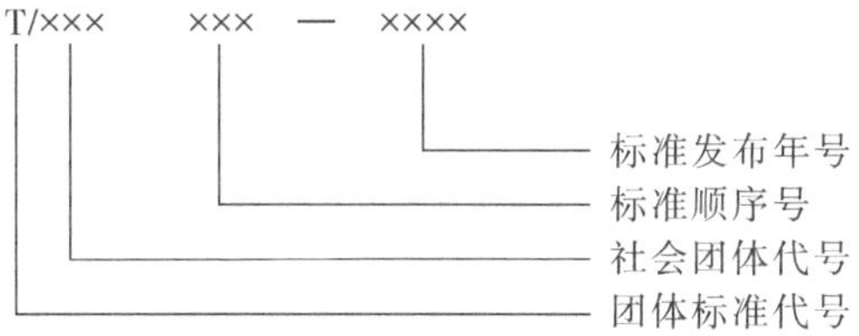

图2-3　团体标准表示形式

例如，T/CGCC 8—2017是中国商业联合会发布的《自热方便菜肴制品》团体标准。

（5）企业标准。企业可以根据需要自行制定企业标准，或者与其他企业联合制定企业标准。企业标准表示形式如图2-4所示：

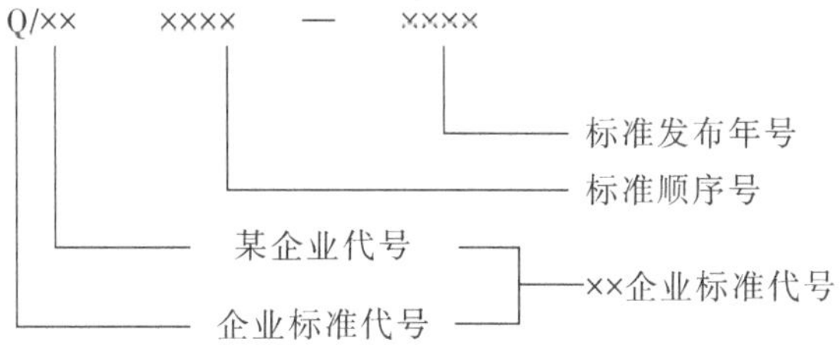

图2-4　企业标准表示形式

企业代号可用汉语拼音或阿拉伯数字或两者兼用。

例如，T/CNTAC 55—2020、T/CNITA 09104—2020是中国纺织工业联合会和中国产业用纺织品行业协会联合发布的民用卫生口罩团体标准。

国家支持在重要行业、战略性新兴产业、关键共性技术等领域利用自主创新技术制定团体标准、企业标准。推荐性国家标准、行业标准、地方标准、团体标准、企业标准的技术要求不得低于强制性国家标准的相关技术要求。国家鼓励社会团体、企业制定高于推荐性标准相关技术要求的团体标准、企业标准。

案例2-1

表2-6是全脂乳粉感官分析表。

表2-6　**全脂乳粉感官分析表**

<table>
<tr><th>项目</th><th colspan="2">特征</th><th>得分</th></tr>
<tr><td rowspan="4">色泽
（10分）</td><td colspan="2">色泽均一，呈乳黄色或浅黄色；有光泽</td><td>10</td></tr>
<tr><td colspan="2">色泽均一，呈乳黄色或浅黄色；略有光泽</td><td>9~8</td></tr>
<tr><td colspan="2">黄色特殊或带浅白色；基本无光泽</td><td>7~6</td></tr>
<tr><td colspan="2">色泽不正常</td><td>5~4</td></tr>
<tr><td rowspan="4">组织状态
（20分）</td><td colspan="2">颗粒均匀、适中、松散、流动性好</td><td>20</td></tr>
<tr><td colspan="2">颗粒较大或稍大、不松散，有结块或少量结块，流动性较差</td><td>19~16</td></tr>
<tr><td colspan="2">颗粒细小或稍小，有较多结块，流动性较差；
有少量肉眼可见的焦粉粒</td><td>15~12</td></tr>
<tr><td colspan="2">粉质粘连，流动性非常差；有较多肉眼可见的焦粉粒</td><td>11~8</td></tr>
<tr><td rowspan="12">冲调性
（30分）</td><td rowspan="4">下沉时间
（10分）</td><td>≤10秒</td><td>10</td></tr>
<tr><td>11～20秒</td><td>9~8</td></tr>
<tr><td>21～30秒</td><td>7~6</td></tr>
<tr><td>≥30秒</td><td>5~4</td></tr>
<tr><td rowspan="4">挂壁和小白点
（10分）</td><td>小白点≤10，颗粒细小；杯壁无小白点和絮片</td><td>10</td></tr>
<tr><td>有少量小白点点，颗粒细小；
杯壁上的小白点和絮片≤10个</td><td>9~8</td></tr>
<tr><td>有少量小白点，周边较多，颗粒细小；
杯壁有少量小白点和絮片</td><td>7~6</td></tr>
<tr><td>有大量小白点和絮片，中间和四周无明显区别；
杯壁有大量小白点和絮片而不下落</td><td>5~4</td></tr>
<tr><td rowspan="4">团块（10分）</td><td>0</td><td>10</td></tr>
<tr><td>1≤团块≤5</td><td>9~8</td></tr>
<tr><td>5 < 团块≤10</td><td>7~6</td></tr>
<tr><td>团块 > 10</td><td>5~4</td></tr>
<tr><td rowspan="4">滋味及气味
（40分）</td><td colspan="2">浓郁的乳香味</td><td>40</td></tr>
<tr><td colspan="2">乳香味不浓,无不良气味</td><td>39~32</td></tr>
<tr><td colspan="2">夹杂其他异味</td><td>31~24</td></tr>
<tr><td colspan="2">乳香味不浓,同时明显夹杂其他异味</td><td>23~16</td></tr>
</table>

资料来源　中国乳制品工业协会. 中国乳制品工业行业规范RHB201-2004：全脂乳粉感官评鉴细则［S］. 2004.

问题：如何对全脂乳粉进行感官鉴别？

分析提示：对照全脂乳粉感官分析表，可以对全脂乳粉进行感官品评。

2.2.3 国际标准

国际标准是指国际标准化组织（ISO）、国际电工委员会（IEC）和国际电信联盟（ITU）所制定的标准，以及国际标准化组织确认并公布的其他国际组织制定的某些标准。随着国际标准水平的提高和数量的增加，在国际贸易活动中，越来越多的贸易方在合同中规定用国际标准评定商品的质量，进行商品检验。

1）国际标准化组织标准

国际标准化组织成立于1946年10月，总部设在瑞士的日内瓦。ISO是非政府国际组织，联合国甲级咨询机构，世界上最重要的科学技术合作组织之一。

ISO的目标和宗旨是在世界范围内促进标准化工作的开展，以利于国际物资的交流和互助，并扩大知识、科学、技术和经济方面的合作。其主要任务是制定国际标准，协调世界范围内的标准化工作，与其他国际性组织合作研究有关标准化问题。

ISO标准按专业分类，有各类技术委员会（TC），下设分技术委员会（SC）和工作组（WG）来负责制定标准。ISO现有160多个技术委员会、640多个分技术委员会和1 400多个工作组，已发布了近万项国际标准。ISO标准是最重要的国际标准。

我国是ISO的正式成员。

2）国际电工委员会标准

国际电工委员会成立于1906年，是世界上成立最早的非政府性的国际电工标准化机构。IEC负责有关电气工程和电子工程领域内的标准化工作，包括电力、电子、电信、电工产品等方面。

IEC标准是国际贸易中广为使用的重要国际标准。我国是IEC的正式成员。

3）其他国际组织制定的国际标准

国际标准化组织还确认了22个国际机构所制定的标准为国际标准。它们是：国际计量局（BIPM）、国际化学纤维标准化局（BISFA）、国际食品法典委员会（CAC）、国际电气设备合格认证委员会（CEE）、国际照明委员会（CII）、国际电报电话咨询委员会（CCITT）、国际原子能机构（IAEA）、国际民航组织（ICAO）、国际辐射单位与测量委员会（ICRU）、国际乳品联合会（IDF）、国际图书馆协会联合会（IFLA）、国际制冷学会（IIR）、国际劳工组织（ILO）、国际海事组织（IMO）、国际放射防护委员会（ICRP）、国际橄榄油理事会（IOOC）、国际兽疫局（OIE）、国际法定计量组织（OIML）、国际葡萄与葡萄酒局（IWO）、材料与结构研究实验所国际联合会（RILEM）、国际铁路联盟（UIC）、联合国教科文组织（UNESCO）。

此外，国际电信联盟（ITU）、万国邮政联盟（UPU）、联合国粮农组织（UNFAO）、世界卫生组织（WHO）、国际羊毛局（IWS）、国际棉花咨询委员会（ICAC）、国际无线电咨询委员会（CCIR）、国际电影技术协会联合会（UNIATEC）等国际组织制定的一些标准也被认为是国际标准。

在ISO/IEC中定义的标准可以是强制性的，也可以是自愿的；在WTO/TBT协定中，标准定义为自愿性文件，技术法规定义为强制性文件。

4）区域标准

区域标准是由世界某一区域性标准化组织制定的标准。制定区域标准的目的在于促进区域性标准化组织成员间的贸易，便于该地区的技术合作和技术交流，协调该地区与国际标准化组织的关系。国际上较为重要的区域标准有欧洲标准化委员会（CEN）制定的欧洲标准（EN）、欧洲电工标准化委员会（CENELEC）制定的标准、亚洲标准咨询委员会（ASAC）制定的标准、泛美技术标准委员会（COPANT）制定的标准和非洲地区标准化组织（ARSO）制定的标准等。

5）国外先进标准

国外先进标准一般指发达国家的国家标准、团体标准和公司标准，这些标准在很多情况下要比上述国际标准要求严格，涉及的内容、覆盖面要远远广于国际标准，在国际贸易活动中经常作为合同中的质量规定而被大量采用，以保证商品的高质量和准确的检验。国外先进标准主要包括：

（1）美国标准。美国国家标准学会（ANSI）是美国在全国范围内从事标准协调、情报交流、审批国家标准的标准化机构。其本身很少制定标准，而是从各个专业团体制定的标准中，将对全国有重要意义的标准，审核提升为美国国家标准，并在原专业标准号前冠以ANSI标准代号。

美国除了国家标准之外，还有政府标准。政府标准包括联邦规范（FS）、联邦标准（FED-STD）、军用规范（MIL-SPEC）、军用标准（MIL-STD）、食品药品监督管理局标准（FDS），以及农业部、卫生部、联邦航空管理局等政府机构制定的标准。

此外，美国的一些团体和行业标准在世界上也声名卓著。如美国材料与试验协会（ASTM）标准，涉及机械制造、航空工业、核能、土木建筑、公路建设、冶金工业、化学工业、日用品生产中使用材料的性能、规格、试验方法、技术条件等的标准，美国国家标准有一半来自ASTM，其在国际贸易中被广为应用。

（2）其他标准。通常将德国标准（DIN）、日本标准（JIS）、英国标准（BS）和法国标准（NF）也列为国外先进标准。

6）我国采用国际标准的情况

国际标准和国外先进标准是世界各国均可采用的共享技术。采用国际标准，不仅可得到有关世界先进生产技术、商品质量水平的重要情报，而且可以为消除贸易技术壁垒、促进外贸事业的发展提供必要条件，对于促进本国的技术进步、提高商品质量、开发新产品和发展出口贸易也都有十分重要的作用。因此，我国一直把积极采用国际标准作为重要的技术经济政策和技术引进的重要组成部分。

在我国标准中采用国际标准的，按照采用程度不同分为等同采用、等效采用和参照采用三种。等同采用是指技术内容完全相同、不作或稍作编辑性修改；等效采用是指技术内容有小的差异，编写上不完全相同；参照采用指技术内容根据我国实际作了某些变动，但性能和质量水平与被采用的国际标准相当，在通用、互换、安全、卫生等方面与国际标准协调一致。采用国际标准的程度仅表示我国标准与国际标准之间的异同情况，而不表示技术水平的高低。需要指出的是，目前国际上只承认等同采用、等效采用，对非等效采用则要作出说明，所以在采用国际标准时，应尽可能选用等同和等效这两种形式，以避免造成技术壁垒。

2.3　商品检验常见器具的操作与内校

2.3.1　常见检验器具的操作使用

1）普通光学显微镜的使用方法

（1）显微镜的主要构造。普通光学显微镜的构造主要分为三部分：机械部分、照明部分和光学部分。显微镜的主要构造如图2-5所示。

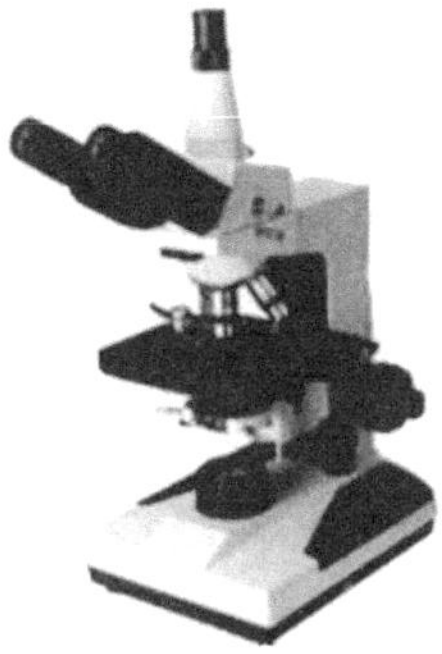

图2-5　显微镜的主要构造

①机械部分。

A.镜座：是显微镜的底座，用以支撑整个镜体。

B.镜柱：是镜座上面直立的部分，用以连接镜座和镜臂。

C.镜臂：一端连于镜柱，一端连于镜筒，是取放显微镜时手握的部位。

D.镜筒：连在镜臂的前上方，镜筒上端装有目镜，下端装有物镜转换器。

E.物镜转换器（旋转器）：接于棱镜壳的下方，可自由转动，盘上有3~4个圆孔，是安装物镜部位，转动转换器，可以调换不同倍数的物镜，当听到碰叩声时，方可进行观察，此时物镜光轴恰好对准通光孔中心，光路接通。

F.镜台（载物台）：在镜筒下方，形状有方、圆两种，用以放置玻片标本，中央有一通光孔，我们所用的显微镜其镜台上装有玻片标本推进器（推片器），推进器左侧有弹簧夹，用以夹持玻片标本，镜台下有推进器调节轮，可使玻片标本作左右、前后方向的移动。

G.调节器：是装在镜柱上的大小两种螺旋，调节时使镜台作上下方向的移动。

粗调节器（粗螺旋）：大螺旋称粗调节器，移动时可使镜台作快速和较大幅度的升降，所以能迅速调节物镜和标本之间的距离使物像呈现于视野中，通常在使用低倍镜时，先用粗调节器迅速找到物像。

细调节器（细螺旋）：小螺旋称细调节器，移动时可使镜台缓慢地升降，多在运用高倍镜时使用，从而得到更清晰的物像，并借以观察标本的不同层次和不同深度的结构。

②照明部分。装在镜台下方，包括反光镜和集光器。

A.反光镜：装在镜座上面，可向任意方向转动，它有平、凹两面，其作用是将光源光线反射到聚光器上，再经通光孔照明标本。凹面镜聚光作用强，适于光线较弱的时候使用；平面镜聚光作用弱，适于光线较强时使用。

B.集光器（聚光器）：位于镜台下方的集光器架上，由聚光镜和光圈组成，其作用是把光线集中到所要观察的标本上。

聚光镜：由一片或数片透镜组成，起到汇聚光线的作用，加强对标本的照明，并使光线射入物镜内，镜柱旁有一调节螺旋，转动它可升降聚光器，以调节视野中光亮度的强弱。

光圈（虹彩光圈）：在聚光镜下方，由十几张金属薄片组成，其外侧伸出一柄，推动它可调节其开孔的大小，以调节光量。

③光学部分。

A.目镜：装在镜筒的上端，通常备有2～3个，上面刻有“5×”“10×”“15×”符号以表示其放大倍数，一般安装的是“10×”的目镜。

B.物镜：装在镜筒下端的旋转器上，一般有3～4个，其中最短的刻有“10×”符号的为低倍镜，较长的刻有“40×”符号的为高倍镜，最长的刻有“100×”符号的为油镜。此外，在高倍镜和油镜上还常加有一圈不同颜色的线，以示区别。

在物镜上，还有镜口率（NA）的标志。它反映该镜头分辨率的大小，其数字越大，表示分辨率越高。物镜的镜口率见表2-7。

表2-7 **物镜的镜口率**

镜口率(NA)	工作距离(mm)
10×0.25	5.40
40×0.65	0.39
100×1.30	0.11

表2-7中的工作距离是指显微镜处于工作状态（物像调节清楚）时物镜的下表面与盖玻片（盖玻片的厚度一般为0.17mm）上表面之间的距离。物镜的放大倍数越大，它的工作距离越小。显微镜的放大倍数是物镜的放大倍数与目镜的放大倍数的乘积，如物镜为10倍，目镜为10倍，其放大倍数就为100（10×10）。

（2）显微镜的使用方法。

①低倍镜的使用方法。

A.取镜和放置：显微镜平时存放在柜（箱）中，用时从柜（箱）中取出，右手紧握镜臂，左手托住镜座，将显微镜放在自己左肩前方的实验台上，镜座后端距桌边1～2寸为宜，便于坐着操作。

B.对光：用拇指和中指移动旋转器（切忌手持物镜移动），使低倍镜对准镜台的通光孔（当转动听到碰叩声时，说明物镜光轴已对准镜筒中心）。打开光圈，上升集光器，并将反光镜转向光源，以左眼在目镜上观察（右眼睁开），同时调节反光镜方向，直到视野内的光线均匀明亮为止。

C.放置玻片标本：取一玻片标本放在镜台上，一定使有盖玻片的一面朝上，切不可放反，用推片器弹簧夹夹住，然后旋转推片器螺旋，将所要观察的部位调到通光孔的正中。

D.调节焦距：以左手按逆时针方向转动粗调节器，使镜台缓慢地上升至物镜距标本片约5毫米处，应注意在上升镜台时，切勿在目镜上观察。一定要从右侧看着镜台上升，以免上升过多，造成镜头或标本片的损坏。然后两眼同时睁开，用左眼在目镜上观察，左手顺时针方向缓慢转动粗调节器，使镜台缓慢下降，直到视野中出现清晰的物像为止。

如果物像不在视野中心，可调节推片器将其调到中心（注意移动玻片的方向与视野物像移动的方向是相反的）。如果视野内的亮度不合适，可通过升降集光器的位置或开闭光圈的大小来调节，如果在调节焦距时，镜台下降已超过工作距离（>5.40mm）而未见到物像，说明此次操作失败，应重新操作，切不可心急而盲目地上升镜台。

②高倍镜的使用方法。

A.选好目标：一定要先在低倍镜下把需进一步观察的部位调到中心，同时把物像调节到最清晰的程度，才能进行高倍镜的观察。

B.转动转换器，调换上高倍镜头。转换高倍镜时转动速度要慢，并从侧面进行观察（防止高倍镜头碰撞玻片），如高倍镜头碰到玻片，说明低倍镜的焦距没有调好，应重新操作。

C.调节焦距：转换好高倍镜后，用左眼在目镜上观察，此时一般能见到一个不太清楚的物像，可将细调节器的螺旋逆时针移动0.5～1圈，即可获得清晰的物像（切勿用粗调节器）。

如果视野的亮度不合适，可用集光器和光圈加以调节；如果需要更换玻片标本，必须顺时针（切勿转错方向）转动粗调节器使镜台下降，方可取下。

③油镜的使用方法。

A.在使用油镜之前，必须先经低、高倍镜观察，然后将需进一步放大的部分移到视野的中心。

B.将集光器上升到最高位置，光圈开到最大。

C.转动转换器，使高倍镜头离开通光孔，在需观察部位的玻片上滴加一滴香柏油，然后慢慢转动油镜。在转动油镜时，从侧面水平注视镜头与玻片的距离，使镜头浸入油中而又以不压破载玻片为宜。

D.用左眼观察目镜，并慢慢转动细调节器至物像清晰为止。如果不出现物像或者目标不理想，要重找，在加油区之外重找时应遵循低倍→高倍→油镜的程序；在加油区内重找时应遵循低倍→油镜的程序，不得经高倍镜，以免油沾染镜头。

E.油镜使用完毕，先用擦镜纸沾少许二甲苯将镜头上和标本上的香柏油擦去，然后再用干擦镜纸擦干净。

（3）显微镜使用的注意事项。

①持镜时必须是右手握臂、左手托座的姿势，不可单手提取，以免零件脱落或碰

撞到其他地方。

②轻拿轻放，不可把显微镜放置在实验台的边缘，以免碰翻落地。

③保持显微镜的清洁，光学和照明部分只能用擦镜纸擦拭，切忌口吹、手抹或用布擦，机械部分用布擦拭。

④水滴、酒精或其他药品切勿接触镜头和镜台，如果玷污应立即擦净。

⑤放置玻片标本时要对准通光孔中央，且不能反放玻片，防止压坏玻片或碰坏物镜。

⑥要养成两眼同时睁开的习惯，以左眼观察视野，右眼用以绘图。

⑦不要随意取下目镜，以防止尘土落入物镜，也不要任意拆卸各种零件，以防损坏。

⑧使用完毕后，必须复原才能放回镜箱内。其步骤是：取下标本片，转动旋转器使镜头离开通光孔，下降镜台，平放反光镜，下降集光器（但不要接触反光镜），关闭光圈，推片器回位，盖上绸布和外罩，放回实验台柜内，最后填写使用登记表（反光镜通常应垂直放，但有时因集光器没提至应有高度，镜台下降时会碰坏光圈，所以这里改为平放）。

2）电子秤的操作程序

（1）作业步骤。

①准备工作：检查电子秤工作台面是否干净；检查电源线是否有破损现象；被测物表面要保持干净；调节电子秤底板和螺丝使电子秤工作台面呈水平。

②操作步骤：接通电源将电子秤调零；选择所需用的单位；读出显示器中的显示数据；使用完毕后拔下电源插头，将电子秤妥善保存。

（2）注意事项。

非相关工作人员严禁使用电子秤；取放物件时要轻拿轻放；不可使有腐蚀性的物品直接与工作台面接触，以免腐蚀工作台面；对于量程小、精度高的电子秤，在测量时要设置半密封性的装置，以防外界气流对测量结果产生影响；电子秤放置应平稳；大中量程的电子秤上严禁站人；电子秤使用完毕后要保持工作台面清洁，严禁摆放其他物体；保证电子秤在有效期内使用，超出有效期必须进行校核。

3）笔式酸度计操作程序

（1）主要技术指标。

测量范围：0～14.0pH；准确度：±0.2pH；电池：4×1.5V（AG-13型纽扣电池）；电池寿命：1 000小时；工作温度：0℃～50℃；相对湿度：不大于85%；外形尺寸：142（L）×29（W）×15（H）；调零：由补偿电位器调整；重量：65g。

（2）pH计校准。

①将pH电极浸入pH值为6.86（25℃以下）的混合磷酸盐标准缓冲溶液中，并轻轻摇动。

②用小起子调整校正电位器，直到显示值与标准缓冲溶液在环境温度下的pH值相符。

③把电极插入pH值为4.00的邻苯二甲酸氢钾或pH值为9.18的硼砂标准缓冲溶液中。

④2分钟左右，显示值与缓冲溶液的pH值相比应在误差允许范围内。

（3）注意事项。

在下列情况下，pH计必须重新校准：校准后已使用（或放置）很长时间；电极使用特别频繁；测量精度要求比较高。

（4）操作步骤。

①取下保护套。

②先用蒸馏水清洗pH计的电极，并用滤纸将电极擦干。

③接通位于电池仓上的开关。

④将pH计插入被测液体中，直到液体浸到“浸没线”，条件允许的话，可使溶液处于略高于“浸没线”的位置。

⑤轻轻地搅拌溶液并等待2分钟左右，读取显示值。

⑥使用完毕，清洗电极，关掉开关，套上保护套。

酸度计校准物，即pH标准固体物质，开包加水后即可使用，适用于任何型号酸度计的校准，三种规格的pH值分别为4.00、6.00和9.00，有效期为5年。

各类笔式酸度计如图2-6所示。

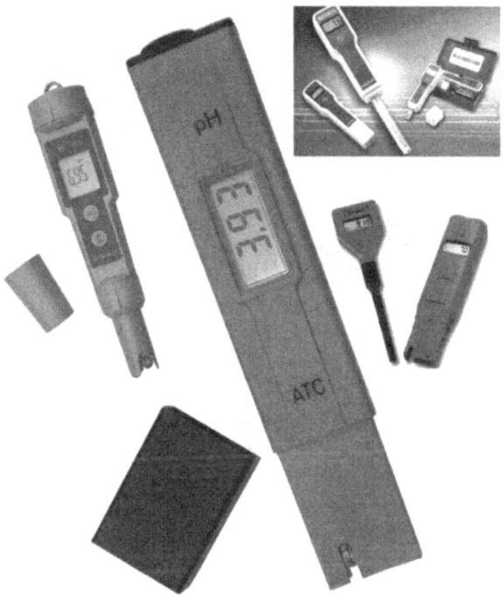

图2-6　各类笔式酸度计

4）盐度计的操作程序

盐度计是根据不同浓度的液体具有不同的折射率这一原理设计而成的，是利用光线来测试液体的仪器。其具有使用快速、简便、测定准确、重量轻和体积小等优点。盐度计能准确测定水中所含盐分的重量、千分比浓度、海水密度，适用于食品检测、海水养殖业、海洋调查和水质监测等。

（1）校准方法。

①使用手持盐度计时，用左手握住橡胶套，右手调节目镜，防止体温传入仪器，影响测量精度。

②打开进光板，用柔软绒布将折光棱镜擦拭干净。

③将蒸馏水数滴，滴在折光棱镜上，轻轻合上进光板，使溶液均匀分布于棱镜表面，并将仪器进光板对准光源或明亮处，眼睛通过接目镜观察视场，如果视场明暗、

分界线不清楚，则旋转接目镜，使视场清晰，再旋转零位校正螺钉，使明暗分界线置于零位，然后擦净蒸馏水，换上测试溶液，此时视场所视分界线，所处的相应分数值，划定刻度值则为所测试溶液浓度值及密度值。

（2）使用方法。

①将折光仪的接物镜面擦拭干净。

②利用滴管吸取含盐液体1滴，约2～3cc。

③打开聚光板，将含盐液体滴附于接物镜上，再轻盖聚光板。

④将折光仪之聚光板处朝向光源，接目镜贴近眼睛并保持平行。

⑤由观景窗观察折光仪上的刻度，并记录盐分比重值。

5）便携式洛氏硬度计操作程序

硬度计早期被称为硬度试验机，用来测量材料或者成品、半成品的相应硬度，作为同一行业对相应产品质量的评定渠道。硬度计按行业划分可以分为洛氏硬度计、布氏硬度计、维氏硬度计、巴氏硬度计、韦氏硬度计、肖氏硬度计、邵氏硬度计和里氏硬度计等；按设备体积可划分为台式机（洛氏、维氏、布氏）和便携式硬度计（里氏、巴氏、邵氏、韦氏）。PHR系列便携式洛氏硬度计如图2-7所示。

图2-7　PHR系列便携式洛氏硬度计

（1）作业步骤。

①准备工作。

A.将被测物件测试面擦拭干净。

B.检查硬度计指针是否指向“0”。

②操作步骤。

A.将被测物置于水平台上。

B.选定测试点后，将硬度计垂直于产品的表面，平稳下压，直至硬度计水平底板完全接触被测物表面。

C.读出显示数字。

（2）注意事项。

本仪器不可用来测量金属表面或其他硬度物体；小心轻放，防止损坏，用毕放回原处；注意保护押针，不可与坚硬物体接触、碰撞；定期进行检测，确保仪器在有效期内使用。

6）厚度计的操作程序

（1）作业步骤。

①准备工作。检查厚度计工作是否正常；将被测物的测量面擦拭干净；检查被测物的厚度是否超过厚度计的量程范围。

②操作步骤。

A.将厚度计调零。

B.用大拇指按下调节按钮，将被测物放入测量脚内，使被测物垂直于测量脚，使测量面与测量脚面充分可靠地接触，轻轻放开大拇指。

C.厚度计保持相对稳定后，读出数据。

D.用毕后将厚度计放回原处，妥善保存。

（2）注意事项。使用厚度计的注意事项有：轻拿轻放，防止被冲击或被摔坏；表面要保持清洁；测量脚端面不得与硬质物体摩擦，以免影响测量精度；定期进行校验，确保厚度计在有效期内使用。

2.3.2 检验器具的内校程序

1）硬度计内校程序

（1）结构概述。硬度计是由以下几种结构组成的：指示表、测砧、底板、施力钮等。

（2）校验基准。选用外校合格的硬度计进行对比校正。

（3）校正环境及周期。常温、常压、静置2小时以上，校正周期为1年。

（4）校正步骤（见表2-8）。

表2-8 硬度计校正步骤

校正前	1.检查硬度计是否有影响测量精度的外观缺陷； 2.检查硬度计指示表指针是否归于零位
校正中	1.将待测硬度计与校正合格的硬度计分别对三种不同硬度的材料进行比较校正，两者间的示值差即为误差值； 2.校验中受力方向要与被测面垂直，且均匀用力； 3.硬度计取用时要小心轻放，不可掉落地上
校正后	1.硬度计出现异常时，送校验单位判定是否暂停使用，是否重新校验或报废处理； 2.硬度计不可测量金属或其他硬质物品，使用后放回包装盒中

（5）判定标准。硬度计示值误差不超过表2-9所列标准，为合格。

表2-9 硬度计示值允许误差

卡尺类型	允许误差		
带游标	外径及内径	±0.04mm	深度： 0.02mm
带表		±0.02mm	
带电子显示器		±0.02mm	

（6）记录保存。

①校验合格后，贴上校验标签。

②校验不合格时，依实际情况判定为暂停使用、降级使用、维修或报废处理。

③将校验结果记录在“仪器校验履历表”上。

2）厚度计内校程序

（1）结构概述。厚度计由测砧、指示表、按键、测杆、支架等组成。

（2）校正基准。选择外校合格的标准量块。

（3）校正环境及周期。常温、常压、静置2小时以上，校正周期为1年。

（4）校正步骤（见表2-10）。

表2-10 **厚度计校正步骤**

校正前	1.检验厚度计是否有损坏； 2.测砧量测端面有否明显磨损或损坏，表面是否有其他杂物； 3.按键下压时是否顺畅，指针运转是否平稳、灵活； 4.指示表旋转时不可太松，也不可太紧
校正中	1.选择适当的标准量块（外校合格的标准件），对厚度器进行校正； 2.各校正件需作五点不同尺寸校正，分别取1.25mm、2.5mm、5.5mm、7.5mm、10.0mm，均校正两次取平均值； 3.取用标准量块时，需戴好手套，并小心不可将其掉落在地上； 4.将量块读数值减去标准量块值，即为误差值
校正后	1.厚度计遇有外观不良或需调整时，送校验单位，让其判定是否暂停使用、校验或安排维修； 2.测量脚磨耗过多，如测量值尚不能得到正确的尺寸读数值时，应予以暂停使用并送修，或作报废处理； 3.标准量块使用完毕后，需擦拭干净，并喷上防锈油，放回固定位置保存

（5）判定标准。示值误差不超过±0.02mm，为合格。

（6）记录保存。

①校验合格后，贴上校验标签。

②校验不合格时，依实际情况定为暂停使用或降级使用，严重者作报废处理。

③将校验结果记录在“仪器校验履历表”上。

3）电子秤内校程序

（1）结构概述。电子秤主要由承重和传力机构、称重传感器、电源、电子显示器等部分组成。

（2）校正基准。选用外校正合格的砝码。

（3）校正环境及周期。常温、常压、静置2小时，校正周期为1年。

（4）校正步骤（见表2-11）。

表2-11 电子秤校正步骤

校正前	1.目测电子秤，不得有影响计量精度的外观缺陷； 2.检查电子显示数字是否清晰可见； 3.电源线、变压器表面是否损坏
校正中	1.将电子秤置于平台上，将其调至水平； 2.用外校合格的标准砝码对电子秤进行校验，分别取电子秤量程的20%、50%、90%作为校验点，如重量为300g的电子秤分别取60g、150g、270g来校验； 3.取用砝码时要用镊子或戴手套拿取，轻拿轻放，防止将其掉落地上
校正后	1.电子秤遇有数值显示不良或其他异常时，送校验单位判定是否暂停使用，并安排维修或校验； 2.标准码取用后放回原处保存

（5）判定标准。显示值与砝码实际重量误差不超过表2-12所列数据时，为合格。

表2-12 电子秤显示值允许误差

量程	量程≤300g	量程≤5kg	量程≤50kg
允许误差	±0.02g	±2g	±40g

（6）记录保存。

①校验合格后，贴上校验标签。

②校验不合格时，依实际情况定为暂停使用或降级使用，严重者作报废处理。

③将校验结果记录在“仪器校验履历表”上。

4）温度计内校程序

温度计的校正如图2-8所示。

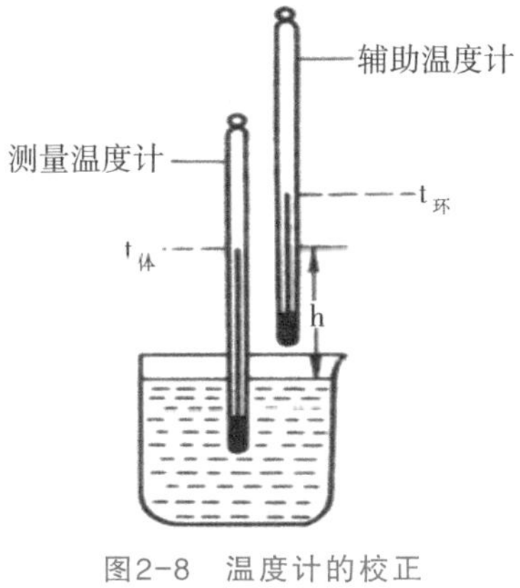

图2-8 温度计的校正

（1）结构概述。温度计由支架、水银管、水银等组成。

（2）校正基准。选用外校合格的温度计进行对比校正。

（3）校正环境及周期。常温、常压、静置2小时，校正周期为一年。

（4）校正步骤（见表2-13）。

表2-13 温度计校正步骤

校正前	1.检查温度计外观有否破损等缺陷； 2.检查温度计刻度线数字是否清晰可见
校正中	1.将待测温度计与外校合格的温度计置于三种不同的温度环境下，分别将两个温度计示值进行比较，记录示值误差； 2.在不同的环境下须停留至少半小时，才可进行比较检定
校正后	温度计出现异常时，送校验单位判定是否暂停使用、校验或报废

（5）判定标准。量程在110℃（含）以下，示值误差不超过±2℃，量程为110℃～300℃，示值误差不超过±4℃，为合格。

（6）记录保存。

①校验合格后，贴上校验标签。

②检验不合格时，依实际情况判定为降级使用或作报废处理。

③将校验结果记录在“仪器校验履历表”上。

基本训练

□ 知识题

1.判断题

（1）装箱单实际上是发票内容的补充。 （ ）

（2）国际单位制的基本单位是公斤、米和秒。 （ ）

（3）如果显微镜的物像不在视野中心，可调节推片器将其调到中心。 （ ）

2.填空题

（1）计量器具的计量性能包括准确度、________和________。

（2）商品标准的构成要素有概述要素、________和________。

（3）使用笔式酸度计校准时，将pH计插入被测________，直到液体浸到________。

3.选择题

（1）在内贸商品检验中，最常用的检验依据是（ ）。

A.质量标准 B.统检细则 C.检验细则 D.购销合同

（2）国际上认同的我国采用国际标准的情况是（ ）。

A.完全采用 B.等同采用 C.等效采用 D.参照采用

（3）电子秤的组成部分主要有（ ）。

A.承重和传力机构 B.电子显示器

C.称重传感器 D.电源

4.简答题

（1）商品检验的主要依据有哪些？

（2）什么是商品标准？简述商品标准的分级和标准号。

（3）怎样校正温度计？

综合应用

□ 实训题

消费者在日常生活中是以什么为依据来鉴别商品的？现在市场上常用的计量单位有哪些？

□ 案例分析题

物流中的商品包装条码

商品条码是由一组规则排列的“条”“空”符号及其对应的数字代码组成的商品标识，是一种用光电扫描阅读设备识读并实现数据输入计算机的特殊代码。商品条码中包含着整套商品信息，条码由解码阅读器读入后，商品的名称、产地、价格、数量、厂家、国别、组合、位置等有关信息，就会被全部输入计算机系统，由计算机加以处理、记录。目前，国际上通用和公认的物流条码有消费单元条码、储运单元条码和货运单元条码三种。

（1）消费单元条码。消费单元条码，即标准版EAN-13条码，主要用于零售业，在我国的超市里已被广泛采用。其包括厂家条码和商店条码两种。

厂家条码是指生产厂家在生产过程中直接印在商品包装上的条码。常用的厂家条码主要有国际通用商品条码（简称EAN条码）和北美通用产品条码（简称UPC条码）两种，国际物品编码组织（GS1）分配给我国的国别码是690—699，常见结构如图2-9所示。

EAN-13　EAN-8　UPC-A　UPC-E

图2-9　厂家条码示意图

商店条码又叫店内码，可分为两类，一类是用于变量消费单元的店内码，另一类是用于定量消费单元的店内码。

（2）储运单元条码。储运单元条码一般采用ITF-14条码，如图2-10所示。目前，我国部分超市的配送中心已开始使用储运单元条码，主要用于商品的纸质包装箱上。

16901234000044

包装指示符

图2-10　储运单元条码

（3）货运单元条码。货运单元条码是物流条码最常用的形式，也是国际物流业中普遍推广使用的条码，在我国已引起不少物流企业和生产企业的重视。货运单元条码一般采用EAN/UCC系统128条码，主要用于运输、仓储等物流标签上，如图2-11

所示。

(02) 6 6901234 00004 9 (17) 050101 (37) 10 (10) ABC

应用标识符

图2-11　EAN·UCC系统128条码

对于上述物流条码，要根据货物的不同和商品包装的不同分别采用。单个大件商品，如电视机、电冰箱和洗衣机等商品的包装箱往往采用EAN-13条码；储运包装箱常常采用ITF-14条码或EAN/UCC系统128条码，包装箱内可以是单一商品，也可以是不同商品或多件头商品小包装。

资料来源　汪永太．物流中的商品包装条码［J］．中国包装，2007（3）．

问题：你是如何认识物流商品包装条码的？市场上常见的商品包装条码有哪些？

职业工作站

开发你的商品标准认知能力

● 目标

该项练习能帮助你了解我国商品标准的分级和代号。

● 内容

到市场上考察各种商品的商品标准，并写出能反映国内5级标准的商品名称及相应的标准号。

● 时间

本章授课后的周末时间

● 步骤

（1）3~5名同学分为一组，制订考察方案。

（2）进行实地观察。

（3）对观察的资料进行分析整理。

（4）写出能反映国内5级标准的商品名称及相应标准号的书面报告。

（5）各组在班级进行交流、讨论。

第3章 商品检验的方法与数据处理

学习目标

□ 思政目标：引导学生树立一丝不苟的工作作风和商品质量监督的意识，使用精湛严谨的技术获取客观、可靠、准确的数据，同时真实地记录和签发每一份报告书，帮助学生形成正确的职业行为和道德规范。

□ 知识目标：了解商品检验的程序和方法、假冒伪劣商品的鉴别与质量监督；认识商品检验数据分析与处理的重要性和必要性；掌握商品品级与质量认证的内容。

□ 能力目标：能进行简单的商品抽样，能够用感官检验法对生活中常见的商品进行初步质量检验，并结合所学知识鉴别其质量。

3.1 商品抽样

3.1.1 商品抽样的概念和方案

1）商品抽样的概念

（1）抽样。抽样是根据合同或标准所确定的方案，从被检批商品中抽取一定数量的有代表性的、用于检验的单位商品的过程，又称取样。正确的商品抽样方法是保证获得准确检验结果的重要前提。

（2）单位商品。组成被检批的基本单位称为单位商品。其划分形式有自然划分和人工划分两种，如单个（台或件）商品、一对（双）商品、一组（套、袋、桶等）商品等。

（3）批量。批量是指被检批商品中所包含单位商品的总数，通常用字母N表示。批量大小可根据商品特性和生产、流通条件决定，体积小、质量稳定的，批量可大些；反之，批量可小些。

（4）样本。样本是指从被检批商品中抽取用于检验的单位商品（即样品）的全体。样本中所包含的单位商品的数量称为样品大小或样本量，通常用字母n表示。

2）商品抽样检验方案

商品抽样检验方案是指在对批量为N的受检批产品进行抽样检查时，如何抽取样本n，通过对样本n的检查和对合格判定数Ac和不合格判定数Re进行比较，判断批量产品合格与否。

商品抽样检验方案按样品抽样并投入试验的次数分为一次抽样检验方案、二次抽样检验方案和多次抽样检验方案。

（1）一次抽样检验方案。对受检批量单位产品数为N、样本数为n的样品进行检查，其中样本数中有不合格品数为d，当样本中不合格品数小于等于预先指定的某个数值Ac时，则该批商品为合格。

当$d \leq Ac$时，N合格。

若样品中不合格品数大于预先指定的某个数值Re，则该批商品为不合格。

当$d \geq Re$时，N不合格。

Ac、Re组成的抽样方案的合格判定数组，记为（Ac、Re）。

这样，标准的一次抽样检验方案可表示为（n、Ac、Re），其过程如图3-1所示。

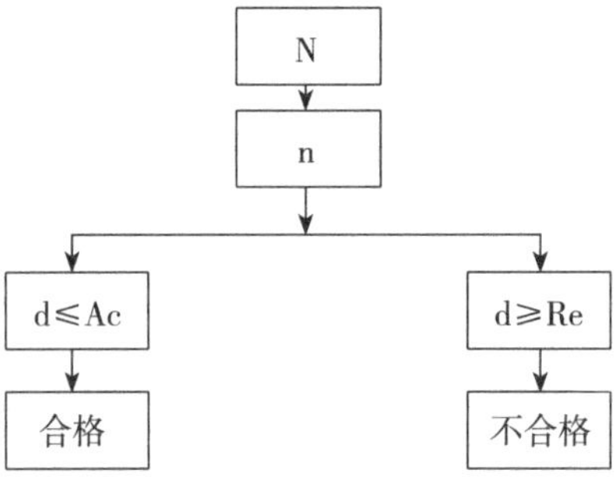

图3-1 一次抽样检验方案程序

一次抽样检验方案简单明了，只需要抽样检验一次样本就可以作出该批商品合格与否的判断。其便于管理，应用较多，但平均样本量较对应的多次抽样检验方案大。

（2）二次抽样检验方案。为了降低抽样检验的平均样本量，国际国内广泛采用二次抽样检验方案。这种抽样检验方案是同时抽取两个大小相同的样本，先对第一个样本n_1进行检验，若检验不合格品数小于等于预先指定的某个数值Ac_1，则该批商品合格，即当$d \leqslant Ac_1$时，则N合格；若不合格品数大于等于预先指定的某个数值Re_1，即$d \geqslant Re_1$，则该批商品为不合格。如果$Ac_1 < d < Re_1$，则对第二个样本n_2进行检验，把两次检验结果综合在一起判断该批商品合格与否。二次抽样检验方案由第一样本n_1和第二样本n_2与判定数目（Ac_1、Ac_2、Re_1、Re_2）组成，如图3-2所示。

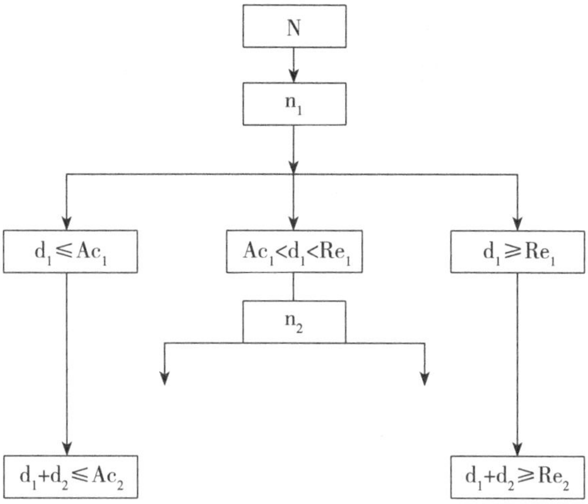

图3-2 二次抽样检验方案程序

（3）多次抽样检验方案。国际上通常采用的抽样检验方案还有多次抽样检验方案，我国有些抽样检查标准也采用多次抽样检验方案，其原理与二次抽样检验方案相似。多次抽样检验方案较二次抽样检验方案的平均样本量又进一步减少了，能节约检验费用，但管理较复杂。当产品批量较好时，宜采用多次抽样检验方案。GB 2828、GB 2829都采用五次抽样检验方案，ISO 2859采用七次抽样检验方案。

3）商品抽样检验国家标准

商品抽样检验国家标准见表3-1。

3.1.2 商品抽样检验的实施要点

1）商品抽样检验作业的主要内容

任何一种抽样检验方案确定之后如何实施，无论是工厂、企业、商业部门的检验部门还是产品质量监督检验部门，在具体实施抽样检验的各项程序时，都应制定检验人员的作业标准（即工作标准），并认真贯彻执行，以确保检验本身的质量。

检验作业标准应明确规定下列条款：

（1）检验批量的正确方法。

（2）抽样形式（一次、二次或多次抽样）。

表3-1 商品抽样检验国家标准

标准号	标准名称	质量特性指标	计数或计量	调整与否	抽样次数和程序
GB 2828	逐批检查计数抽样程序及抽样表（适用于连续批的检查）	每百单位产品不合格品数、每百单位产品不合格数	计数	调整	一次、二次和五次
GB 2829	周期检查计数抽样程序及抽样表（适用于生产过程稳定性检查）	每百单位产品不合格品数、每百单位产品不合格数	计数	非调整	一次、二次和五次
GB 6378	不合格品率的计量抽样检查程序及图表（适用于连续批的检查）	批不合格品率	计量	调整	一次
GB 8053	不合格品率计量标准型一次抽样检查程序及表	批不合格品率	计量	非调整	一次
GB 8054	平均值的计量标准型一次抽样检查程序及表	批平均值	计量	非调整	一次
GB 8051	计数序贯抽样检查程序	每百单位不合格品数或每百单位平均缺陷数	计数	非调整	序贯
GB 8052	单水平和多水平计数连续抽样检查程序及表		计数	调整	
GB 14437	产品质量计数一次监督抽样检验程序（适用于总体量较大的情形）	每百单位产品不合格品数或不合格数	计量	非调整	一次
GB/T 13393	抽样检查导则				

（3）抽样方案（按抽样标准确定的程序选取具体方案）。

（4）试验的采样方法。

（5）试验程序。

（6）试验方法。

（7）批量（总体）合格、不合格判定方法。

（8）检验后批量的处理。

（9）检验报告的书写。

2）商品样本的抽取

抽样检验方案确定样本大小之后，就要从“批”或“产品总体”中抽取样本。这是抽样检验方案付诸实施的关键一步。抽取具有代表性的样本的关键是确定科学的抽样方法，常用的抽样方法有百分比抽样法和随机抽样法两种。

（1）百分比抽样法。从受检的批量商品中，按检验标准或合同规定的数量百分比抽取样品，称百分比抽样。此法抽样简便易行，对受检批量大的商品较为适用。检验小批量商品，一般不采用百分比抽样法。

（2）随机抽样法。为了降低抽样检验的错判概率，在抽样时必须尊重科学，要尽量避免人的主观意识支配，尽可能地从检验批中随机地、等概率地或均匀地抽取样品，使抽出来的样品具有代表性，这就是通常所说的随机抽样。随机抽样的含义为：批中任何一单位产品被抽取的机会相等，不带任何主观意志。随机不是随意，更不是任意。在检验工作中，常用的随机抽样法有以下三种类型：

①单纯随机抽样法（又称简单随机抽样法）。它是所有随机抽样方法中最为简单的一种，也是最有代表性的一种。通常是按照随机原则，不进行任何分组、划类、排序等先行工作，从总体中直接抽取检验样品。采用此法，对交验批中的全部产品，可以完全做到随机化抽取。

简单随机抽样，常用掷硬币、抽签、查随机数表等方法抽取样品，实际工作中多采用后两种方法。

其一，抽签。将交验批中各产品的号码逐个写在签条或卡片上，投入箱（罐）中摇匀，然后按抽签方法，不加任何选择地在全部签条或卡片中随机抽出所需样品的号码。

其二，查随机数表。随机数表又称为乱数表，就是把0～9共10个数字随机排成的一张表，见表3-2。

表3-2　**随机数表**

0347437386	3696473661	4698637162	3326618045	6011141096
6774246762	4281145720	4253323732	2707360751	2451798973
1676622766	5650267107	8290767853	1355335359	8897541410
1256859926	9696682731	0503729315	5712101421	8826498176
5559563564	3854824622	3162430990	0618443253	2383013030
1622779439	4954435482	1737932378	8735209643	8426349174
8442175331	5724550688	7704744767	2176335025	8392120676
6301637859	1695556719	9810507175	1286735807	4439523879
3321123429	7864560782	5242074438	1551001342	9966027954

采用查随机数表的方法抽取样品，也是先将交验批中的产品逐一编号，其号码从1编起，多为两位数，也可为三位数或更多位数（视被抽产品的数量而定），编号之次序与方法不受任何限制，然后使用随机数表，查出所需抽取的试样号码。

每次抽样时，先根据交验批产品的数量确定使用几位随机数，然后从随机数表中的任何一行开始，依次选取与样品数相等的号码个数，最后按选取的号码对号抽取样品。

②分层随机抽样法（又称分类随机抽样法）。它是先将一批同类商品划分为若干层次（分层时应注意每个层次内部是均匀的），再从每一层次中随机抽取若干样品，

最后将抽取的样品放在一起作为试样。由于生产过程中的质量事故常常是间隔出现的，采取分层随机抽样法，能克服简单随机抽样法可能漏掉的集中性缺陷。

案例3-1

有批待检零件共5 000个，是某厂甲、乙、丙三条生产线生产加工出来的产品，其中甲生产线的产品数为2 500个；乙生产线的产品数为1 500个；丙生产线的产品数为1 000个。现抽取250个样品做试验。

采用分层随机抽样法，应从甲生产线的产品中抽取125个（$250\times\frac{2\,500}{5\,000}$）；应从乙生产线的产品中抽取75个（$250\times\frac{1\,500}{5\,000}$）；应从丙生产线的产品中抽取50个（$250\times\frac{1\,000}{5\,000}$）。

③多段随机抽样法。检查批分成一些小部分时，如果各部分是严密包装的，则进行分层随机抽样非常麻烦，这种情况下可考虑采取分段随机抽样的方法，即先随机抽取几个小部分，接着再从所抽出的每个小部分中进一步随机抽取若干个产品，最后将抽出的产品放在一起即为试样。例如，有一批收音机计5 000台要提交检查，5 000台分装在500个箱子中，现在对50个样品进行试验，可先从500箱中随机抽出50箱，再从50箱中随机各抽取出1台产品，最后将抽取的产品集中起来得到试样（即n=50）。这种方法在实际中使用最方便。

3）检验商品的处理

（1）检验产品的码放。检验批产品的码放原则之一，就是要确保随机抽样的正常进行，不允许生产或经销企业有意无意地制造障碍，阻碍检验人员随机抽样。例如，把安定性不良的水泥放在水泥库底层，上层堆放合格水泥。

（2）样品封记和验封。抽样后，由于种种原因，样品不能马上带走，必须由检验主管部门或检验机构用专用封条带将样品逐一封严、封牢。封条上要注明封样单位、日期并加盖公章，有时还应签字和加盖骑缝章。要防止封条封上后，封条被揭，也要防止只封上面，而下面能打开。

样品送达检验机关后，要按检验作业标准派专人验封，确认无误后，再转入检验程序，要注意防止内、外部人员的干扰，以保证抽样检验的公正、科学。

（3）检验后处理。对于验收型抽样检验标准，经抽样检验后，尽管样品中有不合格品，但只要不合格品数或不合格数没有超过合格判定数，可判定该批产品为合格；该批产品不应直接交给订货方，而应主动将不合格品更换为合格品，然后再交给订货方。

不合格批量的处理较合格批量的处理要复杂得多，而且处理得适当与否，对抽样检验的结果影响很大。

对于筛选型抽样检验后不合格批量的处理，应对样本以外的全部产品进行检验，对检验出的不合格品加以整修或更换，使该批达到全部合格。这样，不合格批量就全部变成了合格批量。

在非筛选型抽样检验的场合，对于被定为不合格的批量，要原封不动地退给卖方，当卖方再次提交时，应事先经过筛选，去掉不合格品，并明确告诉买方这是再次提交批，并再次接受抽样检验。有些抽样检验标准规定，对再次提交批的检验可以是对全项目的检验，也可以是对不合格项目的复检。有些标准还规定对再次提交批实行普通检验或加严检验。

3.2　商品检验的方法

商品检验的方法有很多，根据检验所用器具、原理和条件，通常分为感官检验法和理化检验法两类（如图3-3所示）。这两种检验方法在实际工作中是按照商品的不同质量特性进行选择和配合使用的。此外，在耐用消费品的检验上也可采用试用性检验法。

- 商品检验方法
  - 感官检验法
    - 视觉检验法
    - 嗅觉检验法
    - 味觉检验法
    - 触觉检验法
    - 听觉检验法
  - 理化检验法
    - 物理检验法
      - 一般物理检验法
      - 光学检验法
      - 热学检验法
      - 机械检验法
      - 电学检验法
    - 化学检验法
      - 化学分析检验法
      - 仪器分析检验法
    - 生物学检验法
      - 微生物学检验法
      - 生理学检验法

图3-3　商品检验方法示意图

3.2.1　感官检验法

1）感官检验的方法

感官检验，是指利用人的感觉器官作为检验器具，对商品的色、香、味、形、手感和音色等感官质量特性，在一定条件下进行判定或评价的检验方法。它是目前商品流通领域中应用较为广泛的一种检验方法。

感官检验的范围包括商品的外形结构、外观疵点、色泽、硬度、弹性、气味、声音、干鲜程度和包装物等。感官检验的优点是不需要仪器，简便易行，快速灵活，成本较低，特别适用于目前还不能用仪器定量评价其感官指标的商品和不具备昂贵、复杂仪器对商品进行检验的企业、部门和消费者。但感官检验法受检验人的生理条件、工作经验和外界环境的影响，难免带有主观性，而且检验结果在多数情况下只能用比较性的用词、专业术语和记分法来表示，更不可能分析商品的内在质量。但它仍具有不可替代性，一般通过组织审评小组、采用一些科学的方法来提高感官检验结果的准确性。

按照人的感觉器官的不同，感官检验可分为视觉检验、嗅觉检验、味觉检验、触觉检验和听觉检验等。

（1）视觉检验。视觉检验是利用人的视觉器官来检验商品的外形、结构、颜色、光泽、表面状态和疵点等质量特性。视觉检验范围最广，凡是能直接用眼分辨的质量指标都可采用。视觉检验受光线强弱、照射方向、背景对比，以及检验人员的生理、心理和专业能力的影响很大，通常应在标准照明条件下和适宜的环境中进行，而且要对检验人员进行必要的挑选和专门的培训。

（2）嗅觉检验。嗅觉检验是通过人的嗅觉器官检验商品的气味，来评价商品的质量。其广泛用于食品、药品、洗涤化妆品和香精、香料等商品的质量检验，同时对鉴别纺织纤维、塑料等燃烧后的气味差异也有重要意义。嗅觉检验受检验人员生理条件、检验经验及环境条件的影响很大，所以必须对检验人员进行测试、严格选择和培训；在检验中还应避免检验人员的嗅觉器官长时间与有强烈挥发性的物质接触。其检验顺序是从气味淡的方向到气味浓的方向，并注意采取措施防止串味等现象。

（3）味觉检验。味觉检验是利用人的味觉器官，通过品尝食品的滋味和风味来检验食品质量的优劣。食品的味觉主要有酸、甜、苦、咸、辣、涩、鲜和碱等，食品滋味和风味的好坏，是决定食品质量高低的重要指标。凡质量正常的食品均具有特有的滋味和风味。同一类别的天然食品因品种不同，滋味与风味也常有明显的区别；经过加工调制的食品，由于调制方法和使用调料的不同，滋味和风味各异。食品一旦腐败变质，则会改变原有的滋味和风味，即使食品未变质，如滋味不佳，质量也会下降，所以各种食品的滋味和风味必须采用味觉检验，以区分品质。味觉检验通常会受味觉、刺激温度和时间等因素的影响。实施味觉检验一方面要求检验人员必须具有辨别味觉特征的能力，并且被检样品的温度要与对照样品的温度一致；另一方面要求检验人员必须采用正确的检验方法，遵循统一的规程，如检验时不能吞咽样品，应使其在口中慢慢移动，每次检验前后须用温水漱口等。

（4）触觉检验。触觉检验是利用人的触觉器官触摸、按压或拉伸商品，根据商品的光滑细致程度、干湿、软硬、有无弹性和拉力大小等情况来评价商品质量。其主要用于检查纸张、塑料和纺织品等商品的表面特性。进行触觉检验时，应注意环境条件的稳定和使手指、皮肤处于正常状态，并加强对检验人员的专门培训。

（5）听觉检验。听觉检验是指凭借人的听觉器官对商品发出的声音进行鉴别，以此来检验商品的质量，如检查玻璃制品、瓷器、金属制品有无裂纹或其内在的缺陷；评价以声音为质量指标的乐器、家用电器等商品；评定食品的成熟度、新鲜度、冷冻程度等。听觉检验至今尚无法用仪器来替代，其原因之一就是人的耳朵的灵敏度高且感知范围宽。但听觉检验和其他感官检验一样，需要适宜的环境条件，即力求安静，避免外界不利因素的影响。

2）感官检验分析常用的方法

感官检验分析的方法很多，根据检验目的、要求和统计方法的不同，有差别检验、标度和类别检验及分析和描述型检验三种。

（1）差别检验。差别检验用以确定样品A和样品B之间是否存在着感官差别（或者是否偏爱某一个）。其方法有成对比较检验、三点检验、二一三点检验、五中取二检验、A-非A检验等。

①成对比较检验。它是将所要比较的两种样品成对地提交给检验人员，按某些规定的准则确定两种测试样品针对某一指标是否存在强度差别或是否对其中之一有所偏爱。

②三点检验。它是同时提供三个编码样品，其中两个同属一类，另一个属于另一类，要求检验人员挑选其中代表另一类的单个样品。

③二一三点检验。它是先提供给检验人员一个对照样品，再提供两个样品，其中一个与对照样品相同，要求检验人员挑出那个与对照样品相同的样品。

④五中取二检验。它是同时提供给检验人员五个以随机顺序排列的样品，其中两个是一种类型，另外三个是另一种类型，要求检验人员将这些样品按类型分成两组。

⑤A-非A检验。它是在检验人员学会了识别样品A以后，再将一系列样品提供给检验人员，这些样品有A和非A，要求检验人员指出哪些是A，哪些是非A。

（2）标度和类别检验。在经过差别检验并确定样品具有明显差别的基础上，为进一步估计差别的顺序或大小，或估计样品应归属的类别，应使用标度和类别检验。它主要包括排序、量值估计、评分、评估和分类等方法。

标度是指报告评价结果所使用的尺度。标度的种类有名义标度、顺序标度、等距标度和比率标度四种。名义标度是将商品分成几个不同的类别，但并不提供类别之间信息的一种标度；顺序标度是以预先确定的单位或连续级数作单位的一种标度；等距标度是有相等单位但无绝对零点的标度；比率标度是既有绝对零点又有相等单位的标度。

①排序法。它是使用顺序标度，将待检验的商品按其质量特性和优劣程度或强度排列出等级或名次，不估计样品间差别大小的一种方法。

②量值估计法。它是使用比率标度建立物理量与心理感官量之间的函数关系的一种方法。

③评分法。它是使用等距标度或比率标度为待检验商品或项目评定出每个商品或项目的分数，以区别其质量好坏的一种方法。

④评估法。它是采用顺序标度，将商品质量分为很好、较好、正常、较差和很差等级次的一种方法，用于评价商品的一项或多项指标的强度对商品的偏爱程度。

⑤分类法。它是采用名义标度，把每个检验对象按某一感官质量特性分成预先定义的几个不同类别的方法。

（3）分析和描述型检验。它用于识别存在某样品中的特性的感官指标。其常用的方法有简单描述检验法、定量描述和感官剖面检验法等。

①简单描述检验法。它要求检验人员对构成商品的各个特性指标进行定性描述，尽量完整地描述出商品质量。这种检验法适用于一个或多个样品，常用于质量检验和判定商品在储存期间的变化等。

②定量描述和感官剖面检验法。它是定量评价商品的感官特性，并给出这些特性的强度值，然后用这些结果建立起商品的感官剖面，以便针对商品的各种感官特性获

得一个总体的印象。此法可用于确定新产品研制、开发的感官特性，确定产品之间差别的性质，确定产品质量控制标准，商品品质改良，提供与仪器检验数据相对比的感官数据等。

3.2.2 理化检验法

理化检验法是在实验室的一定环境下，利用各种仪器、器具和试剂作为手段，运用物理、化学和生物学的方法来测试商品质量的一种方法。它主要用于对商品成分、结构、物理性质、化学性质、安全性、卫生性，以及对环境的污染和破坏性等方面的检验。在商品生产和流通中，理化检验法应用越来越广泛。

理化检验法的优点是能客观、准确地反映商品质量情况，而且能得到具体数据，深入阐明商品的化学成分组成、结构和性质，也能探明某些商品的内部疵点，具有较强的科学性，较感官检验客观、精确。但理化检验法对检验设备和检验条件要求较严格，同时还要求检验人员有扎实的基础理论知识和熟练的操作实验技术。在现代检测技术中，检验仪器与计算机联用，实现了自动控制和数据处理，使理化检验走向了快速、少损（或无损）和自动化。理化检验法根据其原理可分为物理检验法、化学检验法和生物学检验法。

1）物理检验法

物理检验法是根据物理学原理，应用物理仪器测定商品物理性质的一种检验方法。其较常见的有以下几种：

（1）一般物理检验法。一般物理检验法是通过各种量具、量仪、天平及专门仪器来测定商品的长度、细度、面积、体积、厚度、比重、黏度、渗水性和透气性等一般物理特性的方法。例如，对棉纤维长度和细度的测定采用的方法就是物理检验法。

（2）光学检验法。光学检验法是通过各种光学仪器来检验商品品质的一种方法。这种方法不仅可以用来检验商品的物理性质，还可用来检验某些商品的成分和化学性质，常见的仪器有显微镜、折光仪、旋光仪和比色计等。例如，利用折光仪测定油脂的折光率，可判断油脂的新陈、掺假或变质等情况；利用旋光仪测定糖的比旋光度，可确定糖中蔗糖的含量；利用比色计测定某些商品的颜色，可确定其品质或等级。

（3）热学检验法。热学检验法是利用热学仪器测定商品的热学特性的一种检验方法。这种方法可用来检验商品的熔点、凝固点、沸点、耐热性和耐寒性等。玻璃和搪瓷制品、金属制品、化妆品、化工制品、塑料制品、橡胶制品，以及皮革制品等的热学性质都与商品的质量有关。例如，将玻璃杯置于0℃～5℃的水中5分钟，取出后即投入沸水中，不炸裂者为合格品。

（4）机械检验法。机械检验法是利用各种力学仪器测定商品机械性能的一种检验方法。很多工业品质量指标（如抗拉力强度、抗压强度、硬度、弹性、塑性和脆性等）的检验，都采用这种检验方法。机械检验法所用的仪器很多，常见的有万能试验机、拉力试验机、冲击试验机、扭转试验机和硬度试验机等。例如，皮革的耐磨强度用耐磨强度试验机测定。试验机上有呈垂直相接的黏附皮革试样的直转盘和黏附金刚砂布的平转盘，测定时，以30转/分钟的速度转动转盘，使皮革试样与平转盘上的金刚砂布相摩擦。皮革耐磨强度以1克重的试样所需的转数表示。

（5）电学检验法。电学检验法是利用电学仪器测定商品电学特性的一种检验方法。检验的项目通常有电阻、介电系数、电容、电压、电流强度和静电性等。通过对商品某些电学特性的测定，如对电阻和电容等的测定，往往还可以间接测定出商品的其他特性，如吸湿性等。使用电学检验法可节省大量的材料，能迅速得出较准确的数据和结论，操作简便。

2）化学检验法

化学检验法是利用化学试剂和各种仪器对商品的化学成分及含量进行测定，进而判断商品品质是否合格的检验方法。根据其具体操作方法，它可分为化学分析检验法和仪器分析检验法两种。

（1）化学分析检验法。化学分析检验法是根据已知的、能定量完成的化学反应进行分析的一种检验方法。依其所用的测定方法的不同，又分为滴定分析法和重量分析法。滴定分析法是指用一种已知准确浓度的标准溶液与被测试样发生作用，最后用滴定终点测出某一组合的含量，如酸碱滴定法。重量分析法是针对一定量的试样，利用相应的化学反应，使被测成分析出或转化为难溶的沉淀，再通过过滤、洗涤、干燥和灼烧等，使沉淀与其他成分分离，然后称取沉淀物的重量，由此计算出被测定成分的含量，如灼烧法测定原料中的灰分等。此外，化学分析检验法还可根据试样重量的不同，分为常量分析法（试样量在100mg以上）、半微量分析法（试样量在10～100mg之间）、微量分析法（试样量在0.01～10mg之间）和超微量分析法（试样量小于0.01mg）。

（2）仪器分析检验法。仪器分析检验法是采用光、电等方面比较特殊或复杂的仪器，通过测量商品的物理性质或物理化学性质来确定商品化学成分的种类、含量和化学结构以判断商品质量的检验方法。它包括光学分析法和电学分析法两种。光学分析法是通过被测成分吸收或发射电磁辐射的特性差异来进行化学鉴定的，具体有比色法、分光光度法（原子吸收光谱、红外光谱等）和荧光光度法等。例如，用光量计、光谱仪可在1～2分钟内分析出钢中20多个合金元素的含量。电学分析法是利用被测物的化学组成与电物理量（电极电位、电流等）之间的定量关系来确定被测物的组成和含量，具体有光谱法、电位滴定法和电解分析法等。仪器分析检验法适用于微量成分含量分析。它具有测定的灵敏度高、选择性好、操作简便、分析速度快等优点，应用广泛。但由于样品前期处理比较费时，仪器价格昂贵，对操作人员要求高，故其应用受到了一定的限制。

3）生物学检验法

生物学检验法是食品类、药类和日常工业品类商品质量检验常用的方法之一，包括微生物学检验法和生理学检验法两种。

（1）微生物学检验法。微生物学检验法是利用显微镜观察法、培养法、分离法和形态观察法等，对商品中有害微生物存在与否及其存在的数量进行检验，并判断其是否超过允许限度的一种检验方法。这些有害微生物包括大肠杆菌、沙氏门菌、霉腐微生物和致病性微生物等。它们直接危害人体健康和商品的安全储存。微生物学检验法是判断商品卫生质量的重要手段。

（2）生理学检验法。生理学检验法是用来检验食品的可消化率、发热量、营养素对机体的作用，以及食品和其他商品中某些成分的毒性等的一种检验方法。该方法多用鼠、兔等动物进行试验，通过动物发育、体重的改变来检查食品的营养价值；通过观察动物健康状况的变化和动物解剖结果测定有害物质的毒性。只有经过无毒害试验，视情况需要并经有关部门批准后，才能在人体上进行试验。

3.2.3 试用性检验法

试用性检验法是在商品实际使用条件下，观察其性状及使用功能的变化，从中取得数据来判定商品质量的一种方法。该方法常用于耐用消费品的检验。广大消费者对商品所作出的评价乃是对商品质量最重要的评定，是真正的质量评定，也是理化仪器所代替不了的综合因素检验。技术商品、信息商品同样也要通过实际应用评价其经济效果。这是经营部门通常采用的一种有效方法。试用性检验法通常有质量跟踪、销售部门调查和用户访问等方式。

学习微平台

延伸阅读3-1：中国检验检测学会信息与智能化工作委员会成立大会在京成功召开

由于试用性检验周期长、耗时久，而且要经过反复比较才能取得正确的结果，因此，在商品检验中，为了缩短试验时间，尽快取得结果，在摸清环境对商品影响的基础上，对某些商品往往采用强化或加速的人工模拟试验方法。商品在自然环境或模拟的工作条件下进行的试验称为环境试验。常用的环境试验方法有高低温试验法、耐潮和防腐试验法、防霉试验法、防尘试验法、密封试验法、振动试验法、冲击试验和碰撞试验法、恒加速试验法，以及寿命试验法等。

3.3 商品的分级与质量监督

3.3.1 商品的分级

1）商品分级的概念

根据商品标准规定的质量指标，按一定的标志，将同类商品分为若干个等级的工作，称为商品分级。商品种类不同，分级标准也不一样。如茶叶按色、香、味、形等感官指标分级，糖、食盐按其化学成分含量分级，鸡蛋同品种按10个重量分级等。对于日用工业品，一是根据商品外观疵点多少和这些疵点对质量的影响程度分级；二是根据商品理化性质与标准差的程度来分级。

中华人民共和国工业和信息化部发布的《船舶钢焊缝超声波检测工艺和质量分级》（CB/T 3559—2011）中规定，检测人员应尽可能根据静态波形、动态波形并结合结构形式和焊接工艺等要素估判缺陷性质。根据缺陷的性质、波高、指示长度和分布状态，把焊缝质量分为Ⅰ、Ⅱ、Ⅲ、Ⅳ、Ⅴ级。

商品级别常用等级的顺序表示，通常用几等、几级或甲、乙、丙来表示。等级顺序的高低具体代表了商品质量的优次。对各种商品每一等级的具体要求和商品分级的方法，通常在标准中都有规定，凡不符合最低一级要求的商品都被称为等外品。

许多商品还同时以特殊标记来表明自身的质量等级。例如，瓷器是以底部的印记来表示等级的。图形印记“○”为一等品，印记“□”为二等品，印记“△”为三等品，不合格商品底部则印有“次品”字样。又如，布匹上字的颜色不同表明等级不同，红色字为一等品，绿色字为二等品，蓝色字为三等品，黑色字为等外品。

2）商品分级的方法

常用的商品分级的方法有记分法和限定法两种。

（1）记分法。常用的记分法有百分记分法和限度记分法两种。

百分记分法，是将商品各项质量指标规定为一定的分数，重要的指标所占的分数高，次要的指标所占的分数低。如果商品质量符合标准规定的要求，其总分就能达到100分，若其中某些指标达不到标准要求，其总分相应降低，等级也相应降低。这种方法在食品和部分日用工业品中采用较多。

限度记分法，是把商品的每种疵点规定为一定的分数，由疵点总分来确定商品的等级，疵点越多，总分越高，商品等级就越低。这种方法一般在对日用工业品和纺织品进行分等、分级时采用。限度记分法在标准分数上规定的不是最低值，而是最高值。如棉色织布的外观质量，标准中将布面各种疵点分为7项，按疵点对布面的影响程度确定各项疵点的分数，分数总和不大于10分为一等品，超过40分为等外品。

（2）限定法。限定法是指在标准中规定商品每个等级限定疵点的种类、数量，不能有哪些疵点，以及决定商品成为废品的疵点限度，大多用于工业品分级。如全胶鞋13个外观指标中，鞋面起皱或麻点在一级品中规定“稍有”，在二级品中规定“有”；鞋面砂眼在一级品中规定“不准有”，在二级品中规定砂眼直径不超过1.5mm、深不超过鞋面厚度等。

3.3.2　商品质量标志

1）商品质量标志的含义

商品质量标志是依法定程序颁发给生产企业的用以证明其商品达到一定水平的符号或标记。比较常见的质量标志有合格标志、认证标志、免检标志、环境标志、绿色食品标志、有机食品标志、原产地标志、纯羊毛标志、真皮标志、节能标志和名牌产品标志等。商品质量标志表明的是商品质量所达到的水平和质量状态，只有法定机构经过一定程序对达到一定条件的企业授权后，企业才能使用质量标志。

实行商品质量标志，不仅是保证商品质量的有效手段，也是维护消费者利益的一种有效方法，特别是对一些有关人身安全与健康的商品，国家必须强制实行质量标志，这样才能有效地防止粗制滥造，避免不合格品投放市场。有了商品质量标志，对消费者来说，可以方便选购；对生产者来说，既是对商品质量的担保，也是一种荣誉和信任，又可带来经济效益。

2）商品质量标志的种类

（1）质量合格标志。质量合格标志是商品出厂前经工厂质检部门检验，产品的各项质量指标均已达到要求而颁发的合格证标志，又称产品检验合格证。任何产品出厂前，都要经过合格检验。合格标志的形式根据产品的形状、性质等特点的不同而有差异，一般用图案或代号表示，或者系挂，或者贴在包装上。不同等级的同类产品，可以用不同图案或颜色的标志来表示。

（2）质量认证标志。产品质量认证标志是认证机构为证明某个产品符合特定的标准和技术要求而设计、发布的一种专用质量标志。国内常见的质量认证标志有方圆标志、3C标志和PRC标志等。方圆标志为中国方圆标志认证委员会产品质量认证标志，分为方圆合格认证标志和方圆安全认证标志。商品的全部性能，要求依据标准或相应的技术要求进行认证，获准合格认证的产品，使用合格认证标志；获准安全认证的产品，使用安全认证标志。中国商品质量认证标志如图3-4所示。PRC标志为中国电子元器件质量认证委员会电子元器件专用的合格认证标志。

认证标准号
注册号
方圆合格认证标志

认证标准号
注册号
方圆安全认证标志

图3-4　中国商品质量认证标志

3C标志为国家强制性认证标志，名称为“中国强制认证”，英文名称为“China Compulsory Certification”，英文缩写为“CCC”。对于国家实行强制认证的产品，由国家公布统一的目录，确定统一适用的国家标准、技术规则和实施程序，制定统一的标志，规定统一的收费标准。凡列入强制性产品认证目录内的产品，必须经国家指定的认证机构认证合格，取得相关证书并加施认证标志后，方能出厂销售、进口和在经营性活动中使用。中国强制认证标志如图3-5所示。

图3-5　中国强制认证标志

产品质量认证标志作为一种质量标志，其基本作用在于向产品购买者传递正确可靠的质量信息。随着贸易全球化进程的加快，实行第三方产品质量认证制度成为国际上保证商品质量的一种普遍做法，其有利于提高产品的信誉度，减少重复检验，减少和消除技术壁垒，维护生产商、经销商和消费者各方面的权益。目前，ISO和IEC的成员国和地区会员基本上都开展了产品质量认证工作，英国采用风筝标志，法国采用NF标志，德国为VDF标志，美国实行UL标志，日本是JIS标志，中国香港为HK标志等。

（3）地理标志。地理标志产品是指产自特定地域，所具有的质量、声誉或其他特性本质取决于该产地的自然因素和人文因素，经审核批准以地理名称进行命名的产品。地理标志产品包括：来自本地区的种植、养殖产品；原材料全部来自本地区或部分来自其他地区，并在本地区按照特定工艺生产和加工的产品。

我国在2020年12月31日前存有三类地理标志产品认证及保护管理体系：原国家

工商总局认证及管理保护的中国地理标志GI、原农业部认证及管理保护的农产品地理标志AGI、原国家质量监督检验检疫总局认证及管理保护的中国地理标志PGI（如图3-6所示）。

图3-6　2021年前我国的地理标志

2020年，为加强我国地理标志保护，统一和规范地理标志专用标志使用，依据相关法规，国家知识产权局制定了《地理标志专用标志使用管理办法（试行）》，国家知识产权局负责统一制定发布地理标志专用标志（如图3-7所示）及使用管理要求，组织实施地理标志专用标志使用监督管理。原相关地理标志专用标志使用过渡期至2020年12月31日，在2020年12月31日前生产的使用原标志的产品可以继续在市场流通。同时也规定，地理标志保护产品和作为集体商标、证明商标注册的地理标志使用地理标志专用标志的，应在地理标志专用标志的指定位置标注统一社会信用代码。

图3-7　新的地理标志

地理标志产品保护作为一项与国际接轨的知识产权保护制度，目前已被世界上许多国家所采用，是世界通行的国际品牌保护制度。欧盟将地理标志（如图3-8所示）视为商标之外的单独的知识产权类型，为地理标志制定专门法律，提供专门保护。欧盟委员会负责对PGI、PDO进行统一注册，注册PGI/PDO在整个欧盟范围内有效，欧盟各个国家负责对注册PGI/PDO依法进行保护和执法。

PGI（地理标志）　　PDO（原产地名称）

图3-8　欧盟地理标志

（4）环境标志。环境标志是一种印刷或贴附在商品或其包装上的图案，证明该种商品在其生命周期中符合环境保护要求，不危害人体健康，对生态环境无害或危害极少，有利于资源的节约和回收。ISO 14000环境管理系列标准是国际标准化组织关于环境体系的认证标准，已成为商品进入国际市场的一个重要标准。目前，世界上的很多国家和区域性组织都实施了环境标志认证（图3-9是某些国家和区域的环境标志）。我国于1993年8月发布环境标志（如图3-10所示），1994年5月中国环境标志产品认证委员会（CCEL）正式成立，它是代表国家对各类环境标志商品进行认证的唯一第三方认证机构。

德国蓝色天使标志　加拿大环境选择标志　日本生态标志

北欧环境标志　欧洲联盟环境标志　新加坡绿色标志

图3-9　某些国家和区域的环境标志

图3-10　中国环境标志

相关链接3-1

揭秘塑料瓶底数字的真实含义

很多塑料容器都有一个身份证“三角形符号”，三角形里边有数字1～7，每个编号代表一种塑料容器，如图3-11所示。它们的制作材料不同，在使用与禁忌上也存在不同。

图3-11　塑料容器的三角形符号

数字“1”代表PETE聚对苯二甲酸乙二醇脂。其常见于矿泉水瓶和碳酸饮料瓶等，耐热至70℃易变形，产生对人体有害的物质。该塑料品用了10个月后，可能释放出致癌物DEHP，不能放在汽车内晒太阳，不要装酒、油等物质。

数字“2”代表HDPE高密度聚乙烯。其常见于白色药瓶、清洁用品和沐浴产品等。不要再用来做水杯，或者用来做储物容器装其他物品；清洁不彻底，不要循环使用。

数字“3”代表PVC聚氯乙烯。其常见于雨衣、建材、塑料膜和塑料盒等。可塑性优良，价钱便宜，故使用很普遍，只能耐热81℃，高温时容易产生有害物质，很少被用于食品包装。

数字“4”代表LDPE聚乙烯。其常见于保鲜膜和塑料膜等。高温时产生有害物质，有毒物随食物进入人体后，可能引起乳腺癌和新生儿先天缺陷等疾病。不要在微波炉中使用保鲜膜。

数字“5”代表PP聚丙烯。其常见于豆浆瓶、优酪乳瓶、果汁饮料瓶和微波炉餐盒等。熔点高达167℃，是唯一可以放进微波炉的塑料盒，可在小心清洁后重复使用。需要注意，有些微波炉餐盒，盒体以5号PP制造，但盒盖却以1号PETE制造，由于PETE不能抵受高温，故不能与盒体一并放进微波炉。

数字“6”代表PS聚苯乙烯。其常见于碗状泡面盒和快餐盒等。不能放进微波炉中，以免因温度过高而释出化学物。装酸性（如柳橙汁）和碱性物质后，会分解出致癌物质。避免用快餐盒打包滚烫的食物。不要使用微波炉煮碗状方便面。

数字“7”代表PC其他类。其常见于水壶、太空杯和奶瓶等。百货公司常用这样材质的水杯当赠品。很容易释放出有毒的物质双酚A，对人体有害。使用时不要加热，不要在阳光下直晒。

以上最有毒的是3、6和7号。如果在饮料瓶瓶底上出现这三个数字，千万不要喝这些饮料。

资料来源 莫言，长宏，笑菡. 揭秘塑料瓶底数字的真实含义［N］. 中国质量报，2011-07-08.

3）假冒伪劣商品的识别

假冒伪劣商品，是指含有一种或多种足以导致普通大众误认的不真实因素的商品，也是人们对各种假货、次货的总称。识别假冒伪劣商品的方法有很多，常见的方法有注册商标识别法、内在质量识别法和防伪标志识别法等。

（1）注册商标标识的识别。名优商品的外包装上都有注册商标标识，商标上有“R”或“注”的标志，有的还粘贴了全息防伪商标。假冒伪劣商品有的有假商标，有的没有商标。在假商标标识中，有的用废次商标标识，有的用相似或相近商标标识，有的用旧标识或自行制版印刷，其普遍存在制作粗糙、比例不符、镶贴不齐、容易脱落、颜色不正、无凹凸感和标识歪斜有磨损痕迹等问题。

（2）查看外包装的标记。名优商品，在外包装上印有商品名称、生产批号、产品合格证、厂名、厂址、优质产品标志、认证标志等，限时使用的还注有出厂日期、失效时间、保质期和保存期等。假冒商品，上述标记往往残缺不全，或乱用标记，有的无厂名或使用假名。

（3）注意装潢。多数名优产品的装潢，图案清晰，形象逼真，色彩鲜艳和谐，做工精致，包装用料质量好。假冒商品的装潢，色彩黯淡陈旧，图案模糊，包装物粗制滥造。

（4）注意生产厂家和售货单位。以地名为商品名称的名优产品，生产厂家很多，但正宗传统名优只有一家。因此，必须认准厂名，以防假冒。如正宗名优镇江香醋，生产厂家是江苏镇江市恒顺酱醋厂。有些高档名优商品，主要在大商场或专卖店出售，因此在市场上购买此类商品时，要注意选择售货单位。

（5）仔细查看商品包装的封口处。一般情况下，绝大部分名优商品采用机器包装，不论是箱装、盒装还是袋装，均严格按装订线装订，封口处平整、笔直、松紧适度。不少伪劣商品采用手工包装，封口处往往不平整、有褶皱等。

（6）检查防伪标记。有些名优商品通常在商品或其包装上的某些特定部位印有标识。近些年来，许多名优商品的厂家都采用特殊材料与技术制作一种既能证明产品的真实身份，又不容他人假冒的防伪标记。常见的防伪标记有激光全息防伪、荧光材料、荧光纤维、水印纸、防伪油墨、双面对印、磁码和电码防伪等。电码防伪是在每一件产品上设置一个密码，一般为21位，无重复，消费者通过电话、电脑或其他能够连接到防伪网络的工具，将产品密码输入就可以进行防伪核对，辨别产品真伪。由于密码由计算机随机生成，查询后即刻记录在案，仿冒者无法仿冒，而且相对来说成本较低，是当前最为实用和有效的防伪技术。

学习微平台

延伸阅读3-2：全国首个省级区块链溯源商品码“孔雀码”正式启用

（7）注意商品的内在质量。假冒伪劣商品内在质量低劣，如假冒自行车，电镀部件粗糙，发白少光泽，烤漆遇水浸、火烤时会自行剥落；伪劣化妆品可能导致皮肤红肿、发炎，甚至造成永久性伤害。

4）商品质量监督

（1）商品质量监督的概念。商品质量监督是根据国家的质量法规和商品质量标准，由国家指定的商品质量监督机构对生产和流通领域的商品和质量保证体系进行监督的活动。因此，我们可以认为，商品质量监督是一种质量分析、评价和保证活动；商品质量监督的对象是实体，如产品、商品和质量保证体系等；商品质量监督的范围包括从生产、流通到运输、储存和销售的整个过程；商品质量监督的依据是国家的质量法规和商品质量标准。

（2）商品质量监督的种类。我国的商品质量监督有国家的质量监督、社会的质量监督和用户的质量监督三种。

①国家的质量监督。国家的质量监督是指国家授权，指定第三方专门机构以公正的立场对商品质量进行的监督检查。这种国家法定的监督，以政府行政的形式，实行定期或经常监督抽查和检验，公开商品质量抽查检验结果，并根据国家有关法规及时处理质量问题，以维护社会经济生活的正常秩序和保护消费者的合法权益。国务院市场监督管理部门主管全国产品质量监督工作。

②社会的质量监督。社会的质量监督是指社会团体和新闻机构根据用户和消费者的反映，对流通领域中的某些商品进行抽样检验，将被检验商品的质量状况和企业名

单公布出来，以形成强大的社会舆论压力，迫使企业改进质量，对用户和消费者承担质量责任。

③用户的质量监督。用户的质量监督是指内外贸易部门和使用单位为确保商品质量而进行的监督检验。

（3）商品质量监督的形式。商品质量监督的形式，一般分为抽查型质量监督、评价型质量监督和仲裁型质量监督三种。

①抽查型质量监督。抽查型质量监督是指国家质量监督机构从市场、生产企业或仓库等地随机抽取样品，按照技术标准进行监督检验，判定其是否合格，从而采取强制措施，责成企业改进产品质量的监督活动。抽查型质量监督的特点：它是一种强制性的质量监督形式；抽查地点不限，采取随机抽样检查的方式；抽查检测数据科学、准确，对产品质量的判断、评价公正；抽查产品的质量检验结果公开；对于抽查检验不合格的单位，责令其限期整改。

②评价型质量监督。评价型质量监督是指国家质量监督机构对企业的产品质量和质量保证体系进行检验和检查，考核合格后，以颁发产品质量证书、标志等方式确认和证明产品已经达到某一质量水平，并向社会提供质量评价信息的一种质量监督活动。评价型质量监督是国家干预产品质量的手段之一，它的特点是按照国家规定标准，对产品进行检验，以确定其质量水平；对产品生产企业的生产条件、质量保证体系进行严格审查和评定，由政府和政府主管部门颁发相应的证书；允许在产品上、包装上、出厂合格证和广告上使用、宣传相应的质量标志；实行事后监督，使产品质量保持稳定和不断提高。

③仲裁型质量监督。仲裁型质量监督是质量监督机构通过对有质量争议的商品进行检验和质量调查，分清质量责任，作出公正处理，维护经济活动正常秩序的一种质量监督活动。仲裁型质量监督的特点是仲裁监督的对象是有争议的商品；具有强制性；根据监督检验的数据和全面调查的情况，由受理仲裁的质量监督部门进行调解和裁决，质量责任由被诉方承担。

3.4　商品检验数据的分析与处理

3.4.1　原始数据的处理与分析判断

1）原始数据的有效数字位数须与测量仪器精度相一致

原始数据的每一个数字都代表一定的量及其精密度，因此，不能随意改变其有效数字的位数，记录原始数据的有效数字位数必须与测量仪器精度相一致。例如，用分析天平称量样品应准确到±0.0001g，用台秤称量样品应准确到0.1g或0.01g；用25ml滴定管及移液管移取溶液，应准确到0.01ml，用10ml量管量取试液应准确到0.1ml。

2）原始数据必须进行系统误差的校正

系统误差校正的方法通常有以下几种：

（1）校正测量仪器，如天平、容量器皿等需在使用之前进行校正。

（2）使用标准方法与标准样品进行对照试验。

(3) 采用高纯试剂进行空白对照试验。

3) 可疑值的取舍

在定量分析中，经常多次地对试样进行测定，然后求出平均值。但多次测出的数据是否都参加平均值的计算，还需进行判断。如果在消除系统误差之后，所测出的数据出现显著的大值与小值，这样的数据是否都参加平均值的计算，还需进行判断。

(1) 确知原因的可疑值应舍去不用。如操作过程中有明显的过失，如称样损失、溶样溅出、滴定时滴定剂有泄漏等，则该次测定结果必是可疑值。在复查结果时，对能找出原因的可疑值应弃去不用。

(2) 不知原因的可疑值，应按下面几种检查法中的一种进行判断，决定取舍。

①四倍法。四倍法是四倍于平均偏差法（4d法），适用于4~6个平均数据的取舍。其具体做法如下：

除了可疑值外，将其余数据相加求算术平均值$\bar{x}$及平均偏差$\bar{d}$。

将可疑值与平均值$\bar{x}$相减，若"可疑值$-\bar{x} \geq 4\bar{d}$"，则可疑值应舍去；若"可疑值$-\bar{x} < 4\bar{d}$"，则可疑值应保留。

案例3-2

测得如下一组数据：30.18，30.56，30.23，30.35，30.32。

问题：其中最大值是否舍去？

解：30.56为最大值，定为可疑值

则：$\bar{x}=\dfrac{30.18+30.23+30.35+30.32}{4}=30.27$

$\bar{d}=\dfrac{0.09+0.04+0.08+0.05}{4}=0.065$

因为：30.56−30.27=0.29

$0.29 \geq 4\bar{d}$

故最大值30.56应舍去。

②Q检验法。Q检验法的步骤如下：

将所有测定结果数据按大小顺序排列，即$X_1 < X_2 < \cdots < X_n$，计算Q值。

$$Q值=\frac{|X_? - X|}{X_{max} - X_{min}}$$

式中：$X_?$为可疑值；X为$X_?$的相邻值；X_{max}为最大值；X_{min}为最小值。

查Q表（见表3-3），比较各次测量求得的Q值与表中所列相同测量次数的Q0.90的大小（Q0.90表示90%的置信度）。

若Q > Q0.90，则相应的$X_?$应舍去；若Q < Q0.90，则相应的$X_?$应保留。

表3-3 置信度的Q值

测量次数	3	4	5	6	7	8	9	10
Q0.90	0.94	0.76	0.64	0.56	0.51	0.47	0.44	0.41
Q0.95	1.53	1.05	0.84	0.76	0.69	0.64	0.60	0.58

案例3-3

某铁矿中含铁量的7次测定结果（百分含量）按大小顺序排列如下：40.02，40.12，40.16，40.18，40.20。

解：这几次测定结果的最小值是40.02，与其他测定结果相差较大，故定40.02为可疑值，其相邻值为40.12。

计算Q值：

$$Q值=\frac{40.12-40.02}{40.20-40.02}=\frac{0.10}{0.18}\approx 0.556$$

查表3-3，n=6，置信度为95%时，其Q0.95值为0.76，其Q0.95 > Q，所以40.02应保留。

③Grubbs检验法。将一组测定数据按由小至大的顺序依次排列，X_1、X_2 … X_{n-x}、X_n，可疑值为X_1或X_n。

计算该组测定值的算术平均值$\bar{x}$及标准偏差S。

按下式求T值：

$$T=\frac{\bar{X}-X_1}{S} \quad 或 \quad T=\frac{X_n-\bar{X}}{S}$$

将求得的T值与表3-4中的检验临界值T（n，a）比较，若$T > T_{临界值}$，则舍弃该可疑值，否则予以保留。如存在两个可疑数据，先用上法舍去一个后，重新计算$\bar{x}$及S，再对第二个可疑值进行检验。

表3-4　Grubbs检验临界值

测量次数(n)	显著性水平(a)		测量次数(n)	显著性水平(a)	
	0.05	0.01		0.05	0.01
3	1.15	1.15	15	2.41	2.71
4	1.46	1.49	16	2.44	2.75
5	1.67	1.75	17	2.47	2.79
6	1.82	1.94	18	2.50	2.82
7	1.94	2.10	19	2.53	2.85
8	2.03	2.22	20	2.56	2.88
9	2.11	2.32	21	2.58	2.91
10	2.18	2.41	22	2.60	2.94
11	2.23	2.48	23	2.62	2.96
12	2.29	2.55	24	2.64	2.99
13	2.33	2.61	25	2.66	3.01
14	2.37	2.66			

注：显著性水平a=1-P。

例如，以案例3-3为例，则$\bar{X}$=40.14，S=0.066。

$$T=\frac{40.14-40.02}{0.066}=1.818<T(6,\ 0.05)=1.82$$

所以40.02应保留。

3.4.2 分析结果报告的数据处理

1）检验结果的数据分析处理

不同的分析任务，对检验结果的准确度要求不同；平行测定次数不同，检验结果报告的数据处理不同。

（1）例行分析。在例行分析中，一般一个试样作两次平行测定。如果两次检验的测定结果之差不超过双面公差（即公差的两倍），则取平均值报告检验结果；如果超过双面公差，则需再做一次检验，最后取两个差值小于双面公差的数据，以平均值报告检验结果。

案例3-4

对于钢中硫的测定，两次检验结果分别为0.050%和0.066%。

问题：应如何报告检验结果？

解：0.066%-0.050%=0.016%

按规定，在此含量范围内允许的公差为0.007%，则0.016%＞2×0.007%，故应再做一次检验，检验结果为0.060%。

0.066%-0.060%=0.006%＜2×0.007%

应取0.066%与0.060%的平均值0.063%报告检验结果。

（2）多次测定结果。多次测定结果通常可用两种方式报告（结果）：一种是采用测量值的算术平均值及算术平均偏差；另一种是采用测量值的算术平均值及标准偏差。

（3）平均值的置信区间。在报告检验结果时，仅写出平均值的数值是不确切的，有时还应指出在$\bar{X}\pm S_{\bar{X}}$范围内出现的概率是多少，这就需用平均值的置信区间来说明。在一定置信度下，以平均值为中心，包括真值的可能范围称为平均值的置信区间，又称为可靠性区间界线，由下式表示：

$$\text{平均值的置信区间}=\bar{X}\pm t\frac{S}{\sqrt{n}}=\bar{X}\pm tS_{\bar{X}}$$

式中：$\bar{X}$为算术平均值；S为标准偏差；n为测定次数；t为置信系数（见表3-5）；$S_{\bar{X}}$为平均值的标准偏差。

在检验分析中，通常只用较少量数据，根据所得数据平均值（$\bar{X}$）、标准偏差（S）、测量次数（n）及所要求的置信度（P）、自由度（n-1）从表中查出t值，再按上式即可计算出平均值的置信区间。

假设要求检验结果有95%的可靠性，则这个95%就被称为置信度（P），又称置信水平，它表示人们对检验结果的可信程度。

表3-5　**置信系数t**

自由度	置信度			自由度	置信度		
F=n-1	90%时 t值	95%时 t值	99%时 t值	F=n-1	90%时 t值	95%时 t值	99%时 t值
1	6.31	12.70	63.66	8	1.86	2.31	3.53
2	2.93	4.30	9.92	9	1.83	2.26	3.25
3	2.35	3.18	5.84	10	1.81	2.23	3.17
4	2.13	2.78	4.60	20	1.72	2.09	2.84
5	2.01	2.57	4.03	30	1.70	2.04	2.75
6	1.94	2.45	3.71	60	1.67	2.00	2.66
7	1.90	2.36	3.50	120	1.66	1.98	2.62

2）提高分析结果准确度的方法

要提高分析结果的准确度，必须考虑在分析过程中可能产生的各种误差，并采取有效措施，将这些误差降到最低，提高精密度，校正系统误差。

（1）选择合适的分析方法。分析方法不同，其准确度和灵敏度也有所不同。滴定分析法的准确度高，但灵敏度低，适用于常量组分的测定；仪器分析法灵敏度高，但准确度较差，适用于微量组分的测定。例如，对含铁量为40%的试样中铁的测定，采用准确度高的质量分析法或滴定分析法，可以准确地测定铁的含量；而若用分光光度法或原子光谱法测定，相对误差按5%计，可能测得铁的含量范围是38%～42%。显然，这样的测定准确度太差了，不能满足生产的实际需要。如果另一试样的含铁量为0.02%，采用分光光度法或原子光谱法测定，尽管相对误差较大，但因铁的含量低，其绝对误差小，测得的范围可能是0.018%～0.022%，这样的测定结果是能够满足要求的。对于如此微量铁的测定，质量分析法与滴定分析法是无能为力的。

（2）减少测量误差。为了保证分析结果的准确度，必须尽量减少测量误差。例如，在质量分析法中，测定步骤是沉淀、过滤、洗涤、灼烧和称重等，应设法减少在这些步骤中引起的误差。在质量分析法中，如要求相对误差小于0.11%，试样质量就不能太小。又如，在滴定分析法中，如要求相对误差小于0.1%，则滴定剂的用量必须在20ml以上。再如，在分光光度法中，要求相对误差为2%时，若称取试样0.5g，则试样称重准至0.01g就够了，不必要求称准至0.0001g。

（3）增加平行测定次数。增加平行测定次数，可以减少随机误差。但测定次数过多，会耗费过多的人力和物力，往往得不偿失。对于一般分析测定，平行测定4～6次即可。

（4）消除测定过程中的系统误差。要检查分析过程中有无系统误差，做对照试验是最有效的方法，可采用下列三种方法：

①标准物质（样品）法。选择其组成与试样相近的标准物质来测定，将测定结果

与标准值比较，用统计检验方法确定有无系统误差。

②标准方法。采用标准方法和所选用的方法同时测定某一试样，根据测定结果作统计检验。

③已知标准物质加入法。采用加入法做对照试验，即称取等量试样两份，在一份试样中加入已知量的欲测组分量，平行进行两份试样的测定，由加入被测组分量是否完全回收来判断有无系统误差。

若对照试验说明有系统误差存在，应设法找出产生系统误差的原因，并加以消除。通常，消除系统误差采用如下方法：

一是做空白试验，消除试剂、蒸馏水及器皿引入的杂质所造成的系统误差。在不加试样的情况下，按照试样分析步骤和条件进行分析检验，所得结果称为空白值，再从试样测定结果中排除此空白值。

二是校准仪器，以消除仪器不准所引起的系统误差。如对砝码、移液管、容量瓶、滴定管、分光光度计的波长等进行校准。

三是引用其他分析方法作校正。如用质量分析法测定SiO_2时，滤液中的硅可用光度法测定，然后加到质量分析法的结果中。

基本训练

□ 知识题

1.判断题

(1) 随机抽样就是随意地抽取样品。 (　　)

(2) 感官检验难免带有主观性。 (　　)

(3) 商品质量监督只有国家授权时才能进行。 (　　)

2.填空题

(1) 原始数据的________位数必须与测量仪器________相一致。

(2) 感官检验分析常用的方法有差别检验、________和________。

(3) 常用的商品分级方法有________和________两种。

3.选择题

(1) 产品质量认证标志有（　　）。

A.方圆标志　　B.环境标志　　C.合格标志　　D.CCC标志

(2) 不知原因可疑值取舍的方法有（　　）。

A.四倍法　　B.校正法　　C.Q检验法　　D.标准物质法

(3) 商品质量监督的形式有（　　）。

A.抽查型　　B.社会型　　C.评价型　　D.仲裁型

4.简答题

(1) 在商品检验中，如何科学地抽取样品？

(2) 商品检验的方法有哪些？各有何特点？

(3) 提高分析结果准确度的方法有哪些？

综合应用

□ 实训题

某公司购进一批商品，现请你就如何检验该批商品制订一个可行性方案。

□ 案例分析题

《中欧地理标志协定》正式生效

《中欧地理标志协定》于2021年3月1日起正式生效。该协定是中国对外签订的第一个全面的、高水平的地理标志协定，协定生效将进一步加强中欧经贸合作，并惠及双方消费者和企业。

地理标志是识别产品来源于某一地区的标志，而该产品的质量和声誉都取决于这一特定地区的自然和人文因素，比如我国的“普洱茶”或欧盟的“香槟”。中国和欧盟的地理标志资源都很丰富。

《中欧地理标志协定》的生效，将为中欧的经贸合作注入新动力，对于我们来说，协定不但规定了高水平保护的义务，而且列明了双方给予保护的地理标志名单。

中方在协定中也承诺对欧盟相关地理标志提供法律保护。这一承诺有利于消除欧盟地理标志持有人的后顾之忧，让他们放心地把相关产品出口至我国，让我们的消费者能吃到、用上更多欧盟的优质产品，提高生活品质，满足日益增长的美好生活需要。

资料来源　杨亚龙. 中欧地理标志协定3月1日正式生效 将带来哪些利好？[EB/OL].［2021-03-01］.http：//finance.sina.com.cn/world/gjcj/2021-03-01/doc-ikftssap9301659.shtml.经编者节选与改编。

问题：什么是地理标志产品，你知道的地理标志产品有哪些？

职业工作站

开发你的商品质量鉴别能力

● 目标

该项练习能培训你的日用塑料外观鉴别技能。

● 内容

从各种塑料的外观特征，如色泽、透明度、光滑性、手感、表面硬度、敲击声，以及将其放入沸水中和放入常温水中等来区分和判断塑料种类。有关塑料的外观特征如下：

（1）聚乙烯。为乳白色透明体，手摸有滑腻感，质地柔软，能弯曲，放在水中能浮于水面，放在沸水中显著软化。

（2）聚丙烯。本色为乳白色半透明体，手摸润滑但无油腻感，质地硬挺，有韧性，放在水中能浮于水面，放在沸水中软化不显著。

（3）聚氯乙烯。硬制品坚硬平滑，敲击时声音发闷，色泽较鲜艳；软制品柔软富弹性，薄膜透明度较高，无蜡质感，放在水中不沉，遇冷变硬，有特殊气味。

● 时间

本章内容授课后的课余时间

● 步骤

（1）根据以上材料设计一套用来鉴别塑料的方案。

（2）按实验要求选取三种塑料。

（3）将三种塑料制品的外观鉴别结果填在表3-6中。

表3-6 **塑料制品的外观鉴别结果**

塑料类别	外观鉴别项目							
	色泽	透明度	手感	表面硬度	气味	敲击声	常温水中	沸水中
聚丙烯								
聚乙烯								
聚氯乙烯								

第4章 食品与药品的检验

学习目标

□ 思政目标：引导学生树立食品卫生安全健康意识，自觉践行节约粮食、反对食品浪费的理念；药品质量事关群众生命安全，引导学生树立“为民服务，为民检验”的使命和责任担当。

□ 知识目标：了解食品与药品的概念及分类，掌握食品与药品常规检验的内容，认识食品、药品检验的特点。

□ 能力目标：掌握食品与药品的检验项目和检验技能，能对常见的食品与药品进行检验；能够运用所学的知识和技能从事食品与药品的检验工作。

4.1 食品的检验

4.1.1 食品的概念与分类

1）食品的概念

食品，指各种供人食用或者饮用的成品和原料，以及按照传统既是食品又是中药材的物品，但是不包括以治疗为目的的物品。像谷物、肉类、蛋类、乳及乳制品、果蔬等生活必需品，能给人提供各种营养成分；茶、烟、酒等消费品能满足人们的各种嗜好，茶、酒也具有丰富营养，它们都是最常见的食品。

2）食品的分类

自然界中天然可食性资源原本就很丰富，再加上它们的再加工产品，使食品成为商品中种类非常丰富的大家族。对食品进行科学分类，有助于我们深入研究和认识各种食品的质量。以下是依据一些常见的标志对食品进行的分类：

（1）根据食品生产许可分类。《食品生产许可分类目录》将食品、食品添加剂分为：粮食加工品，食用油、油脂及其制品，调味品，肉制品，乳制品，饮料，方便食品，饼干，罐头，冷冻饮品，速冻食品，薯类和膨化食品，糖果制品，茶叶及相关制品，酒类，蔬菜制品，水果制品，炒货食品及坚果制品，蛋制品，可可及焙烤咖啡产品，食糖，水产制品，淀粉及淀粉制品，糕点，豆制品，蜂产品，保健食品，特殊医学用途配方食品，婴幼儿配方食品，特殊膳食食品，其他食品，食品添加剂32个类别。每个类别再分为若干个小类，如粮食加工品分为小麦粉、大米、挂面、其他粮食加工品4个小类；挂面再细分为普通挂面、花色挂面和手工面3个品种。

（2）根据食物来源分类。根据来源的不同，可把食品分为植物性食品、动物性食品和矿物性食品三类。

（3）根据食品在膳食结构中所占比重分类。民间常根据食品在膳食结构中比重的大小，将其分为主食和辅（副）食。在我国，主食主要指谷物类、豆类和薯类；辅（副）食指果蔬类、肉奶禽蛋类、水产品及其加工品，如糖、酒和茶等。

（4）根据原料来源及经营习惯分类。这是最常见的分类法。据此，把食品分为以下十二大类：粮食类、油脂类、蔬菜水果类、肉食禽蛋类、糖果糕点类、烟酒饮料类、豆制品类、水产品类、乳及乳制品类、菌产品类、调味品类和其他类。

（5）按其他依据分类。随着食品工业的发展，新产品层出不穷，给食品分类带来了许多新课题。近年来，为强调食品的营养、功能与卫生安全等方面的特性，在食品生产和经营行业，人们常常对食品作出以下分类：

①按消费对象把食品分为婴幼儿食品、中老年食品、运动员食品、宇航员食品和普通食品等。

②按是否使用特殊加工方法将食品分为强化食品、膨化食品和一般食品。

③按功能将食品分为疗效食品、保健食品和其他各类功能性食品等。

④按食品生产方法及其与人和环境的关系将食品分为有机食品、绿色食品和无公害食品。

⑤按食品摄入体内后的代谢状况将食品分为酸性食品和碱性食品。

4.1.2 食品的常规检验

1）食品安全检验

食品安全，指食品无毒、无害，符合应当有的营养要求，对人体健康不造成任何急性、亚急性或者慢性危害。《中华人民共和国食品安全法》（以下简称《食品安全法》）第三十四条规定，禁止生产经营下列食品、食品添加剂、食品相关产品：

（1）用非食品原料生产的食品或者添加食品添加剂以外的化学物质和其他可能危害人体健康物质的食品，或者用回收食品作为原料生产的食品。

（2）致病性微生物，农药残留、兽药残留、生物毒素、重金属等污染物质以及其他危害人体健康的物质含量超过食品安全标准限量的食品、食品添加剂、食品相关产品。

（3）用超过保质期的食品原料、食品添加剂生产的食品、食品添加剂。

（4）超范围、超限量使用食品添加剂的食品。

（5）营养成分不符合食品安全标准的专供婴幼儿和其他特定人群的主辅食品。

（6）腐败变质、油脂酸败、霉变生虫、污秽不洁、混有异物、掺假掺杂或者感官性状异常的食品、食品添加剂。

（7）病死、毒死或者死因不明的禽、畜、兽、水产动物肉类及其制品。

（8）未按规定进行检疫或者检疫不合格的肉类，或者未经检验或者检验不合格的肉类制品。

（9）被包装材料、容器、运输工具等污染的食品、食品添加剂。

（10）标注虚假生产日期、保质期或者超过保质期的食品、食品添加剂。

（11）无标签的预包装食品、食品添加剂。

（12）国家为防病等特殊需要明令禁止生产经营的食品。

（13）其他不符合法律、法规或者食品安全标准的食品、食品添加剂、食品相关产品。

2）食品标签的检验

（1）《食品安全法》规定标签应标明的事项。

《食品安全法》第六十七条规定，预包装食品的包装上应当有标签。标签应当标明下列事项：

①名称、规格、净含量、生产日期。

②成分或者配料表。

③生产者的名称、地址、联系方式。

④保质期。

⑤产品标准代号。

⑥贮存条件。

⑦所使用的食品添加剂在国家标准中的通用名称。

⑧生产许可证编号。

⑨法律、法规或者食品安全标准规定应当标明的其他事项。

专供婴幼儿和其他特定人群的主辅食品，其标签还应当标明主要营养成分及其含量。

食品安全国家标准对标签标注事项另有规定的，从其规定。

第六十九条规定，生产经营转基因食品应当按照规定显著标示。

第七十八条规定，保健食品的标签、说明书不得涉及疾病预防、治疗功能，内容应当真实，与注册或者备案的内容相一致，载明适宜人群、不适宜人群、功效成分或者标志性成分及其含量等，并声明“本品不能代替药物”。保健食品的功能和成分应当与标签、说明书相一致。

第九十七条规定，进口的预包装食品、食品添加剂应当有中文标签；依法应当有说明书的，还应当有中文说明书。标签、说明书应当符合本法以及我国其他有关法律、行政法规的规定和食品安全国家标准的要求，并载明食品的原产地以及境内代理商的名称、地址、联系方式。预包装食品没有中文标签、中文说明书或者标签、说明书不符合本条规定的，不得进口。

(2)《食品安全国家标准 预包装食品标签通则》(征求意见稿)带来的新变化。

2019 年 9 月，食品安全国家标准审评委员会食品标签专业委员会第一次会议审查《食品安全国家标准 预包装食品标签通则》(征求意见稿)送审稿，并建议按照审查意见修改后提交国家卫生健康委员会面向社会公开征求意见。

标准的主要技术内容及修改情况包括：

①修改了预包装食品的定义。为了适应实际监管需求，统一食品标准体系中对预包装食品的界定范围，将预先包装以计量称重方式销售的食品纳入预包装食品的范围。

②明确与规范汉字同时使用的繁体字、拼音、少数民族文字和外文也应符合本章节要求，强制性标示内容应与规范汉字含义一致。同时将相关文字的字高、艺术字等要求移至附录，与其他字高的要求统一作为标示质量的附加条件使用。

③增加“最佳食用日期”为保质期同义语。修订后的标准增加最佳食用日期概念，以更好地帮助消费者理解保质期的定义。

④删除主要展示版面定义。修订后的标准不再使用主要展示版面作为判定版面相关要求地基础，故删除了这一定义。

⑤修改了规格的定义，与预包装食品定义的修改相衔接。

⑥修改了关于食品名称的规定。

⑦修改了配料表中的若干规定。

⑧修改了配料定量标示的部分内容。

⑨关于净含量和规格。调整了净含量和规格相关表述，增加了预包装计量称重食品净含量的标示形式。同时调整净含量字高的要求至附录。为适应食品生产企业实际需求，在净含量和规格条款中增加了动物或植物来源的各种肠衣的标示方式，明确其应以长度“米”表示。

⑩修改了生产者、经销者地址的标示要求。

⑪调整了日期标示的相关要求。

学习微平台

延伸阅读4-1:《中华人民共和国食品安全法》节选

3）食品的保质期检验

原国家轻工总会对部分食品保质期作了规定，主要内容有：

（1）奶粉：马口铁罐密封充氮包装的为24个月，非充氮包装的为12个月，玻璃瓶装的为9个月，袋装的为6个月；甜炼乳，马口铁罐装为9个月，玻璃瓶装为3个月。

（2）麦乳精：镀锡铁罐装为12个月，玻璃瓶装为9个月，塑料袋装为4个月。

（3）糖果：第一、四季度生产的为3个月，第二、三季度生产的为2个月（梅雨季节生产的为1个月）。

（4）白皮点心保存期：第一、四季度生产的为4个月，第二、三季度生产的为20天。

（5）月饼：第一、四季度生产的为1个月，第二、三季度生产的为15天。

（6）蛋糕：第一季度生产的为10天，第二、三季度生产的为7天，第四季度生产的为15天，礼品大蛋糕为3～4天。

（7）饼干：铁听装，第一、四季度生产的为70天，第二、三季度生产的为35天；盒装、袋装，第一、四季度生产的为50天，第二、三季度生产的为30天；散装，第一、四季度生产的为40天，第二、三季度生产的为20天。

（8）面包：第一、四季度生产的为5～7天，第二、三季度生产的为3～4天。

（9）罐头：鱼肉禽类罐头铁罐装、玻璃瓶装为2年；水果蔬菜类罐头铁罐装、玻璃瓶装为15个月；油炸干果、番茄酱铁罐装、玻璃瓶装为1年。

（10）果汁汽水、果味汽水、可乐汽水：玻璃瓶装为3个月，罐装为6个月；易拉罐、玻璃瓶装果汁、蔬菜汁饮料（包括原汁或从天然水果中提取的香料加糖、酸味剂配成的糖浆）为6个月。

（11）啤酒：11°～12°瓶装及听装熟啤酒，省优以上为4个月，普通为2个月；14°啤酒为3个月；10.5°熟啤酒为50天；瓶装鲜啤酒保存期为7天；罐装、桶装鲜啤酒为3天。

（12）葡萄酒、果酒为6个月；汽酒为3个月；露酒为6个月；瓶装黄酒暂定为3个月。

（13）方便面：塑料袋装方便面为3个月。

（14）巧克力：夹心巧克力为3个月；纯巧克力为6个月。

（15）酱油和食醋为6个月，食用植物油为12个月。

这里要着重说明的是，食品的保质期取决于食品的生产条件、经营环境、包装材料和包装工艺等，是一个十分复杂的问题，不可能由政府主管部门的行政命令简单划一，而国家或行业标准的有关规定，只是为企业提供了规范化操作的依据。上述对部分食品保质期所作出的规定，主要是参照我国大多数食品企业20世纪80年代的生产条件、包装材料和包装工艺作出的。这些规定都是最短的期限要求，实际上意味着只有下限没有上限，企业完全可以根据自身的技术水平、包装（容器）条件和包装工艺自行确定不低于国家或行业标准限定的保质期。随着我国食品工业的技术进步，有些食品生产厂家在产品包装上明示担保较长的保质期，如有的食品厂将马口铁桶装饼干的保质期定为12个月，消费者在购买这类食品时，可以根据厂家明示担保的保质期进行选购，在此期限之内发生的任何质量问题，应由生产厂家承担全部责任。

案例4-1

如何区分乳制品和含乳饮料

根据我国的相关规定，与“（牛/羊）乳”相关的饮品基本上可以分为两大类：乳制品、含乳饮料。

《含乳饮料》（GB/T 21732—2008）规定，含乳饮料是以乳或者乳制品为原料，加入水及适量辅料经配制或发酵而成的饮料制品。其主要分为配制型含乳饮料、发酵型含乳饮料和乳酸菌饮料。

再看看以下4类产品的相关营养数据：

01纯牛奶、纯酸奶的蛋白质含量均不得低于2.9%；

02调味牛乳、调味酸牛乳、果料酸牛乳蛋白质含量不得低于2.3%；

03乳饮料、乳酸菌乳饮料蛋白质含量不得低于1%；

04乳酸饮料、乳酸菌饮料蛋白质含量不得低于0.7%。

由此可见，它们之间的营养价值有明显的差异，后两种营养价值相对较低。根据我国的相关要求，产品配料表中的各种成分要按照从高到低的顺序依次列出。含乳饮料的配料除了牛乳外，一般还含有水、甜味剂、酸味剂、果味剂、防腐剂等，含量最高的水往往排在第一位，而牛乳或纯酸牛乳则是将牛乳放在第一位。

所以，含乳饮料不等于牛奶。含乳饮料含有不低于30%的乳或乳制品，但糖含量高，长期饮用非但不能补充营养，还会增加人体负担。

资料来源 佚名．“乳饮料”与“乳制品”，你还傻傻分不清吗？[EB/OL]．[2020-10-03]．http：//sohu.com/a/422456765_653321.

问题：你在日常生活中是怎样鉴别乳制品和含乳饮料质量的？

分析提示：根据所学食品常规检验知识，查看市场上乳制品和含乳饮料标签是否符合规定。结合自己的生活体验，交流乳制品和含乳饮料质量鉴别的方法和技能。

4.1.3 粮油类食品的检验

粮油类食品是人们日常生活的必需品。粮食和油脂是人体所需的五种营养成分（即蛋白质、脂肪、维生素、无机盐和纤维素）的重要来源之一。

1）面粉

面粉主要指标准粉、精白粉。标准粉色灰白；精白粉色洁白，呈粉末状，无杂质，用手捏无粗粒感，具有正常的香甜气味。

面粉质量标准中规定的检测项目有灰分、含砂量、磁性金属物、粗细度、加工精度、水分、面筋、脂肪酸值、气味和口味等。

灰分：成分有钾、磷、镁、钙、硅、钠、硫等元素，一般面粉中灰分比较恒定。

含砂量：感官鉴定时常称牙碜，标准值≤0.02%。

磁性金属物：也称含铁量，标准值≤0.0038g/kg。

粗细度：留存在规定筛号绢上的粉粒重量百分比，留存越多表示面粉越粗。

加工精度：通过面粉的色泽和麸量多少来表示，根据与标准样品对比来确定。

水分：分为游离水分和结合水分，通常指游离水分。面粉水分对维持和调节其正常的色、香、味、形有重要作用。面粉的安全水分要求在12.5%左右。加工时水分太低，磨出的面粉色泽欠佳，麸量明显增加，同时麸量中含粉也明显增多；如水分太高，面粉色泽白、麸量少，但对储存不利，易发热、发霉、变质和生虫。

面筋：面筋蛋白主要是不溶于水的麦醇溶蛋白（具有延伸性）和麦谷蛋白（富有弹性）。在用面粉制作面包时，这两种蛋白能包住发酵所产生的二氧化碳和水蒸气，使面包体积膨胀增大。我国小麦蛋白质含量多在13.0%左右。

脂肪酸值：每100g面粉中的游离脂肪酸用氢氧化钾中所用的氢氧化钾数（mg）。品质好的新磨小麦粉，脂肪酸值低；变质、储存期长的小麦粉，脂肪酸值高。小麦中的粗脂肪含量约为3%。

（1）感官检验：面粉的感官检验是指通过鉴别其外观、气味、口味和色泽来判断面粉质量。

（2）视觉检验：取少量面粉在手掌上，在白天的散射光下，对着光线观察，正常面粉呈白色或微黄色，无杂色，不正常的面粉呈灰白色或深黄色，发暗，色泽不均匀。将面粉轻轻按平，对照标准样品观察麸量，如果麸量大且分布密，说明加工精度未达到要求。

（3）嗅觉检验：正常面粉具有面粉固有的清香味，如发酸，有苦味、霉味、哈喇味或其他异味，属不合格面粉。

（4）味觉检验：手捏一点干面粉放在嘴里，如果有牙碜现象，说明面粉含砂量高；如果味道发酸，说明面粉酸度高。进行味觉检验时，最好能将面粉做成熟食品尝，正常面粉制成熟食品尝后有淀粉的“回香味”，口感细腻，如口感牙碜，说明面粉含砂量高。

（5）触觉检验：手抓一把面粉稍用力捏，若面粉呈粉末状、无颗粒感，手捏后松开不结块，可以判断面粉水分含量适中。若手捏后，易成团、结块、发黏，则可以判断面粉含水量高，遇高温天气，易发热、发霉变质。

2）大米

大米主要是指早籼米（机米）、晚籼米、早粳米、晚粳米和糯米等。

优质大米：米粒饱满，洁净，有光泽，纵沟较浅，掰开米粒其断面呈半透明白色，闻之有清新气味，蒸熟后米粒油亮，有嚼劲，气味清香。

劣质大米：米粒不充实，瘦小，纵沟较深，无光泽，掰开米粒其断面呈褐色或灰白色。发霉的米粒多呈绿色、黄色、灰褐色、赤褐色，且光泽差、组织疏松，有霉味或其他异味。吃起来口味淡，粗糙，黏度低，这也是陈米的特征。

糯米：糯米呈椭圆形，乳白色，不透明。蒸煮时吸水率及胀性最小，黏性强，富有光泽。对于向糯米中掺入其他大米的掺假糯米，可用碘酒浸泡片刻，再用清水洗净米粒，糯米为红色，而籼米或粳米显蓝色。

3）食用植物油

食用油脂分为植物油脂和动物油脂。食用植物油脂产品又可分为原油和成品油。原油指未经精炼等工艺处理的油脂产品（又称毛油），不能直接食用，只能作为加工成品油的原料。成品油则是指经过精炼加工达到了食用标准的油脂产品。成品油分一级、二级、三级、四级四个质量等级。我国食用植物油国家标准强调了标签的重要性，除应遵循《食品安全国家标准 预包装食品标签通则》的规定外，规定了转基因、压榨、浸出产品和原料原产国必须标识，以维护消费者的知情权和选择权。芝麻油（香油）、花生油、大豆油、菜籽油、葵花籽油属高级食用油，都有包装，色泽透明，无辛辣气味和异味，加温时烟极少。

我国食用植物油执行质量和卫生两项国家标准，应检验酸价、过氧化值、黄曲霉素B1、水分、杂质、色泽、气味和烟点等多种指标。

我国食用植物油的主要感官特点包括：

花生油依精炼程度的不同有乳白色、浅黄色和橙黄色等几种色泽，清亮透明，有花生清香味；冬天低温下易冻结，稍加热即可熔解，澄清透明。

豆油多为浅黄色或棕红色，有特殊豆腥味，加热时有泡沫出现。

菜籽油为金黄色或棕黄色，芥菜籽油有辛辣气味。

棉籽油因提炼程度不同，有毛棉油、卫生油和棉清油三种，其中毛棉油为黑褐色或褐红色；卫生油为浅黄色或深黄色，常有碱味，新油的碱味显著且不如陈油清亮透明；棉清油为浅黄色或黄色，澄清透明。

香油因加工设备和加工工艺的不同分为芝麻油和小磨香油两种。小磨香油是深受我国广大消费者喜爱的一种食用植物油，具有独特的色香味，含有生育酚，长期食用有营养保健作用。小磨香油是一种特定食品名称，是用水代法加工制取的芝麻油。其利用油料中非油物质对水和油的亲和力不同，以及油与水的比重不同，经过一系列工艺过程，将油脂和亲水性的蛋白质、碳水化合物分离开来。在水代法制油的整个工艺过程中，浸泡炒籽、磨酱和兑浆搅油是三个主要环节，其中兑浆搅油是关键工序，也是判断芝麻油是否为小磨香油的主要依据。有的生产者为提高出油率，用液压机挤压工序取代水代法中的兑浆搅油工序，将这种工艺制取的产品也称为“小磨香油”，这是一种假冒行为。芝麻油为浅黄色、黄色或棕红色，新油有芝麻香味，热后香味更显著，口感也爽滑，但不如小磨香油香味浓郁。

米糠油为浅黄色，清澈透明，黏度小，气味芳香；茶油为金黄色和深黄色，有特殊清香味；玉米油为橙黄色、不透明，有新鲜玉米的清香味；葵花籽油呈浅黄色或青黄色，清亮透明，气味芬芳，滋味纯正，即使在寒冬仍然为澄清透明的液体。

优质食用油的水分含量和杂质含量都不得超过0.3%，油质应清澈透明，具有固有的气味和滋味，无异味。掺兑非食用油脂，如桐油、蓖麻油和矿物油等，食后轻者中毒，重者死亡。检查时多用化学方法，如检查有无桐油，可取5滴油放于试管中，加浓硫酸5滴，用60℃温水加热15分钟，如出现雾状或块状可判断有桐油存在。

食用植物油的保质期一般为12个月。

4.1.4 蛋的检验

1）蛋的感官检验

禽蛋的感官检验方法包括感官检查、灯光透视法、气室测量法、比重法和哈夫单位法等，其中前两种方法适用范围较大，但需要有一定的经验，后三种方法可选择性地使用。

（1）感官检查。其主要凭借检验人员的感觉器官（视觉、听觉、触觉、嗅觉）来鉴别蛋的质量。此种方法对蛋的质量只能作出大概的鉴定，需要用灯光透视法才能弥补其不足。

①鲜蛋。蛋壳上有一层霜状粉末，蛋壳完整而清洁，色泽鲜明，呈粉红或洁白色，无裂纹、不平的现象。三四个蛋在手中相互轻磕时有如石子相碰的清脆的“咔咔”声，在手中掂动有沉甸感。

②陈蛋。蛋表皮的粉霜脱落，皮色油亮或乌灰，碰撞响声空洞，在手中掂动有轻飘感。

③劣质蛋。其形态、色泽、清洁度、完整性均有一定的变化。如腐败蛋外壳常呈灰白色；曾经卵化、孵化或漂洗的蛋，外壳异常光滑，气孔明显，孵化蛋相碰时，发出“嗄嗄”声。

（2）灯光透视法。在暗室将蛋的钝端紧贴照蛋器的照蛋孔上，使蛋的纵轴与照蛋器约成30°角。必要时，打开蛋壳检查蛋黄状况、蛋黄指数、系带状况、气味和滋味等。

①鲜蛋。照射时所见：蛋壳表面无斑点，气室高度为4～7mm，整个蛋呈微红色，蛋黄不见或略见暗影于中心。打开蛋壳可见：蛋黄隆起而完整，蛋白浓厚，稀稠分明，系带粗白而有韧性，并紧贴蛋黄两端。

②陈蛋。照射时所见：气室较大，蛋黄阴影较明显，偏离蛋的中央。打开蛋壳时可见：蛋黄扁平，膜松弛，蛋白稀薄，浓蛋白减少，稀蛋白增多，系带松弛。

③反常蛋。双黄蛋：一个蛋壳中有两个蛋黄，双黄蛋特别大，呈长椭圆形，照蛋时，可发现有两个明显的暗影。重壳蛋：有2～3层蛋壳的蛋。重壳蛋在灯光下透视，只见蛋内有一黑影，其蛋白较薄，蛋黄较少，其他与鲜蛋没有差异。软壳蛋：禽蛋的蛋壳是柔软的，无硬壳，蛋内的水分容易挥发，不宜贮藏。衬壳蛋：蛋壳表面的一部分填衬着一层石灰质的蛋壳的蛋。衬壳蛋容易破损，不宜长途装运，对食用和蛋品加工无妨碍。沙皮蛋和沙顶蛋：沙皮蛋的蛋壳组织粗糙，有小颗粒物质在蛋壳的外表；沙顶蛋的钝端有沙粒状钙质。这两种蛋容易破碎，蛋内水分容易挥发，不宜储存和长途运输。

④次劣蛋。粘壳蛋：蛋黄粘贴在蛋壳上的蛋。此种蛋在灯光透视下可见气室较大，蛋黄粘壳部分有深色暗影，用力摇，蛋黄与蛋壳分离，暗影也随之消失，此为轻粘壳蛋；如用力摇，蛋黄与蛋壳仍不分离，粘壳部分呈现深红色或黑色暗影，这类蛋称为红粘壳蛋；粘壳程度重且粘壳处带黑色的蛋称为黑粘壳蛋，黑粘壳蛋的质量已发生较大的变化，一般不能食用。散黄蛋：蛋黄膜破裂，蛋黄液由蛋黄膜流出而混入蛋

白内的蛋。灯光透视时，蛋液呈不规则的云雾状或呈均匀一致的暗红色，看不到蛋黄暗影。轻度的散黄蛋，没有特殊的异臭味；严重的散黄蛋，有一定的异常气味存在，不可食用。胚胎发育蛋：受了精的蛋，因为受热或孵化而使发育程度不同，气室有不同程度的增大，胚胎也有不同程度的发育，轻者仅见蛋黄表面有增大的暗影，重者则形成血管网络。根据血管网络的不同，若形成血圈蛋、血丝蛋、血筋蛋，又无发臭的经处理尚可食用；若在胚胎周围有树枝状血丝、血点，一般不能食用。热伤蛋：没有受精的蛋，由于受热的作用，胚胎也会增大、膨胀，但无血管出现。热伤蛋在外形上与正常的蛋没有什么区别，在灯光下透视时，可以发现胚珠增大的暗影，严重的比原来胚珠增大3~4倍；打破蛋壳后检查，可以发现蛋黄膜松弛，弹性减弱，脂肪酸的酸度增高，一般可以食用。霉蛋：由于霉菌侵入而导致蛋壳、蛋壳膜乃至蛋白、蛋黄发霉的蛋。霉蛋的壳面、壳内均有霉菌，灯照时有暗黑色斑点，若仅在蛋壳上发现霉点，而蛋白、蛋黄未被侵入时，这种蛋可食用，若霉菌已遍及全蛋，蛋的气味、滋味带有霉味，则不可食用。腐败蛋：发生腐败、变质现象的蛋。它是由于上述各种劣蛋没有立即处理，而导致细菌迅速、大量繁殖而继续变质的蛋。腐败蛋的蛋壳呈乌灰色，容易破裂，灯照全蛋时呈一片黑色。蛋打开后，蛋白、蛋黄分不清，混为一片，呈黄褐色乃至黑褐色，有异常难闻的臭气，此种蛋不能加工，也不得食用。

（3）气室测量法。蛋在储存时，由于蛋内水分的不断蒸发，使气室空间日益扩大，因此，测定气室的高度，有助于判定蛋的新鲜度。

气室测定器是用透明的角板或塑料板制成的，上面有刻度。照蛋时，可以将气室测定器固定在照蛋孔的上缘，将蛋的钝端嵌入半圆形的切口中，读取气室左右两端落在规尺上的数值，也可以在照蛋时，先用铅笔在气室两边作一记号，然后再放入气室测定器上比较。气室的高度按下式计算：

$$\text{气室高度} = \frac{\text{气室左边高度} + \text{气室右边高度}}{2}$$

判定标准：①最新鲜蛋：气室高度在4mm以内；②新鲜蛋：气室高度在5~7mm；③普通蛋：气室高度在10mm以内，此蛋不宜冷冻；④可食用蛋：气室高度在10mm以上。

（4）比重法。鸡蛋的比重平均为1.0845。在储存过程中，由于水分的挥发而使蛋的重量有不同程度的减轻，将其放在不同比重的标准氯化钠水溶液中，根据其浮沉的情况，就可以测定其新鲜程度。首先应精密配制比重为1.060（8%）、1.073（10%）、1.080（11%）三种不同比重的氯化钠溶液，然后将蛋放入上述各种溶液中，合格的蛋的比重应在1.050以上。

判断标准：①在比重为1.073的食盐水中下沉的蛋，为新鲜蛋；②在比重为1.080的食盐水中仍下沉的蛋，为最新鲜蛋；③在比重为1.073和1.080的食盐水中都悬浮不沉，而只在比重为1.060的食盐水中下沉的蛋，表明该蛋介于新陈之间，为次新鲜蛋；④如在上述三种食盐水中都悬浮不沉，则表明该蛋为过陈蛋或腐败蛋。

（5）哈夫单位法。哈夫单位法是先用记录尺寸自动测定蛋的重量和蛋白的高度，再按一定公式计算出其指标的一种先进方法。用这种方法可以衡量蛋的内部品质，它是现在国际上对蛋的品质进行检验的重要方法。

蛋在存放过程中由于蛋白的水解作用，浓稠蛋白变稀，使蛋白的高度下降。因此，蛋越新鲜，哈夫单位数值越高。其指标范围从“100”到“30”，“100”为最高指标，“30”表明蛋的质量最差。测定时，先将蛋打开，将蛋液平摊在一玻璃板上，再用哈夫单位测定器来测定。按下式计算：

$$\text{哈夫单位} = 100\log\left[H - \frac{G(300W^{0.37} - 1.00)}{100} + 1.9\right]$$

式中：H为蛋白高度（mm）；W为蛋的重量（mg）；G为32.6（常数）。

根据《食品安全国家标准　蛋与蛋制品》（GB 2749—2015），鲜蛋的感观要求见表4-1。

表4-1　鲜蛋感官要求

项　目	要　求	检验方法
色泽	灯光透视时整个蛋呈微红色；去壳后蛋黄呈橘黄色至橙色，蛋白澄清、透明，无其他异常颜色	取带壳鲜蛋在灯光下透视观察。去壳后置于白色瓷盘中，在自然光下观察色泽和状态。闻其气味
气味	蛋液具有固有的蛋腥味，无异味	
状态	蛋壳清洁完整，无裂纹，无霉斑，灯光透视时蛋内无黑点及异物；去壳后蛋黄凸起完整并带有韧性，蛋白稀稠分明，无正常视力可见外来异物	

蛋制品感观要求见表4-2。

表4-2　蛋制品感官要求

项　目	要　求	检验方法
色泽	具有产品正常的色泽	取适量试样置于白色瓷盘中，在自然光下观察色泽和状态。尝其滋味，闻其气味
滋味、气味	具有产品正常的滋味、气味，无异味	
状态	具有产品正常的形状、形态，无酸败、霉变、生虫及其他危害食品安全的异物	

根据《包装鸡蛋》（GB/T 39438—2020），包装鸡蛋等级要求见表4-3。

表4-3　包装鸡蛋等级要求

等级	指标			
	特级鸡蛋比例（%）	一级鸡蛋比例（%）	二级鸡蛋比例（%）	破损率（%）
AA	≥90	≤10	0	≤1
A	≥90		≤10	≤2
B	≥90			≤3

注：破损率要求仅适用于监督检验。

2）蛋的细菌检验

蛋的细菌污染主要来源于两个途径：产前污染大都为致病性细菌，最常见的为沙门氏菌属，如鸡白痢沙门氏菌、鸡沙门氏菌等。产后污染常见的球菌有葡萄球菌属、链球菌属、微球菌属；常见的杆菌包括大肠杆菌属、变形杆菌属、假单胞菌属、需氧芽孢杆菌属、产碱杆菌属等；在真菌中，有酵母菌及霉菌，如青霉菌属、曲霉菌属、毛霉菌属、枝霉属、交链孢霉属等。

此外，当禽类感染病毒时，蛋内也可能有相应病毒的存在，如鸡新城疫病毒、鸭瘟病毒等。虽然它们对鲜蛋的腐败、变质影响不大，但对病毒在禽类中的传播和蛋的产前细菌性污染有一定的影响。

鲜蛋的细菌检验根据检验项目可分为细菌总数测定、大肠菌群检验和肠道致病菌检验等。

4.1.5 茶叶的检验

茶叶与可可、咖啡为风靡世界的三大饮料。茶叶是能满足消费者特殊嗜好的食品，也是对人体健康十分有益的食品。对茶叶质量的鉴定包括感官审评和理化指标的检验两种。目前，无论是对毛茶的收购还是对商品茶的检验，均以对茶叶的色、香、味、形等方面的感官审评为主，理化指标只起到辅助作用。

1）茶叶的类别及品质特点

我国茶叶生产历史悠久，饮茶文化源远流长，茶叶的分类方法也不尽一致，有按加工方法分类的，有按销售习惯分类的，有按销售对象分类的，还有按加工程度分类的。最常见的是按商业经营习惯兼顾茶叶外观及品质特点来分类，将茶叶分为绿茶、红茶、乌龙茶、花茶、紧压茶五大类。

（1）绿茶。绿茶是不发酵茶，它的特点是保持了茶叶的绿色，即做到了干绿、汤绿、叶底绿“三绿”。因此，在初制时要采用高温杀青，制止酶对茶多酚的氧化。绿茶按初制干燥方法的不同，分为炒青、烘青和晒青绿茶三类。

①炒青绿茶。初制干燥用铁锅炒制的绿茶，称炒青绿茶。其品质特点是条索紧结、光润，汤色、叶底碧绿，香气清高，滋味浓，收敛性强，耐冲泡。炒青绿茶的主要品种有长炒青绿茶、扁炒青绿茶和圆炒青绿茶。

长炒青绿茶中的名品有碧螺春、庐山云雾、珍眉等。碧螺春产自太湖的洞庭山，并以洞庭山主峰碧螺峰所产品质最好。此茶条索纤细，卷曲似螺，白毫显露，色泽翠绿油润；汤色碧绿，清香持久，滋味清鲜回甜；叶底嫩绿匀整，完整成朵。该茶选用的茶树芽叶极细、极嫩，每千克干茶的芽叶多达万个以上。因其细嫩，冲泡时必先往杯中注水，后放茶叶。

扁炒青绿茶有龙井、旗枪和大方等名品。龙井茶因产自杭州龙井一带而得名，是闻名国内外的名贵绿茶。高级龙井茶是清明前两三天茶树刚吐出幼嫩芽叶时采摘一芽一二叶制成的，是龙井中的极品。中级龙井茶是按一芽二三叶标准制成的。龙井茶外形扁平，挺直光滑，大小长短匀齐，芽毫隐藏稀见，色泽嫩绿，色调均匀而油润；汤色清澈明亮，香气清新而持久，滋味甘美醇厚，有鲜橄榄的回味，叶底匀嫩成朵。所以龙井一向以色绿、香郁、味甘、形美而闻名中外。因产区的自然条件和炒制技术上的差异，狮峰龙井的香气和滋味最有特色，梅家坞龙井的外形和色泽最令人喜爱，西湖龙井则是叶质肥嫩，芽峰显露，悦目动人。

圆炒青绿茶中的名品主要是珠茶。珠茶外形浑圆，紧结似珠，珠越精细，质越佳。外观色泽灰绿，有乌亮的光泽；汤色清澈稍黄，香气纯正，滋味醇厚，叶底卷曲，叶片较大。珠茶中的佼佼者有浙江平水珠茶和安徽涌溪火青。

②烘青绿茶。烘青绿茶的干燥方式是采用烘笼或烘干机烘干，而非直接接触铁锅。烘青绿茶既是受消费者喜爱的成品茶，也是供窨制花茶的原料茶。烘青绿茶外形较为舒展，色泽翠绿油润，汤色黄绿明亮，香气清醇，味鲜醇，叶底嫩绿匀齐。著名品种有黄山毛峰、太平猴魁、六安瓜片、信阳毛尖、君山银针等，主产地有安徽、湖南、河南等。

黄山毛峰闻名遐迩。其茶树生长在海拔900~1 000米、终年云雾缭绕、雨量充沛的高山上，芽叶肥厚，浓郁清香。黄山毛峰外形纤细精巧，白毫显露，色泽嫩绿微黄；汤色清澈带杏黄，香气持久、清鲜，似白兰香，滋味醇厚，回味甘；叶底嫩黄，匀亮成朵，叶芽肥壮，一芽带一叶，为全国著名绿茶之一，也是名茶中之名茶。

③晒青绿茶。晒青绿茶是利用日光干燥的一类绿茶，其品质不及炒青绿茶和烘青绿茶，一般香气低，汤色和叶底呈黄色，带有日晒味，这类茶除在产地销售外，多作紧压茶原料，主产于云南、湖北、湖南、贵州、广西等地。

（2）红茶。红茶是国际市场上的畅销品，我国所产红茶以外销为主。红茶的品质特征与绿茶不同，绿茶以保持天然绿色而引人，红茶则以红艳而名贵。红茶制作过程中，采用细嫩芽叶为原料，经完全发酵使绿叶变为红叶——发酵是红茶品质形成的关键。发酵使茶多酚加速了酶促氧化，形成红叶红汤、香甜味醇的品质特征。红茶根据制法与品质的差异分为工夫红茶、小种红茶和红碎茶三类。

①工夫红茶。工夫红茶是我国特有的传统产品，以做工精细而得名。其在制作过程中很讲究茶的形状和色、香、味，特别要求紧卷、完整、匀称、洁净。其成品特点是条索紧细、色泽乌润、汤色红艳明亮、香气浓郁纯正，滋味甘醇、叶底匀嫩鲜红。我国工夫红茶以祁红、滇红、川红和宜红的质量最佳。

②小种红茶。小种红茶也是我国的特产，主要产于福建省。因烘干时用松木熏制，故成品茶有独特的松木香味，这是小种红茶与工夫红茶的最明显区别。小种红茶的品质特点是茶条粗实、叶质肥厚、色泽乌黑、汤色红浓、滋味爽口。

③红碎茶。红碎茶在国际市场上很受欢迎。其在初制时经过充分揉捻并经切碎、发酵、干燥而成。其特点是外形整齐一致，色泽乌黑，香气很高，滋味浓厚，汤色浓红，适合添加牛奶、柠檬、糖后饮用。因红碎茶在制作时经过了揉、撕、切，已使茶叶组织破坏，故饮用时一次冲泡就能将大部分营养成分浸出，这很符合西方人的饮茶习惯。

（3）乌龙茶。乌龙茶即青茶，是一种半发酵茶。其制作方法兼有红茶与绿茶的发酵和杀青，其成品特点既有绿茶的鲜爽，也有红茶的甘醇，而且叶底具有绿叶红镶边的特点。乌龙茶制作时有“摇青”工序，即将鲜叶置于特制容器内不断摇动，使茶叶相互碰接至叶缘细胞破裂，茶汁流出，氧化发酵，发酵到适当程度后立即杀青，使发酵过程中止。这样，片片茶叶边缘经发酵，中心部分不发酵，故而形成叶底绿叶红镶边的特殊风格。

乌龙茶也是我国特产，主产于福建、广东和台湾三省，以福建的产量最大、品种最多、质量最突出。其主要品种有安溪铁观音、武夷岩茶。经临床医学研究证明，饮用乌龙茶对改善高血压、高血脂病有显著效果。

(4) 花茶。花茶属再加工茶，是由成品茶拌和鲜花窨制成的，多以所用鲜花命名，如茉莉花茶、柚子花茶、玳玳花茶、玫瑰花茶、桂花茶等。用于窨制花茶的茶坯通常是烘青绿茶，也用少量的炒青绿茶、乌龙茶和红茶。

花茶的质量特点除了外形、叶底、色泽等方面与所用茶坯相同外，不同之处主要是香气，其次是滋味。高级花茶均要求香气鲜灵，浓郁清高，滋味浓厚鲜爽，汤色清澈、淡黄、明亮，叶底细嫩、匀净。我国著名的花茶产地有苏州、福州、金华，以及广西横县和安徽歙县、六安等地。

(5) 紧压茶。紧压茶即各种块状茶，其形状以砖形最多，其他有碗形、饼形等，是一种销往边疆地区的再加工茶，故又称边销茶。其突出特点是便于运输和贮藏。

紧压茶的种类很多，有湖南产的茯砖、黑砖、花砖、湘尖，湖北产的青砖、米砖，四川产的康砖、金尖，以及广西的六堡茶和云南的普洱沱茶、方茶、饼茶等。

上述各类茶均为我国传统茶品种，属茶中第一代产品。在这些产品的基础上，考虑到境外消费者的需要，新一代产品渐渐推出，代表性品种有袋泡茶、速溶茶等。

2）茶叶的感官审评

感官审评茶叶分干评外形和湿评内质，各包括四个指标。评茶时必须内外、干湿兼评，两者相互结合，才能全面反映茶叶的质量。

审评茶叶质量必须了解该品种的鲜叶情况、制作工艺、品质特征以及产生这些特征的化学变化和各个指标间的关系，熟练掌握审评的要求和方法。

(1) 干评外形。对茶叶外形的审评包括对外形、嫩度、色泽和净度四个指标的审评，主要反映了原料鲜叶的老嫩程度和制茶工艺是否恰当。

①外形。茶叶的外形一般用条索的状态来描述，茶叶不同，条索状态也不尽相同。各类茶叶均有规定的外形规格标准。一般审评条索时，可以从条索的松紧、弯直、壮瘦、圆扁、轻重、匀齐来观察和评定。

②嫩度。茶叶的老、嫩是决定其质量的基本条件。一般来讲，嫩叶中营养成分高，叶质柔软，初制时容易成型。审评时应注意符合各种茶叶规定的条索嫩度，因为茶类不同，外形要求不同，嫩度要求不同，采摘标准也不同。嫩度好的，芽与嫩叶比例大，其身骨重，叶质厚实。

③色泽。干茶色泽主要从色度和光泽两方面评定。色度，即颜色及其深浅程度；光泽指亮暗程度。不同茶类，其色度各不相同，但均以有光为好。对干茶色泽的审评一般是先看其色是否纯正，是否有该类茶应有的色泽，再看其色的深浅、枯润、明暗、有无光泽、是否调和、有无杂色等。凡色泽调和一致、明亮、油润光滑，通常为原料细嫩、做工精良的产品，品质优良。而色调混杂、枯暗，通常为陈茶或为原料粗

老、制造粗糙的劣质产品。

④净度。净度表明了茶叶中杂质的多少。茶叶中的杂质有两类，即茶类杂质和非茶类杂质。茶类杂质主要指茶梗、片、末、籽等。非茶类杂质主要指采制、储运中混杂在茶叶中的杂草、树叶、泥沙、石块、竹片和棕毛等。正品茶叶中一般不允许含有任何杂质，副品茶叶中不能含有非茶类杂质。

（2）湿评内质。对茶叶内质的审评一般按以下顺序进行：香气、汤色、滋味和叶底。

①香气。茶叶的香气在冲泡后比干闻更为明显，也易区别。对香气的审评主要比较其香气高低、持续时间的长短、有无异味等。茶叶的香气标准分6个方面，即浓（入鼻充满活力）、鲜（醒神爽快）、清（新鲜清爽）、纯（无异味）、平（平和）、粗（粗老、辛涩感）。香气需从热状态嗅到冷状态，以辨别它的持久性。

②汤色。茶叶的汤色主要取决于茶多酚和叶绿素的变化，因此，审评汤色要及时，否则茶多酚在热水中易自动氧化而使茶色变深，久放后甚至还会出现浑浊和沉淀。对汤色的审评主要从色度、亮度和浑浊度三个方面进行评比。

色度：正常的色度为绿茶汤色绿中带黄；红茶汤色红艳明亮；青茶汤色橙黄明亮。通常来说，汤色稍深而亮者，反映汤中可溶物丰富，但是必须是同一类、同一产区的茶叶之间的比较。劣变色是由于采摘、制作不当，汤色不正、过暗、过深、发灰等。陈变色是指茶叶贮藏过久，发生陈化，汤色不明亮，发暗、发灰甚至发浑。

亮度：茶汤的亮度是审评茶叶质量的重要指标。如绿茶的（汤色）碗底反光强，红茶碗边有金黄色圈都是亮度好的标志。

浑浊度：茶汤浑浊说明该茶是变质茶或加工、储运不当。另外，优质茶在茶汤冷却后也会出现“冷浑浊”或“乳浊”现象。

③滋味。茶叶的滋味是由多种化学成分形成的，主要是茶多酚和咖啡因，氨基酸和糖分也起着积极的作用。茶汤的滋味与汤色、香气都有联系，可以从浓与淡、鲜与爽、醇与和等几个方面进行审评。

浓与淡：浓，说明茶汤中的营养成分丰富，富有收敛性，短时间内口中仍有感觉；淡则相反，说明茶汤刺激性弱，吐出口后平淡无味。

鲜与爽：鲜是指茶饮后有鲜味感；爽是指爽口。尝味时有香气从鼻腔中冲出，感到鲜爽。

醇与和：醇是指味醇（纯）正浓郁；和是指味平和、平淡。

④叶底。茶叶冲泡后吸水膨胀，芽叶伸展，容易判断芽叶的老嫩，以及色泽、匀度和加工是否合理。审评叶底主要看嫩度、色泽和匀度。

嫩度：观察芽的多少，芽多、壮而长的为好，芽瘦小者次，无芽而叶片粗老者更次。另外，用手指压叶底，柔软无弹性者嫩，硬而有弹性者粗老。叶脉隆起，表面不平滑者也是粗老叶。

色泽：主要看色度和亮度。绿茶的叶底以嫩绿、翠、黄绿而明亮者为好，深绿者较差，暗绿带青或红梗者更差。红茶叶底以红艳、红亮者为优，红暗、青暗、乌暗者均次。

匀度：指老嫩是否均匀，加工程度是否一致。这与原料和加工关系密切。

叶底是比较容易掌握的指标，与茶叶的色、香、味有直接的关系，是审评时决定茶叶质量的一项重要手段。

3）茶叶的理化检验

（1）水分测定。茶叶中水分的高低，虽然与茶叶的色、香、味等没有直接关系，但是，对于茶叶的储存和运输影响很大。茶叶的水分含量以低为佳；水分含量高，茶叶中的某些化学成分可能会发生变化，甚至发生霉变，从而导致茶叶品质下降，或失去饮用价值。所以，为保证茶叶品质，应保持其较低的含水量。我国红茶、绿茶出厂和出口水分的规定见表4-4。

表4-4 **我国红茶、绿茶出厂和出口水分的规定**

类别	茶叶名称	出厂标准水分（%）	出口标准水分（%）
红茶类	工夫红茶、小种红茶	6.5 ~ 7.0	8.0
	红碎茶中的茶叶、碎茶、片茶、末茶	5.0	6.0
绿茶类	珍眉、贡熙、珠茶、雨茶	6.0 ~ 6.5	7.5
	龙井、碧螺春、毛峰及其他名茶	7.0 ~ 7.5	8.5
	秀眉、绿茶片	7.5 ~ 8.0	9.0

（2）灰分测定。茶叶的灰分包括钾、镁、铁、钙、硅和锰等矿物质，含量在4% ~ 7%之间。在一般条件下，可以通过初步鉴别茶叶的老嫩程度来测定茶叶的灰分。茶叶越嫩，灰分越少；茶叶越老，灰分越多。茶叶在加工中如有泥沙或其他矿物性杂质混入，则茶叶灰分含量将因之而增高。所以，各种茶叶的灰分含量，都有一定的标准。我国出口红茶和绿茶的灰分标准见表4-5。

表4-5 **我国出口红茶和绿茶的灰分标准**

茶叶名称	灰分（%）
工夫红茶，小种红茶，红碎茶中的茶叶、碎茶	6.5
花茶及红碎茶中的片茶、末茶	7.0
秀眉、绿茶片	6.5
珍眉、贡熙、珠茶、龙井、毛峰、碧螺春及其他名茶	7.0

（3）粉末和碎茶测定。茶叶由于原料粗老、加工处理不当或干燥过度，往往会产生粉末和碎茶。茶叶中粉末和碎茶的含量过多，不仅会直接影响茶叶的外观，而且会降低茶叶的品质，冲泡后使汤色浑浊。因此，对其粉末和碎茶含量应予以一定的限制。我国出口红茶和绿茶的粉末标准见表4-6。

表4-6 **我国出口红茶和绿茶的粉末标准**

茶叶名称	粉末（%）
工夫红茶、小种红茶、红碎茶中的茶叶	2.0
珍眉、贡熙、珠茶、雨茶	1.0
龙井、毛峰及其他名茶	2.0

（4）安全指标测定。茶叶的安全指标主要涉及重金属、农药残留等。我国国家标准对茶叶中的重金属、农药残留量有严格的限量规定，茶叶的安全标准主要有《食品中污染物限量》（GB 2762—2017）、《食品中农药最大残留限量》（GB 2763—2021）和《出口茶叶质量安全控制规范》（GB/Z 21722—2008）。茶叶卫生标准理化指标见表4-7。

表4-7　茶叶卫生标准理化指标

项目	指标
铅(以Pb计)(毫克/千克)	≤2(紧压茶:3)
铜(以Cu计)(毫克/千克)	≤60
六六六(毫克/千克)	≤0.2(紧压茶:0.4)
滴滴涕(毫克/千克)	≤0.2

（5）茶叶真伪与新存的鉴别。

①灼烧法。可取嫌疑茶和真茶各数片，分别放在酒精灯上灼烧，真茶叶有馥郁芬芳的茶香，假茶叶只有其他异味。

②水泡法。将茶叶用开水冲泡，待叶子展开后，仔细观察叶形、叶脉、锯齿等特征，真茶叶具有明显的网状叶脉，主脉直射顶端，侧脉伸展至叶缘2/3的部位并向上方弯曲，呈弧形与上方支脉相结合，叶背有白茸毛，叶的边缘锯齿显著，基部锯齿渐稀。假茶不具有这些特征。

③新茶一般色、香、味均有新鲜爽口的感觉，具有茶叶应有的明显特点，而隔年陈茶则色泽暗枯，香气平淡，冲泡后汤色发暗，有陈味。

4.1.6　酒类食品的检验

1）酒的分类

（1）按酒精含量分类，可将酒分为高度酒、中度酒和低度酒。酒的度数，简称酒度，指的是在20℃时酒精与酒体的容积百分比，如100ml的酒，其中含酒精50ml，此酒的度数为50°。

①高度酒。酒度在40°以上者，多为蒸馏酒，如各种白酒、白兰地等。

②中度酒。酒度在20°~40°之间，如各种露酒、药酒等配制酒。

③低度酒。酒度在20°以下，如黄酒、葡萄酒、啤酒、果酒等各种发酵原酒。

（2）按制作工艺分类，可将酒分为蒸馏酒、发酵原酒和配制酒。

①蒸馏酒。蒸馏酒是指原料酒精发酵之后，以蒸馏的方法使酒液与酒糟分离而制得的酒。此类酒的酒度一般在40°以上，刺激性强，耐贮藏，如白酒、白兰地、威士忌等各种高度酒。

②发酵原酒。发酵原酒又称压榨酒或酿造酒，是指酒精发酵之后以压榨或过滤的方法提取酒液与酒糟分离而制得的酒。多数低度酒如啤酒、葡萄酒、果酒、黄酒等，都是发酵原酒。它们大多保持有原料本身固有的自然芳香味，营养丰富、酒体醇厚。这类酒不如蒸馏酒耐贮藏，除黄酒和部分酒度略高的葡萄酒之外，都不宜久贮。

③配制酒。配制酒指以成品酒或食用酒精为酒基，以糖料、香料、水果和各种药材为配料按一定工艺配制而成的酒。其酒度因品种不同而有所区别，一般中度居多。以芳香原料或直接加水果配制、浸泡而成的酒称为露酒，如青梅酒、橘子酒、玫瑰酒等；以中草药为原料配制、浸泡而成的酒一般称为药酒，如莲花白、竹叶青、五加皮等。也有不分药酒、露酒的，统称为露酒。

（3）按商业经营习惯分类。按商业经营习惯，可将酒分为白酒、啤酒、黄酒、葡萄酒、果酒、露酒等，其中葡萄酒、果酒、露酒统称为色酒。

2）白酒的香型和啤酒的种类

（1）白酒的香型。根据白酒中呈香物质的不同，我国习惯将各地所产优质白酒划分为以下五种类型：

①酱香型。酱香型白酒的特点：酱香突出，幽雅细腻，酒体醇厚，回味悠长。酱香型白酒还略有焦香，但不过头，饮酒之后空杯的香气经久不散。酱香型白酒在我国品种并不多，但都很有名，如贵州茅台酒、四川古蔺县郎酒和湖南常德武陵酒。

②浓香型。浓香型白酒种类很多，其共性是窖香浓郁，清冽甘爽，绵柔醇厚，香味协调，尾净余长。民间称之为香浓郁、入口绵、落口甜。其香气主体成分是乙酸乙酯和适量的丁酸乙酯。浓香型白酒名品很多，如泸州老窖、五粮液、洋河大曲、古井贡酒、剑南春、宋河粮液、孔府家酒、口子酒等，深受消费者喜爱。

③清香型。清香型白酒的特点：清香纯正，口味谐调，微甜绵长，余味爽净。该类酒的主要香气成分是乙酸乙酯和乳酸乙酯。其典型代表有山西杏花村汾酒、山西祁县六曲香和河南宝丰酒等。

④米香型。米香型白酒的特点：米香清雅，入口柔绵，满口甘冽，回味怡畅。小曲酒多属米香型。其主体香气成分是乳酸乙酯，乙酸乙酯含量稍低。其代表品种有广西桂林三花酒、广东五华县的长乐烧、湖南浏阳河小曲等。

⑤兼香型。兼香型又称复香型、混合型。这是一类兼有两种主体香型的白酒，著名酒品有贵州遵义董酒、陕西凤翔西凤酒。

（2）啤酒的种类。

①按原麦汁浓度分，有低浓度啤酒、中浓度啤酒和高浓度啤酒。

低浓度啤酒原麦汁浓度为8°，酒度为2°左右。该类啤酒用料少，成本低，稳定性差，适宜于夏天作为清凉解暑饮品。

中浓度啤酒原麦汁浓度在10°～12°间，酒度在2.9°～3.7°之间。这种啤酒稳定性好，杀菌后可贮存较长时间，是啤酒中的销量最大的品种。

高浓度啤酒原麦汁浓度在14°～18°之间，酒度在4.1°～4.5°之间。这类啤酒稳定性好，色浓，固形物多，口味醇厚，耐贮。

②按颜色分，有淡色、浓色两种啤酒；按杀菌与否分，有生啤、鲜啤和熟啤酒之分。

3）酒的标签

酒的标签应粘贴整齐、端正，字迹清晰。标签内容必须符合《食品安全国家标准 预包装食品标签通则》等规定。标签上一般应标明酒名、配料表、酒精度、原汁量、净含量、生产者（或经销者）的名称和地址、批号、生产日期、保质期、产品标准号、质量等级和产品类型（或糖度）等。酒类标签与普通预包装食品标签的不同之处在于：饮料酒标签上需标明酒精度、原汁量和产品类型（或糖度）。饮料酒酒精度的标注方式：啤酒以“%（m/m）”表示，其他酒以“%（v/v）”表示。

原汁量的标注方式因酒类不同而异，啤酒需要标注原麦汁浓度，如“12°啤酒”；果酒（含葡萄酒）需标注原果汁含量，如“苹果酒（50%）”，表示含有50%的原汁。

不同种类的酒，用不同方式标注产品类型。果酒、葡萄酒和黄酒要标注类型（或糖度）；配制酒中的露酒需标注糖度；白酒要标注香型。消费者在购买白酒、啤酒、黄酒、果酒（含葡萄酒）和配制酒时，除注意这些酒类标签应符合普通预包装食品标签要求外，还应注意是否标注了表4-8中所示的内容。

表4-8　不同种类酒标签标注的内容

酒类	白酒	啤酒	黄酒	果酒	配制酒
标识内容	酒精度、香型（如浓香型）	酒精度、原麦汁浓度（如120°）	酒精度、类型或糖度（如干型或糖度4.0g/L）	酒精度、类型或糖度、原果汁浓度（如50%汁）	酒精度
可以免除标注内容	保质期或保存期			全汁葡萄酒可免除配料表、保质期或保存期	

以白酒为例，浓香型、清香型、米香型白酒的技术要求（包括感官要求、理化要求和卫生指标3项）分别执行国家标准GB/T 10781.1、GB/T 10781.2、GB/T 10781.3。

4）对白酒的感官品评

对白酒的感官品评主要包括对色、香、味和风格等的品评，这是鉴别白酒的主要方法之一。

（1）色。拿起酒瓶，迅速倒转，仔细观察应该无色透明（个别品种允许有淡黄色），无悬浮物、浑浊物和沉淀。酒盛于瓶中，瓶上无环状污物，用力摇晃，观察酒花，一般以酒花细、堆花时间长者为佳。

（2）香。品评时，端起酒杯嗅闻，注意鼻子与酒杯的距离，吸气量均匀，嗅闻时只吸气不呼气。清香型白酒应清香纯正，浓香型白酒应芳香浓郁，酱香型白酒应酱香突出，米香型白酒应蜜香清雅，否则就是香气不正。

（3）味。口味应醇香，无外来邪、杂异味，无强烈刺激性。品尝时，含少量酒样于口腔内，注意每次入口的酒要保持等量，将酒样布满舌面，仔细辨别味道，酒样下咽后立即张口呼气，辨别酒的后味，品尝不超过3次。

（4）风格。是对酒的色、香、味全面评价的综合体现。品评酒的风格主要靠经常接触和品评各种类型的标准酒样，根据对色、香、味的鉴别来判定受检酒样是否具有本品应有的典型风格，以典型风格的有无或不同程度作为判断酒的优劣的主要依据之一，从而不断增加积累，达到既能意会又能言传的目的。

白酒品评的标准化用语，按不同香型，已逐渐规范化。如对清香型白酒的评语：

无色清亮透明，无悬浮物，无沉淀，清香纯正，具有以乙酸乙酯为主体的清雅、谐调的复合香气；口感柔和、绵甜、爽净、谐调，余味长，具有清香型白酒的典型风格。

5）白酒的理化指标

抽查取样时，对于500箱以下的，随机抽取4箱，每箱取1瓶，抽取样品应封存半年，作仲裁备用。

白酒的理化指标检验包括酒精度、总酸、总酯和固形物4项内容。

（1）酒精度。如前所述，酒精度简称酒度，是指在20℃时100ml酒样中含酒精的毫升数。检验时，将样品注入洁净、干燥的量筒内静置，待酒中气泡消失后，放入经过检定的温度计和酒精计，待温度计读数稳定后，读取酒度与温度，根据读得的示值，查酒度与温度换算表，校正为20℃时的酒度。本法称酒精计测定法。

（2）总酸。总酸是指发酵时的羟酸，包括醋酸、丁酸、乙酸和少量乳酸。酸的含量在国家标准中都有规定。检验时，吸取样品50ml，注入250ml的三角瓶中，加入酚酞指示剂3滴，以0.1倍当量氢氧化钠溶液滴定至微红色，保持30秒不褪色，记录消耗0.1倍当量氢氧化钠溶液的毫升数，然后计算总酸含量。

（3）总酯。总酯是白酒中含酯的总量。酯是白酒中的主要芳香成分，它是醇类和羟酸酯发生化学反应的产物，在酒的发酵后期形成较多，所以发酵时间长的酒更香。总酯含量在国家标准中有明确规定。检验时，将试样注入瓶内，然后加入指示剂，待试样处理好后进行滴定，最后根据消耗0.1倍当量的硫酸溶液数量计算出总酯含量。

（4）固形物。酒中的固形物含量以g/L表示。固形物含量在国家标准中有明确规定。检验时，吸取酒样50ml，注入已干燥至恒重的100ml瓷蒸发器皿内，置沸水浴上，蒸发至干。将蒸发器皿放入100℃～105℃的烘箱内烘2小时，取出置于干燥器内，30分钟后称重，然后再放入100℃～105℃的烘箱内烘1小时，两次称重之差不得超过0.0003，最后进行计算。本法称为重量法。

6）白酒的卫生指标

白酒的卫生指标包括甲醇、杂醇油、氰化物、铅、锰和食品添加剂6项。

（1）甲醇。甲醇对人体的危害很大，人吸入4～10g甲醇可以引起严重中毒，而且在人体内有积蓄作用，不易排出体外。甲醇中毒表现为黏膜受刺激、眩晕头痛、视力模糊、耳鸣以致双目失明，吸入大量甲醇会造成急性中毒，症状为头痛恶心、胃疼、呼吸困难、中枢神经麻痹、昏迷以致死亡。国家标准规定，对以谷类为原料的酒，甲醇含量不得大于0.04g/100ml，其中35°～40°的低度白酒，甲醇含量不得大于0.023～0.027g/100ml；以薯干及代用品为原料的酒，甲醇含量不得大于0.12g/100ml。检验时用分光光度计采用比色分析法测试，绘制标准曲线，比较定量，再进行计算。

（2）杂醇油。国家标准规定，白酒中杂醇油的含量不得大于0.20g/100ml，检验方法同甲醇。

（3）氰化物。国家标准规定，以木薯为原料的白酒，氰化物的含量不得大于5mg/L；以代用品为原料的白酒，含量不得大于2mg/L。检验时一般采用异烟酸-吡唑酮比色法。

（4）铅。国家标准规定，白酒中铅的含量不得超过1mg/L。检验时可用分光光度计和化学分析方法，详见《食品安全国家标准 食品中铅的测定》（GB/T 5009.12）中的原子吸收石墨炉法。

（5）锰。国家标准规定，白酒中锰的含量不得超过2mg/L。检验时可用分光光度计和化学分析方法进行。

（6）食品添加剂。按国家标准《食品安全国家标准 食品添加剂使用标准》（GB 2760）执行。

以上6项卫生指标系指60°蒸馏酒的标准，高于或低于60°者，按60°折算。卫生指标的试验方法，参照《蒸馏酒与配制酒卫生标准的分析方法》（GB/T 5009.48）。

7）气相色谱分析

白酒中微量成分的量比关系不同，形成了白酒的不同香型及同一香型的不同风格。每种名酒都是以与其他酒种不同的乙酸乙酯、乳酸乙酯、丁酸乙酯、己酸乙酯的量比关系，形成自身独树一帜的风格。通过气相色谱分析各种单体酯、酸的含量，根据各自的含量与量比关系，特别是与真品名酒样品色谱分析图对比，可以判断真假。

8）啤酒的感官鉴定

（1）透明度。啤酒均要求酒液透明，允许有肉眼可见的细微悬浮物和沉淀物（非外来异物）。

（2）色泽。啤酒的色泽取决于麦芽的颜色。不同种类的啤酒，其颜色有相应的要求。一般的要求是颜色应鲜明、协调，色度应在标准规定范围之内。对色泽的鉴定通常采用比色法。

（3）泡沫。酒类中唯有啤酒将泡沫作为一项质量检验指标。其要求是啤酒倒入杯中，有泡沫迅速升起，泡沫以洁白细腻为好，起初时要盖满杯面，并应缓慢消失，持久地挂杯。

（4）香气和滋味。正常淡色啤酒应具有新鲜的酒花香气，饮后口味纯正、爽口；浓色啤酒应具有明显的麦芽香，无不愉快气味，饮后口味醇厚而杀口。

小思考4-1

"酒是陈的香。"这句话正确吗？

答：不正确。对白酒来说是陈的香，对啤酒来说就是新鲜的香了。

4.2 药品的检验

4.2.1 药品验收

药品验收是验收人员依据国家相关法规和企业验收标准对采购的药品进行抽样开箱查验的过程，包括查验检验报告、抽样、药品外观检查和验收记录等内容。企业应当按照规定的程序和要求对到货药品逐批进行验收，防止不合格药品入库。

1）查验检验报告及相关文件

验收药品应当按照药品批号查验同批号的检验报告书。检验报告书的传递和保存可以采用电子数据形式，但应当保证其合法性和有效性。

（1）药品到货时，收货人员应当核实运输方式是否符合要求，并对照随货同行单（票）和采购记录核对药品，做到票、账、货相符。随货同行单（票）应当包括供货单位、上市许可持有人、生产厂家、药品的通用名称、剂型、规格、批号、数量、收货单位、收货地址、发货日期等内容，并加盖供货单位药品出库专用章。

（2）冷藏、冷冻药品到货时，应当对其运输方式及运输过程的温度记录、运输时间等质量控制状况进行重点检查并记录，不符合温度要求的应当拒收。

（3）收货人员对符合收货要求的药品，应当按品种特性要求放于相应待验区域，或者设置状态标志，通知验收。冷藏、冷冻药品应当在冷库内待验。

（4）验收合格的药品应当及时入库或者上架；验收不合格的，不得入库或者上架，并报告质量管理人员处理。

2）抽样的原则和方法

企业应当按照验收规定，对每次到货药品进行逐批抽样验收，抽取的样品应当具有代表性。

（1）对到货的同一批号的整件药品按照堆码情况随机抽样检查。整件数量在2件及以下的，要全部抽样检查；整件数量在2件以上至50件以下的，至少抽样检查3件；整件数量在50件以上的，每增加50件，至少增加抽样检查1件，不足50件的，按50件计。

（2）对抽取的整件药品需开箱抽样检查，从每整件的上、中、下不同位置随机抽取3个最小包装进行检查，对存在封口不牢、标签污损、有明显重量差异或外观异常等情况的，至少再增加1倍抽样数量，进行再检查。

（3）整件药品存在破损、污染、渗液、封条损坏等包装异常的，要开箱检查至最小包装。

（4）到货的非整件药品要逐箱检查，对同一批号的药品，至少随机抽取1个最小包装进行检查。

3）药品外观检查

验收人员应当对抽样药品的外观、包装、标签、说明书以及相关的证明文件等逐一进行检查、核对；验收结束后，应当将抽取的完好样品放回原包装箱，加封并标示。

（1）包装质量检查。药品包装是指用适当的材料或容器、利用包装技术对药物制剂的半成品或成品进行分（灌）、封、装、贴签等操作，为药品提供品质保证、鉴定商标与说明的一种加工过程的总称。它分为内包装和外包装两种。内包装是直接接触药品的包装，主要容器有玻璃瓶、塑料瓶、纸袋、复合膜、铝塑等。外包装有纸箱、塑板箱和包装衬垫物等。药品包装必须按照规定印有或贴有标签，不得夹带其他任何介绍或者宣传产品、企业的文字、音像及其他资料。药品生产企业生产供上市销售的最小包装必须附有说明书。

①外包装箱应检查的内容：包装箱封条有无损坏；包装上是否清晰注明药品通用名称、规格、上市许可持有人、生产厂家、追溯码、生产批号、生产日期、有效期、

批准文号和贮藏要求等，包装规格等是否按照规定标示齐全。储运图示标志或特殊管理药品、外用药品、非处方药等标识是否符合规定。

②内包装应检查的内容：有无破损、污染或渗液，最小包装封口是否严密，包装及标签印字是否清晰，标签粘贴是否牢固。

③对实施电子监管的药品内外包装上均应有电子监管条码，并符合规定。

（2）药品批准文号。药品批准文号是药品监督管理部门对特定生产企业按法定标准、生产工艺和生产条件对某一药品的法律认可凭证，每一个生产企业的每一个品种都有一个特定的批准文号。药品生产企业必须在取得药品批准文号后方可生产。药品批准文号不允许随意改变。对上市后经过再评价，证明疗效不确、不良反应或者其他原因危害人体健康的药品，药品监督管理部门有权撤销其批准文号。

境内生产药品批准文号格式为：国药准字H（Z、S）+4位年号+4位顺序号。中国香港、澳门和台湾地区生产药品批准文号格式为：国药准字H（Z、S）C+4位年号+4位顺序号。

境外生产药品批准文号格式为：国药准字H（Z、S）J+4位年号+4位顺序号。

其中，H代表化学药，Z代表中药，S代表生物制品。药品批准文号，不因上市后的注册事项的变更而改变。中药另有规定的从其规定。

（3）生产批号。《药品生产质量管理规范》明确规定，批号是用于识别一个特定批次的具有唯一性的数字和（或）字母的组合，用以追溯和审查该批药品的生产历史。目前，国家对生产批号暂未作明确的规定，其表示的基本类型有两种：一组数字或一组数字加字母。第一种由6～8位的阿拉伯数字（个别为8位以上）组成，数字与生产日期的年月日有关；第二种由1个字母和几个阿拉伯数字组成，与生产日期和药品的流水号有关，长度在8位数以内。目前市场上常见的药品生产批号有六种表示方法：

①6位阿拉伯数字：表示生产的年月日，如210610。

②8位阿拉伯数字：前4位表示生产的年份，后4位表示生产的月日，如20210610。

③字母加数字：字母可在前、后或中间，可有1个至数个。

④两组数字间有一个半字线，如210610-2，其中后一组数字在生产企业通常被称为“拖号”，表示同一生产周期内的不同流水线或灭菌柜号。

⑤一组数字或字母加数字后不紧密相连地跟有1～2个数字或字母，如Zoo4o61oA，多为生产企业的内部标记，如工号或班组号。

⑥一组数字或字母加数字后不紧密相连地跟有几个数字，如202106100753，多为生产企业的地区邮编、电话区号或销售地区号。

对于入库药品和库存药品，均以批号为单位进行抽样检查，检查结果代表整个批号的质量情况。

（4）有效期。

①药品的有效期是指药品在规定的储存条件下，能保持其质量的期限。《中华人民共和国药品管理法》规定，生产和上市销售的药品必须标明有效期，未标明有效期

的药品不得生产、销售；药品的每一最小包装单位应标明该药品的有效期后方可出厂销售。药品有效期最长期限一般不得超过5年。

②有效期的表达方式。

a.国产药品的有效期表达方式。国产药品的有效期按年月日的顺序标注，年份用4位数字表示，月、日各用两位数表示，格式为“有效期至××××年××月”或者“有效期至××××年××月××日”；也可用数字和其他符号表示，格式为“有效期至××××.××”或者“有效期至××××/××/××”等。如有效期至2022年9月，其格式为“有效期至2022.09（或2022/09）”。

药品有效期的标注是以药品生产日期为基准来确定的，有效期若标注到日，应当为起算日期对应年月日的前一天；若标注到月，应当为起算月份对应年月的前一月。如某药品生产日期为2022年2月11日，有效期24个月，则该药品可用到2024年1月31日。

b.进口药品的有效期表达方式。进口药品常以Expiry date（截止日期）表示失效期，或以Use before（在之前使用）表示有效期。各国药品有效期的标注不完全相同，以2022年9月10日为例：美国按月-日-年顺序排列，9/10/2022或Sep.10th 2022；欧洲国家按日-月-年顺序排列，10/9/2022或10th Sep.2022；日本按年-月-日顺序排列，2022-9-10。

（5）产品合格证。每一整件药品包装应有产品合格证。合格证一般包括品名、规格、追溯码、上市许可持有人、生产厂家、生产批号、生产日期、有效期、检验依据、检验人员和包装人员等内容。

（6）包装标签检查。药品的包装标签是指药品包装上印有或者贴有的内容，分为内标签和外标签。内标签指直接接触药品的标签；外标签指内标签以外的其他包装的标签。

药品的内包装标签与外包装标签的内容不得超出国家药品监督管理局批准的药品说明书所限定的内容，文字表达应与说明书保持一致。

①药品的内包装标签应当包含药品的通用名称、功能主治、规格、用法用量、贮藏、生产日期、生产批号、有效期、上市许可持有人及其地址、生产企业及其地址等标示内容。

由于包装尺寸过小（如注射剂瓶、滴眼剂瓶等）无法全部注明上述内容的，至少应标明品名、规格、批号3项；中药蜜丸蜡壳至少注明品名。

②药品外包装标签应注明药品通用名称、成分、性状、功能主治、规格、用法用量、不良反应、注意事项、贮藏条件、生产日期、产品批号、有效期、批准文号、追溯码、上市许可持有人及其地址、生产企业及其地址等内容。功能主治、用法用量、不良反应、禁忌、注意事项不能全部注明的，应当标出主要内容并注明“详见说明书”字样。

③用于运输、储藏的包装的标签，至少应当注明药品的通用名称、规格、贮藏、生产日期、产品批号、有效期、批准文号、上市许可持有人及其地址、生产企业及其地址等，也可以根据需要注明包装数量、运输注意事项或者其他标记等必要内容。

④对贮藏有特殊要求的药品，应当在标签的醒目位置注明。

⑤药品标签中的有效期应当按照年、月、日的顺序标注。

⑥药品通用名称的字体颜色必须是黑色或者白色，不得使用其他颜色。浅黑、灰黑、亮白、乳白等黑、白色号均可使用。

药品商品名称不得与通用名称同行书写，其字体和颜色不得比通用名称更突出和显著，字体的单字面积不得大于通用名称所用字体的1/2。

⑦进口药品的包装、标签应以中文注明品名、主要成分以及注册证号，并有中文说明书。

（7）药品说明书。

①化学药品与生物制品说明书应列有以下内容：药品名称（通用名称、商品名称、英文名称、汉语拼音）、成分［活性成分的化学名称、分子式、分子量、化学结构式（复方制剂可列出其组分名称）］、性状、适应症、规格、用法用量、不良反应、禁忌、注意事项、孕妇及哺乳期妇女用药、儿童用药、老年用药、药物相互作用、药物过量、临床试验、药理毒理、药物代谢动力学、贮藏、包装、有效期、执行标准、批准文号、上市许可持有人及其地址、生产企业（企业名称、生产地址、邮政编码、电话和传真）。

②中药说明书应列有以下内容：药品名称（通用名称、汉语拼音）、成分、性状、功能主治、规格、用法用量、不良反应、禁忌、注意事项、药物相互作用、贮藏、包装、有效期、执行标准、批准文号、说明书修订日期、上市许可持有人及其地址、生产企业（企业名称、生产地址、邮政编码、电话和传真）。

（8）中药材及饮片检查。

①中药饮片的包装或容器应与药品性质相适应，并且符合药品质量要求。中药饮片的标签应注明品名、规格、产地、生产企业、产品批号和生产日期等；整件包装上应有品名、产地、生产日期等，并附有质量合格的标志。实施批准文号管理的中药饮片，还需注明批准文号。

②中药材应有包装，并标明品名、规格、产地、供货单位、收购日期和发货日期等。实施批准文号管理的中药材，还需注明批准文号。

（9）特殊管理药品和专门管理药品的验收。

特殊管理药品应当按照相关规定在专库或者专区内验收。

①特殊管理药品（麻醉药品、精神药品、医疗用毒性药品、放射性药品）、外用药品包装的标签或说明书上要有规定的标识和警示说明。常用药品标识及警示语如图4-1所示。

②处方药和非处方药按国家分类管理要求，标签和说明书上应有相应的警示语或忠告语；非处方药的包装应有国家规定的专有标识。

③根据《反兴奋剂条例》，药品中含有兴奋剂目录所列禁用物质的，生产企业应当在包装标识或者产品说明书上用中文注明“运动员慎用”字样。

④特殊管理药品标识。麻醉药品为蓝色和白色；精神药品为绿色和白色；毒性药品为黑底白字；放射性药品为红黄两色组成的图形。

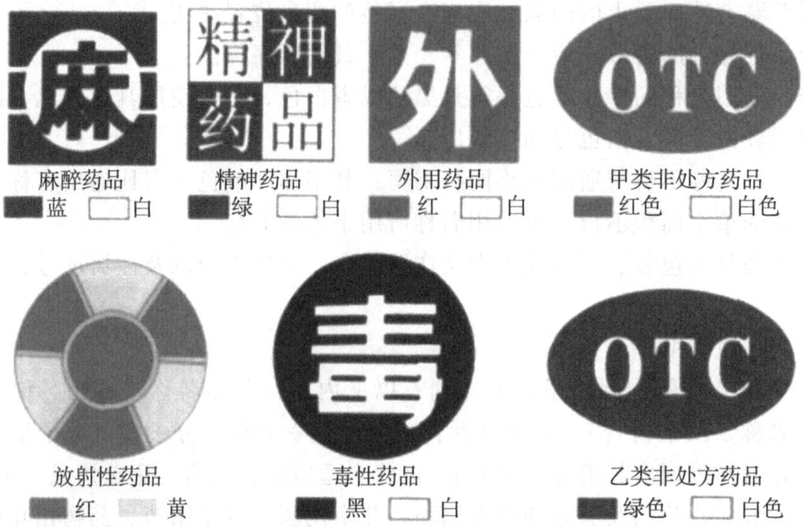

图4-1 常用药品标识及警示语

⑤外用药标识：红底白字。

⑥非处方药标识。甲类非处方药为红底白字；乙类非处方药为绿底白字。

⑦警示语：处方药，凭医师处方销售、购买和使用；非处方药，应仔细阅读药品使用说明书并按说明书使用或在药师指导下购买和使用。

4）验收记录

（1）验收药品应当做好验收记录，包括药品的通用名称、剂型、规格、批准文号、批号、生产日期、有效期、生产厂家、供货单位、到货数量、到货日期、验收合格数量、验收结果等内容。验收人员应当在验收记录上签署姓名和验收日期。

（2）中药材验收记录应当包括品名、产地、供货单位、到货数量、验收合格数量等内容，实施批准文号管理的中药材，还要记录批准文号；中药饮片验收记录应当包括品名、规格、批号、产地、生产日期、生产厂家、供货单位、到货数量、验收合格数量等内容，实施批准文号管理的中药饮片还应当记录批准文号。

验收不合格的还应当注明不合格事项及处置措施。

（3）企业应当建立库存记录，验收合格的药品应当及时入库登记；验收不合格的，不得入库，并由质量管理部门处理。

小思考 4-2

处方药必须凭医师处方购买。这句话对吗？

答：对。处方药凭医师处方销售、购买和使用。

4.2.2 片剂的验收

1）压制片的检查

（1）外观和包装检查的内容。其主要检查色泽、斑点、麻面、吸潮、粘连、溶化、发霉、结晶析出、边缘不整、松片、装量和包装等。含生药、脏器和蛋白质类药物的制剂还应检查有无虫蛀、异嗅等。

（2）外观和包装检查的方法及判断标准。取检品100片，平铺于白纸或白瓷盘上，距25cm自然光亮处检视半分钟，只看一面。

①片子应完整光洁，薄厚形状一致，带字片字迹应清晰。

②色泽应均匀一致，无变色现象。

③黑点、色点、异物直径在200μm以下不计，直径在200μm以上的黑点不超过5%，色点不超过3%，500μm以上的不得有。

④不得有明显的暗斑（中草药片除外）。

⑤麻面不得超过5%，中草药片不得超过10%。

⑥边缘不整（飞边、毛边等）总数不超过5%。

⑦碎片不得超过3%，松片不得超过3%。

⑧不得有粘连、溶化、发霉现象。

⑨片面不得有结晶析出或附着在瓶壁上。

⑩瓶装药品，包装封口应严密，瓶内填充物应清洁，不得松动；铝塑、热合及塑料袋包装药品，包装压封应严密、圆整，无破损，印字应端正、清晰。装量检查应符合标签所示包装数量。

以上各项检查结果超过规定时应加倍复验，复验结果不超过规定时，仍按合格判定。③至⑦项中如各项均在限度内，总数不得超过8%。

（3）重量差异检查。片剂重量差异的限度，应符合表4-9中的有关规定。

表4-9 片剂重量差异限度

平均片重或标式片重	重量差异限度
0.30g以下	±7.5%
0.30g及0.30g以上	±5.0%

检查方法：取药片20片，精密称定总重量，求得平均片重后，再分别精密称定每片的重量。每片重量与平均重量相比较（凡无含量测定的片剂或有标示片重的中药片剂，每片重量应与标示片重比较），超出重量差异限度的药片不得多于2片，并不得有1片超出限度的1倍。

糖衣片在包衣前应检查片芯的重量差异，符合表4-9的规定后，方可包衣，包衣后不再检查重量差异。薄膜衣片在包薄膜衣后检查重量差异并使之符合规定。

凡规定检查含量均匀度的片剂，可不再进行重量差异检查。

2）包衣片的检查

包衣片是指在单压片外面包有保护膜层的片剂。包衣片往往被着以不同的颜色。它分为糖衣片、肠溶衣片和薄膜衣片三种。

（1）外观和包装检查的内容。其主要检查色泽、黑点、斑点、花斑、瘪片、异形片、龟裂、爆裂、脱壳、掉皮、溶化、粘连、霉变、片芯变色、变软和包装等。

（2）外观和包装检查的方法及判断标准。取检品100片，平铺于白纸或白瓷盘上，距25cm自然光亮处检视半分钟。在规定的时间内将盘倾斜，使包衣片侧立，检查边缘。

①色泽：同一批号包衣片颜色应均匀，不应有显著的区别，不得有褪色现象。

②黑点、斑点：直径在200μm以下不计，大于200μm总数不得超过5%，大于500μm不得有。

③花斑：不得超过5%。

④小珠头：（直径为2～3mm）总数不超过2%。

⑤瘪片（包括凹凸不平）、异形片：总数不超过2%。

⑥龟裂、爆裂均不得超过3%；脱壳不得超过2%；掉皮不得超过2%（肠溶衣片不得有掉皮）。以上四项总和不得超过5%。

⑦不应有吸潮、溶化、粘连现象。

⑧片芯：对主药性质不稳定和中药浸膏的包衣片必要时可切开，观察片芯断面，不应有变色及变软现象。

⑨装量检查：同压制片。

⑩包装检查：同压制片。

以上各项检查结果超过规定时应加倍复验，复验结果不超过规定时，仍按合格判定。

4.2.3 胶囊剂的验收

胶囊剂分硬胶囊剂和软胶囊剂，供口服用。

1）外观和包装检查的内容

对于胶囊剂，主要检查色泽、漏药、破裂、变形、粘连、异嗅、霉变、生虫和包装等。

2）外观和包装检查的方法及判断标准

取胶囊100粒，平铺于白纸或白瓷盘上，距25cm自然光亮处检视半分钟。

（1）硬胶囊剂。

①外观整洁，大小相等，长短一致，无斑点。

②带色的胶囊颜色应均匀一致，不得有褪色、变色等现象。

③胶囊应无砂眼、虫眼、破裂和漏药等现象。

④胶囊应无粘连、发霉、变形和异嗅等现象。

⑤内容物应混合均匀，无结块、霉变等异常现象。

（2）软胶囊剂（胶丸）。

①大小应均匀一致、整洁、光亮。

②不得有粘连、粘瓶（经振摇即散者不在此限）、异嗅、变形、破裂和漏油等现象（漏油检查是将软胶囊放在白纸上，应无明显油迹）。

③胶丸气泡不得超过3%。

④畸形丸不得超过3%。

⑤胶丸污物、偏心带尾等总和不超过3%。

包装检查同片剂。此外，③、④、⑤项总和不得超过5%；检查结果超过规定时应加倍复验，复验结果不超过规定时，仍按合格判定。

3）装量差异检查

胶囊剂的装量差异限度，应符合表4-10中的有关规定。

表4-10　　胶囊剂装量差异限度

平均装量	装量差异限度
0.30g以下	±10%
0.30g及0.30g以上	±7.5%

检查方法：除另有规定外，取胶囊剂20粒（中药取10粒），分别精密称定重量，倾出内容物（不得损失囊壳），硬胶囊剂用小刷拭净，软胶囊剂用乙醚等洗净，置通风处使溶剂自然挥发尽；再分别精密称定胶囊壳重量，求出每粒内容物的装量与平均装量。每粒的装量与平均装量相比较，超出装量差异限度的胶囊不得多于2粒，并不得有1粒超出限度的1倍。

凡规定检查含量均匀度的胶囊剂，不再检查装量差异。

4.2.4　注射剂的验收

1）注射剂检查

（1）外观和包装检查的内容。其主要检查色泽、结晶析出、混浊沉淀、澄明度、装量、冷爆、裂瓿、封口漏气、瓶盖松动及安瓿印字等。

（2）外观和包装检查的方法及判断标准。每批取检品100支或大输液瓶20瓶，置自然光亮处检视。

①不得有结晶析出（特殊品种经加热溶解除外）、混浊、沉淀和长霉等现象。

②安瓿应洁净、封头圆整，泡头、弯头、钩嘴和缩头现象总和不得超过5%。

③焦头和冷爆现象总和不得超过2%。

④安瓿印字应清晰，品名、规格和批号等不得缺项。

⑤不得有裂瓿、封口漏气和瓶盖松动现象（瓶盖松动检查法：一手按瓶，一手大拇指、食指、中指卡住瓶盖边缘呈三角直立，向一方轻扭，瓶盖不得松动）。

（3）装量差异检查。注射剂装量差异限度应符合表4-11中的有关规定。

表4-11　　注射剂装量差异限度

标示装量	取检品(支)	装量差异限度
2ml以下	5	不得少于标示量
2～50ml	3	不得少于标示量

本法适用于标示量为50ml及50ml以下的单剂量注射液的装量检查。

检查方法：供试品标示装量不大于2ml者，取供试品5支（瓶）；2ml以上至50ml者，取供试品3支（瓶）。开启时注意避免损失，将内容物分别用相应体积的干燥注射器及注射针头抽尽，然后缓慢连续地注入经标化的量入式量筒内（量筒的大小应使待测体积至少占其额定体积的40%，不排尽针头中的液体），在室温下检视。测定油溶液、乳状液或混悬液时，应先加温（如有必要）摇匀，再用干燥注射器及注射针头抽尽后，同前法操作，放冷（加温时），检视。每支（瓶）的装量均不得少于其标示量。检查方法：开启时注意避免损失，将内容物分别用相应体积的干燥注射器及注射针头（预经标化）抽尽，然后注入经标化的量具内（量具的大小应使待测体积至少占其额定体积的40%），在室温下检视，每支注射液的装量均不得少于其标示量。

（4）可见异物检查（灯检法）。

①检查装置。

a.光源，采用带遮光板的日光灯光源（光照度可在1 000～4 000lx范围内调节）。采用无色透明包装的无色溶液供试品溶液注射剂置于光照度为1 000～1 500lx的位置；采用透明塑料容器或棕有色透明供试品溶液注射剂置于光照度为2 000～3 000lx的位置；混悬型供试品或乳状液，光照应增加至4 000lx。

b.式样，采用伞棚式装置，两面或单面用。

c.背景，为不反光黑色，背部右侧和底部为不反光白色（供检查有色异物）。

d.距离，供试品至人眼距离为25cm。

e.检查应在暗室中进行。

②检查人员条件。

a.视力，远距离和近距离视力测验，均为4.9或以上（矫正后的视力应为5.0及以上）。

b.色盲测验，应无色盲。

③检查方法。注射液，除另有规定外，取20支（瓶），除去容器标签，擦净容器外壁，必要时将药液转移至洁净透明的专用玻璃容器内；置供试品于遮光板边缘处，处于明视距离（指供试品至人眼的清晰观测距离，通常为25cm），分别在黑色和白色背景下，手持供试品颈部，轻轻旋转和翻转容器，使药液中存在的可见异物悬浮（注意不要使药液产生气泡），目视检查，重复观察，总检查时限为20秒。供试品装量每支（瓶）在10毫升及10毫升以下的，每次检查可手持2支（瓶）。50毫升或50毫升以上的大容量注射液按直、横、倒三步法旋转检视。

④结果判定。供试品中不得检出金属屑、玻璃屑、长度超过2mm的纤维，最大粒超过2mm的块状物以及静置一定时间后轻轻旋转时肉眼可见雾状微粒沉淀物，无法计数的微粒群或摇不散的沉淀，以及在规定时间内较难计数的蛋白质絮状物等明显可见物。

供试品中如检出点状物、2mm以下的短纤维和块状物等微细可见异物，生化药品或生物制品若检出半透明的小于约1mm的细小蛋白质絮状物或蛋白质颗粒等微细可见异物，除另有规定外，应分别符合表4-12、表4-13中的规定。

表4-12 **生物制品注射液质量判定标准**

类别	微细可见异物限度	
	初试20支（瓶）	初、复试40支（瓶）
注射剂	装量50ml以下，每支（瓶）中微细可见异物不得超过3个；装量50ml及以上，每支（瓶）中微细可见异物不得超过5个 如仅有1支（瓶）超出，符合规定；如检出2支（瓶）超出，复试；如检出3支（瓶）及以上超出，不符合规定	2支（瓶）以上超出，不符合规定

表4-13 非生物制品注射液质量判定标准

类别		微细可见异物限度	
		初试20支（瓶）	初、复试40支（瓶）
注射剂	静脉注射用	如1支（瓶）检出，复试；如2支（瓶）或以上检出，不符合规定	超过1支（瓶）检出，不符合规定
	非静脉注射用	如1~2支（瓶）检出，复试；如2支（瓶）以上检出，不符合规定	超过2支（瓶）检出，不符合规定

2）注射用无菌制剂检查

（1）外观和包装检查的内容。其主要检查色泽、粘瓶、吸潮、结块、溶化、异物、黑点、溶解后的澄明度、装量、焦头、冷爆、裂瓶、铝盖松动、封口漏气和玻璃瓶印字等。

冻干型粉针剂：主要检查色泽、粘瓶、萎缩和溶化等（冻干型粉剂系冷冻干燥呈圆柱状、块状或海绵状的结晶性粉末）。

（2）外观和包装检查的方法及判断标准。取检品40瓶，在自然光亮处反复旋转检视。

①色泽应一致，不得有变色现象。

②不得有粘瓶（敲击即散不在此限）、结块和溶化等现象。

③不得有异物（纤维、玻璃屑等）。

④焦头和黑点总数不得超过5%。

⑤冷爆不超过2%。

⑥冻干型粉剂应质地疏松、色泽均匀，不应有明显萎缩和溶化现象。

⑦不应有裂瓶、封口漏气和瓶盖松动（瓶盖松动检查法同水针剂）现象。

⑧瓶体应洁净、透明，无气泡、砂眼等。

⑨印字应清晰，品名、规格、批号和有效期等不得缺项。

以上各项检查结果如超过规定，则加倍复验，复验结果不超过规定时，仍按合格判定。

相关链接4-1

表4-14是药品质量验收、入库（通知）单。

表4-14 药品质量验收、入库（通知）单

发货单位： 日期： 合同字号： 发票号：

制单： 验收人： 保管：

商品编号	品名	剂型	规格	上市许可持有人	生产企业	批准文号	生产批号	有效期	应收数量	实收数量	金额	质量情况	验收结论

该验收、入库（通知）单由业务部门先填写相应栏目后再交验收员填写，并由验收员保存一联。企业可根据实际情况印制相应的联数。

4.2.5 颗粒剂的验收

1）外观和包装检查的内容

对于颗粒剂，主要检查色泽、吸潮、软化、结块，以及颗粒是否均匀、包装封口是否严密和有无破裂等现象。

2）外观和包装检查的方法及判断标准

取5袋样品，分别取适量置光滑纸上，距25cm自然光亮处检视半分钟。

①色泽应一致，无变色；颗粒应均匀、干燥，无结块、潮解等现象。

②无异物、异嗅、霉变和虫蛀等。

③包装封口应严密。袋装的颗粒剂应无破裂、漏药现象。

④单剂量包装的颗粒剂在标签上要标明每个袋（瓶）中活性成分的名称和含量。多剂量包装的颗粒剂除应有确切的分剂量方法外，在标签上还要标明颗粒中活性成分的名称和重量。

3）粒度检查

取单剂量包装的颗粒状冲剂5包，或多剂量包装的颗粒剂1包，称定重量，置该剂型或该药品规定的药筛内，过筛时，筛保持水平状态，左右往返轻轻筛动，边筛动边拍打3分钟。取不能通过一号筛（2 000μm）与能通过五号筛（180μm）的颗粒和粉末的总和，称定，不得超过供试量的15%。

4）溶化性检查

①可溶性颗粒检查。取供试品10克（中药单剂量包装取1袋），加热水200ml，搅拌5分钟，可溶性颗粒应全部溶化或轻微浑浊，但不得有异物。

②泡腾颗粒检查。取单剂量包装的泡腾颗粒剂3袋，分别置于盛有200ml水的烧杯中，水温为15℃～25℃，应能迅速产生气体而呈泡腾状，除另有规定外，5分钟内3袋颗粒剂均应完全分散或溶解在水中。

单剂量包装的颗粒剂在标签上要标明每个袋（瓶）中活性成分的名称和含量。多剂量包装的颗粒剂除应有确切的分剂量方法外，在标签上还要标明颗粒中活性成分的名称和重量。

5）装量差异检查

单剂量包装颗粒剂装量差异限度应符合表4-15中的有关规定。

表4-15 **单剂量包装颗粒剂装量差异限度**

平均装量	装量差异限度
1.0g及1.0g以下	± 10%
1.0g以上至1.50g	± 8%
1.50g以上至6.0g	± 7%
6.0g以上	± 5%

检查方法：取供试品10包，除去包装，分别精密称定每包内容物的重量，求出每包内容物的装量与平均装量。每包装量应与平均装量相比较（凡无含量测定的颗粒剂，每包装量应与标示装量比较），超出装量差异限度的颗粒剂不得多于2包，并不得有1包超出装量差异限度1倍。

4.2.6　糖浆剂的验收

1）外观和包装检查的内容

对于糖浆剂，主要检查澄清度、混浊、沉淀、结晶、异物、异嗅、发酵、产气、酸败、霉变、渗漏和包装等。

2）外观和包装检查的方法及判断标准

取检品10瓶，在自然光亮处采取直立、倒立、平视三步法旋转检视。

①除另有规定外，糖浆剂应澄清，无混浊、沉淀或结晶析出，不得有异物。含药材提取物的糖浆，允许有少量轻摇易散的沉淀。

②不得有异嗅、发酵、产气、酸败和霉变等现象。

③包装封口应严密，瓶塞、瓶盖应配套，瓶外无糖浆痕迹，瓶口无生霉现象。

④渗漏检查：取检品一箱，将原包装倒置25分钟后，启箱观察，渗漏瓶数不得超过3%。

4.2.7　软膏剂的验收

1）外观和包装检查的内容

对于软膏剂，主要检查色泽、细腻度、黏稠性、异物、异嗅、酸败、霉变和包装等。

2）外观和包装检查的方法及判断标准

取检品20支在自然光亮处检视。

①色泽应一致，不得有变色现象。

②软膏应均匀、细腻（取适量涂于玻璃板上观察，不应有肉眼能见到的单独颗粒），涂于皮肤上应无不良刺激性，并应具有适当的黏稠性，易于涂于皮肤或黏膜上而不融化，但能软化。

③不得有异嗅、酸败、霉变、变硬、油水分离、胀气和变质等现象。

④不得有较大的异物。

⑤封口应严密，不得有漏药现象。管状软膏，压尾应平整。

4.2.8　栓剂的验收

1）外观和包装检查的内容

对于栓剂，主要检查外形、色泽、酸败、霉变和包装等。

2）外观和包装检查的方法及判断标准

取检品20粒置于自然光亮处检视。

①外形应光滑、完整并有适宜的硬度，不得有软化、变形和干裂等现象。

②色泽应均匀一致。

③应无明显融化、走油和出汗现象。

④不得有酸败、霉变现象。

⑤每粒的小包装应严密。

3）重量差异检查

栓剂重量差异限度应符合表4-16中的相关规定。

表4-16 栓剂重量差异限度

平均重量	重量差异限度
1.0g及1.0g以下	± 10%
1.0g以上至3.0g	± 7.5%
3.0g以上	± 5.0%

学习微平台

延伸阅读4-2：药品的有效期≠使用期

检查方法：取栓剂10粒，精密称定总重量，求得平均粒重后，再分别精密称定各粒的重量，每粒重量与平均粒重相比较（有标示粒重的中药栓剂，每粒重量应与标示粒重比较），按表中的规定，超出重量差异限度的药粒不得多于1粒，并不得超出限度1倍。

凡规定检查含量均匀度的栓剂，一般不再进行重量差异检查。

基本训练

□ 知识题

1.判断题

（1）超过保质期的食品，不能食用。（　　）

（2）优质大米闻之有清新气味，蒸熟后米粒油亮，有嚼劲，气味清香。（　　）

（3）进口药品的包装标签必须有中文内容。（　　）

2.填空题

（1）预包装食品标签必须符合________和________强制性国家标准的规定。

（2）食用植物油分为一级油、二级油、________和________4个等级。

（3）麻醉药品的标识为蓝底________，毒性药品的标识为黑底________。

3.选择题

（1）手抓一把面粉稍用劲捏，若面粉（　　），则面粉水分含量适中。

A.呈粉末状　B.发黏　C.易成团　D.无颗粒感

（2）酒的卫生检验指标有（　　）。

A.酒精度　B.甲醇　C.杂醇油　D.固形物

（3）药品压制片的质量要求是（　　）。

A.碎片≤3%　B.松片≤5%　C.麻面≤5%　D.片子完整光洁

4.简答题

（1）食品常规检验中应注意哪些问题？

（2）怎样用感官检验法检验白酒的质量？

（3）简述药品包装检验的内容。

（4）在各类药品验收中，有何规律可循？

综合应用

□ 实训题

在购买鸡蛋时，你是如何检验其质量的？

□ 案例分析题

如何区分粮食酒和勾兑酒

1.看酒瓶上的标签

正规酒厂生产的白酒，酒瓶的标签上都带有“白酒执行标准”的说明，一目了然。纯粮食酒标注的是GB/T 10781—2006，纯酒精勾兑酒的标注是GB/T 20821—2007，另外还有一直介于纯粮酒和勾兑酒之间的一种半纯粮、半勾兑的白酒，标注的是GB/T 20822—2007。比如说瓶身上标注的是GB/T 20822—2007，那就可以确定是一瓶半纯粮、半勾兑的白酒。

2.看酒挂不挂杯，看酒能不能燃烧

这两招算是最直接的方法了。纯粮食酒，只要摇晃一下酒杯，酒水就能挂在杯壁上。另外就是看它能不能燃烧，只要是能燃烧的，那就百分之百是纯粮食酒了，因为勾兑酒哪怕是质量再好，都不可能被点燃。从火焰的颜色上来看，颜色越蓝，酒的纯度越高。另外，品质好的纯粮食酒，喝完之后别刷酒杯，第二天闻一下，浓浓的酒香味不会散去。

资料来源　佚名. 买白酒时，如何区分粮食酒和勾兑酒，简单几招，就能轻松辨别出来［EB/OL］.［2020-05-28］. http：//baijiahao.baidu.com/s？id=1667905655434332063&wfr=spider&for=pc.经编者节选与改编。

问题：上述材料对你鉴别白酒的质量有何启发？

职业工作站

提升你的食品质量感官鉴别能力

● 目标

该项训练能让你切身体验如何利用感官鉴定茶叶质量。

● 内容

茶叶质量的感官审评，审评比较红茶、绿茶、乌龙茶的感官品质。

● 时间

本章茶叶检验内容授课后的上课时间。

● 步骤

（1）由教师准备样茶和品茶器具，讲解实训要求和目的。

（2）按教材中介绍的茶叶感官审评的步骤和内容操作。

（3）每个人写出书面报告，介绍三类茶叶感官质量的特点，谈谈自己的实训感想。

第5章 纺织品与日用品的检验

学习目标

- □ 思政目标：引导学生树立绿色环保意识，通过课堂学习和课外阅读了解中华服饰文化，帮助学生形成正确的职业行为和道德规范。
- □ 知识目标：了解纺织品与日用品的检验程序，掌握纺织品与日用品检验的基本内容。
- □ 能力目标：掌握纺织品与日用品的有关质量指标和检验方法，能对常见的纺织品与日用品进行检验。

5.1　纺织品的检验

5.1.1　纤维材料的检验

1）纺织纤维的分类

纤维是一类细长而柔韧的物质，它的长度要比其直径大千万倍。在自然界里，纤维的种类很多，但并不是所有的纤维都可以作为纺织纤维。纺织纤维必须是比较柔软而且具有一定长度、细度、强力、弹性和在水、热、光、酸、碱等条件下有一定的稳定性，并有一定染色性能的纤维。

随着生活水平的提高和科技的进步，纺织工业不断发展，纤维性能不断随消费者的需要而改进，新品种的纺织纤维不断涌现。但无论怎样改变，纺织纤维习惯上都按它的来源分为天然纤维和化学纤维两大类（如图5-1所示），而且从发展趋势来看，不断涌现的新型纤维不外乎有两大基本方向：仿天然性和多功能性。

- 纺织纤维
  - 天然纤维
    - 植物纤维
      - 棉纤维
      - 麻纤维
    - 动物纤维
      - 毛纤维
      - 丝纤维
  - 化学纤维
    - 人造纤维
      - 粘胶纤维
      - 醋酸纤维
      - 铜氨纤维
    - 合成纤维
      - 涤纶、丙纶
      - 锦纶、氯纶
      - 腈纶、维纶
      - 氨纶

图5-1　纺织纤维的种类

纺织品纤维材料的检验方法有很多，如有手感、目测法、燃烧法、显微镜法、比重测定法、红外光谱法等。一般情况下，只用一种方法很难准确地检验出纤维种类，需要运用多种方法进行综合检测。

各种纺织纤维都具有一定的外观形态，如光泽、长短、粗细、曲直、软硬、弹性、强度等特征。从纤维到纱线或织物，要经过一系列的纺织染整加工过程，最终会赋予纱线或织物一定的组织结构、内在性能和外观风格。因此，感官法鉴别纤维时主要采用眼看、手摸，有时辅以耳听、鼻闻等。

2）试样的准备

使用感官法鉴别纺织纤维时，需要准备一定数量的试样。就散纤维而言，试样数量应多一些，以提高鉴别的准确度；鉴别纱线或织物中的纤维类别时，试样数量可略少于散纤维。在鉴别织物中的纤维类别时，应分别抽出经纱和纬纱各若干根，然后将纱线解捻，使纱线中的纤维呈平行无捻状态，以便于感官鉴别。

3）鉴别步骤

（1）眼观。这是鉴别纺织纤维的第一步。重点查看纤维的形态特征，如长短、粗细、有无转曲、光泽等。

（2）手感。这是利用皮肤的感触来鉴别纤维的一种方法。人的手部皮肤布满了大量的神经末梢，它比其他部位的敏感性都要强，利用手的触觉效应能感知纤维的软硬、弹性、光滑、粗糙、冷暖等。此外，用手还可以感知纤维及纱线的强度和伸长度等。

（3）耳闻。这是运用耳朵的听觉效应，根据纤维、纱线或织物产生的某种声响来鉴别纤维的一种方法。如蚕丝和丝绸具有丝鸣声，各类纤维织物在撕裂时会发出不同的声响等。

（4）鼻嗅。鼻子也常被用来鉴别某些纤维或织物，如腈纶虽常被人称作合成羊毛，但腈纶及其织物在气味上与羊毛还是有一定差别的。鼻嗅不失为利用嗅觉来鉴别某些纤维的一种好方法。

4）感官鉴别

在进行纤维鉴别时，首先应确定纤维所属的大类，是天然纤维还是化学纤维。就天然纤维而言，它是在自然界生长或形成的，其形态与性能受气温、日照等环境影响较大；化学纤维是在工厂里采用化学和机械的方法制造出来的，它不受气候和环境的影响。

天然纤维的共同特征是纤维长短不齐（蚕丝除外），具有自然光泽，天然卷（转）曲，手感比较柔软，除蚕丝以外，棉、麻、毛纤维比较细短，并含有一定的细小杂质。

（1）棉纤维。棉纤维细短，长度在28mm左右，长度、整齐度较差，有天然卷曲，光泽暗淡，有棉结杂质。棉纤维手感柔软，有温暖感，弹性较差，纤维强力大，湿水后强力还会增加，伸长度较小。

（2）麻纤维。麻纤维较粗硬，常因存在胶质而呈小束状（非单纤维状），纤维比棉纤维长，但短于羊毛，纤维间长度差异大于棉纤维。麻纤维较平直，几乎无卷曲，弹性和光泽较差，拉伸时伸长度小，但强度比棉纤维高，湿水后强力还会增大，有凉爽感，在长度方向上有结节。

（3）毛纤维。各种毛纤维的感官特征见表5-1。

（4）丝纤维。丝纤维包括长丝和短丝，短丝又有绢丝和细丝之分。丝的质量差于绢，纤维相对较短而杂质含量较高。丝纤维纤细、光滑、平直，手感柔软，富有弹性，光泽明亮柔和，有凉爽感，强度较好，伸长度适中。

（5）人造纤维。人造纤维化学成分接近天然纤维，其理化性能也接近天然纤维。人造纤维常见的品种有粘胶纤维、富强纤维、天丝、莫代尔、竹纤维等。粘胶纤维手感柔软、滑爽，弹性较差，有长丝和短纤维两类。短纤维长度整齐，其光泽根据是否有光丝而有很大的差别。有光丝光泽明亮，稍有刺目感，而消光后的无光丝光泽较柔和。纤维外观有平直光滑的，也有卷曲蓬松的，强度较低，特别是湿水后强度下降较多，其伸长度适中。

（6）合成纤维。合成纤维品种较多，纤维的粗细和长短根据用途的不同而略有变化。纤维强力较高、弹性较好、手感光滑，但不够柔软，采用感官法有时很难准确地鉴别，通常采用熔点法加以鉴别。几种常见的合成纤维的感官特征见表5-2。

根据上述所介绍的各种常见纺织纤维的形态特征，利用感觉器官便可简易鉴别。在天然纤维中，棉纤维天然卷曲，纤维纤细柔软，长度较短，纤维上附有各种杂质和

表5-1 各种毛纤维的感官特征

毛纤维种类	感官特征
羊毛	纤维长度较棉、麻长，有明显的天然卷曲，光泽柔和，手感柔软、滑糯、温暖、蓬松、富有弹性。强力较低，拉伸时伸长度较大。纤维长度：细毛为60～120mm，半细毛为70～180mm，粗羊毛为60～400mm。纤维中含有植物性杂质
山羊绒	纤维极细软，长度较羊毛短，白羊绒为34～58mm、青羊绒为33～41mm、紫羊绒为30～41mm。手感轻、暖、软、滑，光泽柔和，卷曲率低于羊毛，但强度、弹性和伸长度均优于羊毛
牦牛绒	绒毛细短，长度为26～60mm，平均为36mm。手感柔软、蓬松、温暖，保暖性与羊绒相当，优于绵羊毛。颜色多为黑色、褐色、黄色、灰色，纯白色极少，光泽暗淡，在特种动物中是最差的。强度较羊绒高，卷曲率高于山羊绒，含有植物性杂质
马海毛	纤维长而硬，长度一般在120～150mm之间，表面平滑，对光的反射较强，具有蚕丝般的光泽。纤维卷曲形状呈大弯曲波形，很少有小弯曲。断裂强度高于羊毛，而伸长性低于羊毛
驼绒	纤维细而匀，卷曲较多，但不如羊毛那样有规则。平均长度在28mm，优质驼绒平均长度在42mm以上。手感柔软、蓬松、温暖，富有光泽，颜色有乳白、浅黄、棕褐等，品质优良的驼绒呈浅色。断裂强度略低于马海毛，而伸长度略优于马海毛
兔毛	纤维长、松、白、净，长度一般在35～100mm之间。纤维松散不结块，比较干净，含水含杂少，色泽洁白、光亮。手感柔软、蓬松、温暖，表面光滑，卷曲少，强度小
羊驼毛	纤维细长，细度相当于羊毛品质支数的50～70支，毛丛长度一般为200～300mm，少数为100～400mm。颜色由浅至深分为白色、浅褐黄、灰色、浅棕、棕色、深棕、黑色及杂色八种。霍加耶种羊驼毛纤维多卷曲，有银色光泽；而苏力种羊驼毛纤维顺直，卷曲少，有强烈的丝光光泽

表5-2 几种常见的合成纤维的感官特征

纤维种类	感官特征
涤纶	纤维强力高，弹性好，吸湿性极差。手感爽挺，有金属光泽，拉伸时伸长度小
锦纶	纤维强力较其他合成纤维高，弹性较好。手感较涤纶软塌，光滑度接近于蚕丝，有凉爽感，色泽鲜艳
腈纶	较为蓬松、温暖，手感与羊毛类似，光滑而干爽，人造毛毛感强，用手揉搓时会产生“丝鸣”的响声
维纶	形态与棉纤维类似，但不如棉纤维柔软，弹性差，有凉爽感
丙纶	相对密度很小，完全不吸湿，强力较好，手感生硬、光滑，有蜡状感，浅色光泽较差
氯纶	手感温暖，摩擦易产生静电，弹性和色泽较差
氨纶	最显著的特征是弹性和伸长度在合成纤维中是最大的，其伸长率可达400%～700%

疵点。麻纤维手感粗硬，常因含胶质而聚成小束（苎麻纤维即使经脱胶成单纤维状态，也可从长度、粗细及长短变异等方面与棉、毛相区别）。羊毛纤维较长，通常呈卷曲状态，柔软而富有弹性，手感温暖；羊毛与特种动物毛可从纤维的粗细、长短、卷曲度、伸长度、手感及色泽等方面加以区别。蚕丝手感柔软，富有光泽，纤维细长，手触有微寒之感，很容易与其他天然纤维相区别。就化学纤维而言，再生纤维素

纤维（如粘胶纤维、醋酯纤维等）与合成纤维很容易区分，因为再生纤维素纤维湿强力特别低，可以根据湿强力的变化而加以确定。如粘胶纤维不能充分延伸而极易拉断，而蚕丝的断裂强力在干、湿时没有明显差别，其断裂伸长率高于粘胶纤维；蚕丝的断裂处参差不齐，而粘胶纤维的断裂处较为整齐。合成纤维各品种在形态特征方面差别很小，需要借助其他鉴别方法才能作出比较准确的鉴别。

5）燃烧法

燃烧法是一种简便且常用的鉴别服装面料的方法。鉴别时，先从织物上拆下几根纱线或纤维，用镊子夹住，慢慢靠近火焰，仔细观察纤维接近火焰、在火焰中以及离开火焰时燃烧的程度、气味和灰烬等特征，据此可大致判断纤维种类。这种方法只适用于纯纺织物的鉴别，对混纺和交织织物以及经过防火、防燃等特殊处理的织物不适宜。常用纤维的燃烧特征见表5-3。

表5-3　常用纤维的燃烧特征

纤维种类	接近火焰	在火焰中	离开火焰	燃烧时气味	燃烧后残渣形态
棉、麻、粘胶纤维	不熔不缩	迅速燃烧	继续燃烧	烧纸味	少量灰白色的灰
羊毛、蚕丝	收缩	逐渐燃烧	不能延燃	烧毛发的臭味	松脆灰黑
涤纶	收缩、熔融	先熔，后燃烧，且有溶液滴下	能延燃	特殊芳香味	玻璃状的硬黑褐色圆珠
锦纶	收缩、熔融	先熔，后燃烧，且有溶液滴下	能延燃	氨臭味	玻璃状的硬黑褐色圆珠
腈纶	收缩、微融、发焦	熔融燃烧，有发光小火花	继续燃烧	有辣味	松脆黑色硬块
维纶	收缩、熔融	燃烧	继续燃烧	特殊的甜味	松脆黑色硬块
丙纶	缓慢收缩	熔融燃烧	继续燃烧	轻微的沥青味	硬黄褐色球
氯纶	收缩	熔融燃烧，冒黑烟	不能延燃	有氯化氢气味	松脆黑色硬块

6）显微镜观察法

借助显微镜观察纤维的纵向和横截面形状，或配合染色等方法，可以区分纤维种类。各种纺织纤维的纵横截面形态见表5-4。

表5-4　各种纺织纤维的纵横截面形态

纤维	纵向形态特征	横截面形态特征
棉	扁平带状，有天然转曲	腰圆形，有中腔
羊毛	表面有鳞片	圆形或接近圆形，有些有毛髓
兔毛	表面有鳞片，鳞片边缘缺口明显	哑铃形
桑蚕丝	平直	不规则三角形
苎麻	横节、竖纹	腰子形，有中腔及裂缝
黄麻	横节、竖纹	多角形，中腔较大
亚麻	横节、竖纹	多角形，中腔较小
粘胶纤维	纵向有沟槽	有锯齿形或多页形边缘
涤纶、锦纶、丙纶	平滑	圆形
腈纶	平滑或有1～2根沟槽	接近圆形
维纶	有1～2根沟槽	腰圆形
醋酯纤维	纵向有1～2根沟槽	不规则带形
氯纶	平滑或有1～2根沟槽	接近圆形

7）溶剂溶解法

溶剂溶解法是利用各种纤维在不同化学溶剂中的溶解性来鉴别纤维的一种方法。这种方法应用较广泛。在用手感、目测和显微镜观察等各种方法进行初步鉴别后，再用溶剂溶解法加以证实，可以确定各种纤维的具体品种。利用溶剂溶解法鉴别纤维时，必须注意纤维的溶解性能不仅与溶剂的种类有关，而且与溶剂的浓度、溶解时的温度和时间等都有关系。因此，在具体测定时，必须严格控制试验条件。各种纤维在一般情况下的溶解性能见表5-5。

表5-5　　**各种纤维溶解性能表**

纤维种类	溶剂	盐酸	盐酸	硫酸	硫酸	硫酸	氢氧化钠	甲酸	冰醋酸	二甲酚	间甲酚	苯酚	丙酮	铜氨溶液	四氢呋喃	二甲基甲酰胺
	酰	20%	37%	60%	70%	98%	5%	85%	98%		浓					
	温度	25℃	25℃	25℃	25℃	25℃	沸	沸	25℃	沸	沸	40℃	25℃	25℃		45℃
棉		I	I	I	S	S	I	I	I	I	I	I	I	S	I	I
毛		I	I	I	I	I	S	I	I	I	I	I	I	I	I	I
蚕丝		SS	S	S	S	I	S	I	I	I	I	I	I	S	I	I
麻		I	I	I	S	S	I	I	I	I	I	I	I	S	I	I
粘胶纤维		I	S	S	S	S	I	I	I	I	I	I	I	S	I	I
醋酸纤维		I	S	S	S	S	CS	S	S	I	S	S	S	I	I	S
涤纶		I	I	I	I	S	SS	I	I	I	S	S	I	I	I	S
锦纶		S	S	S	S	S	I	S	S	I	S	I	I	I	I	S
腈纶		I	I	I	SS	S	I	I	I	I	I	I	I	I	I	S
维纶		S	S	S	S	S	I	I	I	I	S	I	I	S	I	I
丙纶		I	I	I	I	I	I	I	I	S	I	I	I	I	I	I
氯纶		I	I	I	I	I	I	I	I	I	I	I	I	I	S	S
氨纶		I	I	SS	CS	S	I	I	CS	I	S	I	I	I	I	S

注：S——溶解；I——不溶解；SS——微溶；CS——大部分溶解。

8）试剂显色鉴别法

利用试剂显色鉴别法鉴别纤维，是根据试剂对各种纤维作用后呈现的色泽来确定的。此法比较准确，但仅适用于原色纤维，对有色纤维进行鉴别需事前经褪色处理。

（1）试剂配制。试验前需配好以下两种试液：甲液，先将3克碘化钾溶于60毫升水中，然后加入1克碘及40毫升水，放置几分钟后，滤去溶液中过剩的碘；乙液，在2份甘油中加入1份水，再加入3份浓硫酸。

（2）试剂处理：量取甲液2份、乙液1份配成混合液，将纤维置于其中浸1分钟，取出用清水洗净，按表5-6各种纤维的显色情况确定其种类。

表5-6 各种纤维的显色情况

纤维种类	显色情况
棉、麻	不上色，稍有溶解
羊毛、蚕丝	淡黄色，不溶解
粘纤	有光纤维呈浅绿色，无光纤维呈浅蓝色，不溶
醋纤	棕黄色，稍微膨胀
锦纶	深棕色，稍有溶解，纤维硬结
涤纶	淡棕色，不溶解
腈纶	不上色，不溶解
维纶	黑褐色或深灰色，不溶解

9）常见织物的感官特征

（1）纯棉织物。纯棉织物光泽较暗、柔和自然，经丝光整理的产品，光泽较亮；织物手感较软，无身骨，手摸有温暖感，布面有杂质，用手捏布料后放开，布面有明显的褶皱且不易恢复；同样规格的纯棉织物比蚕丝织物重，垂感差。棉纤维纤细柔软，长度很短，附有各种杂质和疵点，并且纤维长短不一，伸长度较小，干、湿状态强力变化不大。普梳棉织物纱线上有一些粗细节，常为中厚织物；精梳棉织物外观平整、细腻，色泽均匀，多为细薄织物。

（2）化纤纺棉织物。涤/棉混纺布多为涤65%、棉35%的混纺比，织物表面平整，光泽明亮，色泽淡雅，手感滑爽挺括，抽出的纱线粗细均匀，无杂质，单纱断裂强力很高；粘纤/棉和富纤/棉混纺布色泽鲜艳，光泽柔和，手感平滑、柔软、光洁；维/棉混纺布色泽较暗，有不均匀感，手感粗糙且不柔和。当用手攥紧布料后迅速放开时，这几种织物表现不一：涤/棉布褶皱最少，且较快恢复原状；富纤/棉布和粘纤/棉布褶皱最多，恢复也慢，特别是粘纤/棉布褶皱最为明显；维/棉布褶皱没有粘纤/棉布多，但布面留有明显的褶皱。

（3）人造棉织物。人造棉织物是纯粘胶短纤维织物。其颜色鲜艳，有光粘胶类似金属的光泽，手感柔软、光滑、无身骨，有飘逸下垂的感觉，比蚕丝织物重，用手捏布料后放开，布面有明显的褶皱且不易恢复，织物下水后明显变厚、变硬。抽出单纱拉断，强力很低，纱中纤维长度、整齐度较好，伸长度适中，湿态强力明显比干态强力低。

（4）纯毛织物。纯毛织物光泽柔和，色泽纯正，手感柔润、温暖且有弹性，用手捏布料后放开，布面的褶皱不明显且迅速恢复原状。抽出单纱拉断，强力很低，纱中纤维为短纤维，长度较长且有卷曲，整齐度较差。精纺毛织物纹路清晰，外观精致细腻，织物中纱线多为股线；粗纺毛织物质地厚实丰满，织物中纱线多为单纱。

（5）化纤纺毛织物。涤/毛混纺织物大多是涤50%（55%）、毛50%（45%）的混纺比，主要是精纺织物，光泽较亮，纹理清晰，手感滑爽挺括，弹性好于纯毛织物，但是柔润、悬垂性能不如纯毛织物，攥紧放松后几乎不产生褶皱，单纱断裂强力较高；毛/粘混纺织物主要是粗纺织物，一般光泽较暗，薄型织物摸上去有类似棉的感觉，手感松软，无身骨，弹性差，用手捏布料后放开，布面有明显的褶皱，单纱断裂强力较低；毛/腈混纺织物的光泽类似人造毛织物，织纹平坦不突出，色泽鲜艳，质轻蓬松，弹性好，手感温暖，毛型感较强，但柔润性和悬垂性不如毛织物，用手捏布料后放开，布面褶皱少，恢复快。

（6）蚕丝织物。桑蚕丝织物光泽华丽、优雅柔和，手感柔软滑润，有身骨，有凉感，织物悬垂性好，飘柔舒适，用手捏布料后放开，布面褶皱较少，但褶皱恢复较毛织物慢。抽出单纱拉断，强力较高，揉搓织物时有独特的响声，织物下水柔软易皱。柞蚕丝织物光泽、手感都不如桑蚕丝织物。

（7）化纤仿丝织物。粘胶丝织物光泽明亮，不柔和，色泽鲜艳，手感滑爽、柔软但不挺括，悬垂性好，但不如丝织物，手捏后放开易皱且褶皱不易恢复，抽出单纱拉断，强力较低，尤其是湿强力很低，织物下水后变硬；涤丝织物是主要的仿真丝绸产品，其光泽明亮，不柔和，色泽艳丽，手感光滑硬挺，弹性好，柔润性和悬垂性不如蚕丝织物，手捏后放开无褶皱，织物下水发滑不皱，单纱断裂强力很高；锦类丝织物光泽较差，表面有似涂了一层蜡的感觉，手感较硬挺，垂感一般，手捏布料后放开，布面中有褶皱，但尚能缓慢恢复原状。

（8）麻织物。麻织物光泽自然柔和，手感挺括，有凉爽感，布面粗糙，有的有刺痒感，有随机分布的粗细节，弹性差，比蚕丝织物重，垂感差，手捏布料后放开，布面有明显的褶皱且不易恢复。抽出单纱拉断，强力很高，解捻抽出纤维观察，纤维硬直，长短不齐，且因含有胶质而聚成小束。麻织物色泽多为本色或浅淡色。

（9）化纤仿麻织物。化纤仿麻织物外观多疙瘩、结子，高低不平，风格粗犷，组织以平纹和透孔为主，色泽以本色和浅色为主，但比麻织物鲜亮；手感挺括，弹性好，织物紧捏不皱，且有较好的悬垂性。涤纶仿麻织物一般采用涤纶或涤/粘混纺强捻（90捻/10cm）纱、花式纱（色）线以平纹和凸条组织织成，手感干爽。薄型仿麻织物一般用50%改性涤纶与50%普通涤纶加强捻，利用捻线的喂入速度不同而形成捻度不匀、成纱条干有粗有细的特殊结构，织成织物后手感既爽又柔，穿着舒适、麻感较强。

（10）合成纤维织物。合成纤维织物一般具有类似金属的光泽，不自然，有的有蜡状手感和光泽，除维纶外，用手捏布料后放开，布面褶皱少，恢复快，一般轻于棉、麻、粘胶纤维织物，垂感较好。抽出单纱拉断，强力较高，纱中纤维长度、整齐度较好。

5.1.2 服装质量检验

1）质量检验的环境与设备

进行成品质量检验时，必须在以下的环境条件与设备上完成：

（1）在正常情况下，成品检验应在正常的北向自然光线下进行，以避免阳光的直射影响。

（2）在灯光下检验，中心的照度不低于750lx。

（3）检验工作台的规格为100cm×200cm。

2）质量检验的顺序

要在很短的时间内对服装质量作出一个准确的评价，就必须严格遵守科学的检验顺序，即先上后下、先左后右（或先右后左）、从前到后、从面到里，做到不漏检，动作不重复、多余。

3）质量检验的项目

对服装质量进行评价，必须对有关项目进行检验方能得出结论，因此了解并掌握服装成品的检验项目是服装质量评价的根本环节。服装质量评价的检验项目主要有规格、疵点、色差、缝制和外观质量。

（1）规格检验。用卷尺测量成衣各部位的尺寸，对照质量标准来判定是否符合要求。通常测量的部位与方法如下：

①领大——领子摊平横量，立领量上口，其他领量下口。

②衣长——由前身左侧肩缝最高点（即左侧颈点）垂直量至底边。

③胸围——扣好纽扣或拉好拉链，将衣服前后身摊平，沿袖窿底缝横量。

④袖长——从左袖最高点量至袖口边中间。

⑤总肩宽——由肩袖缝交叉点横量。

⑥袖口——袖口摊平横量。

⑦裤（裙）长——从腰上口沿侧缝摊平垂直量到脚口或下摆边。

⑧腰围——扣上裤扣，以门襟为中心握持两侧，用软尺测量裤腰的中线尺寸。

⑨臀围——从侧缝袋下口处前后身分别横量。

服装成品规格的公差范围见表5-7。

表5-7 **服装成品规格的公差范围**

序号	部位	公差(±)/cm	备注
1	衣长	1	上衣架检验
2	胸围	1.5	
3	袖口	0.5	
4	袖长	0.5	上衣架检验
5	总肩宽	0.5	
6	领大	0.5	
7	裤长	1	
8	裙长	1	
9	腰围	1.5	
10	臀围	2	

（2）疵点检验。服装成品的疵点成因可分为四大类：原料疵点、缝纫疵点、尺寸偏差及其他。而疵点对服装的影响程度可分为以下三大类：

①次要疵点——可被接受，因为它们对服装的可用性及销售价值影响不大。

②主要疵点——它们会影响服装的可用性及销售价值，必须进行修补或作次品出售。

③重要疵点——此类疵点的修补工作非常困难，并且成本高甚至不能修补，只可作次品出售或退回给供应商。

(3) 色差检验。用色卡对成品进行色差对比检验。高档男女呢类服装1~2号部位色差应高于4级，其他部位不低于3.5级；一般布料服装1~2号部位色差应高于4、5级，其他部位不低于3级。

(4) 缝制检验。

①缝制密度的检验规定见表5-8，其要求各部位的线迹应顺直、整齐、牢固、松紧合适。

表5-8 缝制密度的规定

序号	项目	针迹密度	备注
1	明暗缝	14~16针/3cm	
2	三线包缝	8~9针/3cm	宽度不低于0.4cm
3	缲眼子	8~9针/3cm	
4	缲挂面贴袋	5~6针/3cm	
5	钉纽扣	双线三上三下	绕脚高低与扣眼厚度一致

②面料1cm以上的明显条、格的检验规定见表5-9。

③拼接范围。挂面、领里允许两块拼接，腰里面允许两块拼接，拼缝应与侧缝或后裆缝对齐。

④眼位不偏斜，扣位与眼位对齐。

⑤衣里平服，留量合适，与面料搭配松紧适当。

⑥滚条顺里，宽窄一致。

(5) 外观质量检验。外观质量检验主要从整体上对服装的造型要求作出评判，检验分为上衣架前与上衣架后两部分。上衣架时，从前、后及侧面3个角度对服装在衣架上的效果进行观察与判断。

检验主要从以下相关部位着手进行：领、脖领，肩部，止口，袖，标牌，整烫效果，下摆，口袋，套结部位，后背缝，后领，腰头与串带袢，前、后裆，门、里襟与小裆等。

由于服装种类广泛，对不同类型服装的外观质量进行评价时，应有所侧重，按要求进行检查与评判。

4) 质量检验时的缺陷判定

所谓缺陷判定，就是依据合同或协议的质量标准所规定的技术质量要求，在服装的各个检验项目完成后，对服装质量中存在的缺陷的轻重程度进行判定。它一般可分为轻缺陷、重缺陷和严重缺陷。

(1) 轻缺陷：不符合产品质量标准所规定的技术质量要求，但对产品的使用性能和外观影响微小的缺陷。

表5-9 条、格的规定

序号	部位名称	条、格的规定	
		高档	中档
1	左、右前片	胸部以下条料顺直，格料对格，互差不大于0.3cm，斜料对称	胸部以下条料顺直，格料对格，互差不大于0.3cm，斜料对称
2	袋盖与前片	条料对条，格料对格，互差不大于0.3cm，斜料对称	条料对条，格料对格，互差不大于0.4cm，斜料对称
3	袖子与前片	格料对格，互差不大于0.5cm	格料对格，互差不大于0.6cm
4	前后片摆缝	格料对格，互差不大于0.3cm	格料对格，互差不大于0.4cm
5	背缝	条料对条，格料对格，互差不大于0.2cm	条料对条，格料对格，互差不大于0.3cm
6	领头	后领与后背条子对齐，领驳头左右对称，互差不大于0.2cm	后领与后背条子对齐，领驳头左右对称，互差不大于0.3cm
7	袖子	条格顺直，两袖对称，格料对格，互差不大于0.3cm	条格顺直，两袖对称，互差不大于0.4cm
8	裙子腰头	条料平行顺直，左右条格相符，互差不大于0.2cm	条料平行顺直，左右条格相符，互差不大于0.3cm
9	裙子侧缝（裤侧缝）	侧缝袋口10cm以下格料对格，互差不大于0.2cm	侧缝袋口10cm以下格料对格，互差不大于0.3cm
10	裤下裆缝	中档以下格料对格，互差不大于0.3cm	中档以下格料对格，互差不大于0.4cm
11	前后裆缝	条料对称，格料对格，互差不大于0.3cm	条料对称，格料对格，互差不大于0.3cm
12	斜袋与袋口	斜袋垫布对袋口，条料对条，格料对格，互差不大于0.3cm	斜袋垫布对袋口，条料对条，格料对格，互差不大于0.4cm

（2）重缺陷：不严重降低产品的使用性能，不严重影响产品外观，但较严重不符合技术标准规定的缺陷。

（3）严重缺陷：违反产品质量要求与标准，严重降低产品的使用性能，并严重影响产品外观的缺陷。

只有对服装的缺陷轻重进行判定，才能对产品的等级进行判定。

5）质量评价的等级判定

（1）根据轻缺陷扣1分、重缺陷扣4分、严重缺陷扣20分的原则，对单件产品缺陷程度及缺陷数量进行判定：

①优等品：96分以上，即严重缺陷、重缺陷为0分，轻缺陷≤4分。

②一等品：93分以上，即严重缺陷、重缺陷为0分，轻缺陷≤6分；或严重缺陷

为0分，重缺陷为1分，轻缺陷≤1分。

③合格品：90分以上，即严重缺陷、重缺陷为0分，轻缺陷≤10分；或重缺陷为2分，轻缺陷≤2分；或严重缺陷为0分，重缺陷为1分，轻缺陷≤6分。

（2）对于批量产品，则以单件产品品质分等的数量来定级，一般可分为以下三种：

①优等品批：优等品≥90%，一等品、合格品≤10%。

②一等品批：一等品≥90%，合格品≤10%。

③合格品批：合格品以上≥90%，不合格品≤10%。

抽检中各批量判定数若符合标准规定，则为判定合格的等级批出厂；若不符合标准规定，应增加抽样数量1倍进行再次检验；如仍不符合规定，应全部修整或降等，甚至退货。

6）服装品质标志的检验

《消费品使用说明 第4部分：纺织品和服装》（GB 5296.4）要求服装必须有品质标志。服装产品品质标志的主要内容包括服装生产企业的名称、商标、面料和辅料的纤维成分、规格、洗涤、晾晒、熨烫要求等。

（1）面料成分。为了使消费者正确使用服装，GB 5296.4规定，面料要标明其采用的原料的成分和含量，必要时还应标明特殊辅料的成分以及阻燃、防蛀、防水、防缩等使用性能。面料成分的表示方法一般为："100% cotton"表示面料为全棉，"100% silk"表示面料为真丝，"75% polyester 25% cotton"表示面料为75%涤纶和25%棉，"100% wool"表示全羊毛等。

（2）洗涤使用说明的基本图形符号及含义见表5-10。

表5-10　洗涤使用说明的基本图形符号及含义

名称		图形符号	说明
中文	英文		
水洗	Washing	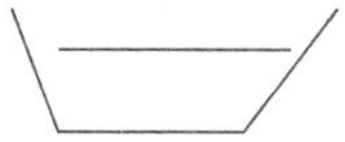	用洗涤槽表示，包括机洗和水洗
氯漂	Chlorine based bleaching	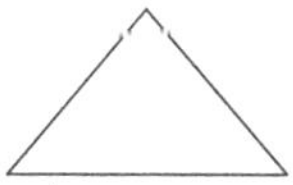	用等边三角形表示
干洗	Dry cleaning		用圆形表示
水洗后干燥	Drying after washing		用方形悬挂的衣服表示

注：若在图形符号上加符号"×"，即表示不可进行此图形符号所示动作。

7）卫生安全性检验

服装的卫生安全性是指服装保证人体健康和人身安全所应具备的性质。纺织产品在印染和后整理过程中要加入各种染料、助剂等整理剂，这些整理剂中或多或少地含有或产生对人体有害的物质。当有害物质残留在纺织品上并达到一定量时，就会对人体的皮肤乃至人体健康造成危害。因此，有必要对纺织产品提出安全方面最基本的技术要求，使纺织产品在生产、流通和消费过程中能够保障人体健康和人身安全。《国家纺织产品基本安全技术规范》（GB 18401—2010）就是顺应此要求的一项国家强制性标准。该规范将纺织产品分为三大类，分别是婴幼儿用品、直接接触皮肤的产品和非直接接触皮肤的产品。该规范对各指标作了明确规定，又将各指标分为A、B、C三类，其中明确规定婴幼儿用品应符合A类产品技术要求，直接接触皮肤的产品应符合B类产品技术要求，非直接接触皮肤的产品应符合C类产品技术要求，见表5-11。

表5-11　**《国家纺织产品基本安全技术规范》纺织品分类示例**

类型	典型示例
A类（婴幼儿用品）纺织产品	内衣、尿布、尿裤、围嘴儿、睡衣、手套、袜子、外衣、帽子、床上用品
B类（直接接触皮肤的产品）纺织产品	内衣、文胸、腹带、背心、短裤、棉毛衣裤、衬衣、（夏天）裙子、（夏天）裤子、袜子、床单、被套、毛巾、泳衣、帽子
C类（非直接接触皮肤的产品）纺织产品	毛衣、外衣、裙子、裤子、窗帘、床罩、墙布、填充物、衬布

（1）卫生无害性。一般来说，服装面料本身，无论是天然纤维还是化学纤维，都不会对人体皮肤产生明显的刺激作用。但服装材料在加工和染色过程中要使用多种化学物质，如染料、膨润剂、防缩剂、防皱剂、柔软剂、荧光增白剂等，这些物质若残留在衣料表面，就可能会对皮肤产生刺激作用，特别是对某些过敏性人群，化学刺激可能会危害皮肤健康，所以服装面料的卫生无害性检验很重要。甲醛浓度对人体的影响情况见表5-12。

表5-12　**甲醛浓度对人体的影响**

甲醛浓度(ppm)	对人体的影响
0.5	刺激眼睛
0.8	感觉有臭味
5	刺激嗓子
15	咳嗽
20	刺激呼吸气管
3 000	损伤人体制造消化酵素的机能

（2）阻燃性。纺织材料在一定条件下都能燃烧，但它们的阻燃程度有很大的差别。对天然纤维来说，棉、麻比较容易燃烧，羊毛的阻燃性相对较高；对化学纤维来说，丙纶、腈纶较容易燃烧，涤纶的阻燃性稍高。阻燃性的高低广泛采用氧指数度量。氧指数是指当衣料点燃后在氧-氮大气中维持燃烧所需要的最低含氧的体积百分数。各种纤维衣料的氧指数见表5-13。

国际上一般认为氧指数（OI）>26%具有阻燃性。从表5-13可知，羊毛衣料的氧指数为25.2%，因此可以认为羊毛衣料接近（具有）阻燃性，安全性较高。

（3）带电性。服装衣料是不导电的，但当人体活动时，由于皮肤与衣服之间以及衣服与衣服之间摩擦会产生静电。静电使衣服缠身贴体，影响美观；同时，静电能吸附尘土，污染衣服；在穿脱衣服时，静电聚集达到一定的电压和条件，就会产生放电现象，使人有被电击感，更为严重的是在可燃性蒸汽浓度较大的工厂，服装产生的静电火花可能会引起燃烧和爆炸事故。

表5-13　**各种纤维衣料的氧指数**

衣料名称	氧指数(%)	衣料名称	氧指数(%)
羊毛	25.2	涤纶	20.6
棉	20.1	腈纶	18.2
粘胶	19.7	维纶	19.7
锦纶	20.1	丙纶	18.6

服装的带电性与衣料纤维种类有关。一般来说，疏水性合成纤维衣料静电积聚较大，亲水性天然纤维衣料静电积聚较小。在冬天干燥的条件下，一般服装的带电电压约为400~1 600伏，最高可达3 800伏。减少服装的带电性可采用防静电处理方法，如对纤维表面进行亲水性单体接枝聚合处理或用耐久性亲水树脂进行处理。

（4）吸污性和防污性。污染分内部污染和外部污染。内部污染来源于皮肤表面出汗、分泌的皮脂和脱落的表皮细胞，因此内衣应具有吸附这部分脏污的能力，并易于清洗。外部污染来源于自然界飞扬的灰尘及接触性脏物，所以外衣应具有一定的拒污性。衣服的拒污性与纤维的表面状态、吸湿性、带电性有关。纤维表面不规则且凸凹多的容易被污染，表面光滑的不容易被污染；亲水性纤维容易被水溶性脏物污染，疏水性纤维容易被油性脏物污染，合成纤维静电吸尘比较严重。提高外衣的拒污性，除了正确选择面料种类外，还要采用化学物质进行防污处理，使纤维表面具有拒油性、拒水性，也可进行防静电处理，防止静电吸尘。

案例5-1

衣服的标签里竟藏着这些秘密，以后买衣服不会被坑了

每件在市场上出售的衣服上都有标签，标签上有很多重要信息，如货号、尺码、成分、产地、洗涤说明等。衣服的标签里藏着很多信息，读懂这些“密码”，能让我们放心购买。

1.衣服看等级。产品等级是判定一件衣服质量的重要指标。衣物的等级分为优等品、一等品和合格品，等级越高色牢度越高（越不容易掉色、染色），衣服吊牌上的等级标注，至少是合格品。

2.看型号或尺码大小。号型或尺码，是我们最关心的。我们大多数人买衣服只看标签上的S、M、L。但是仅凭此信息有时候仍不是那么合身，这时候就要参考身高和

胸（腰）围了。一般来说，衣服的吊牌上都注有身高和胸围、腰围等信息。

例如，某件男西服上衣标注为：170 / 88A（M），那么这里的170指的是身高，88则表示胸围，紧跟在后面的A在这里指的是体型或版型，括号里的M就是中码的意思。在我国，A为正常体型，B为偏胖体，C为肥胖体，Y为偏瘦体。尺寸型号一般分为XS、S、M、L、XL五种，分别是加小号、小号、中号、大号和加大号。

3.看安全级别判断会不会过敏。按照《国家纺织品基本安全技术规范》的划分，服装可分为A、B、C三个安全级别。

A类为婴幼儿服装，其甲醛含量不得大于20毫克每千克，4岁以内的孩子的衣服一般是A类，尤其是贴皮肤的衣服。

B类为直接接触皮肤类服装，其甲醛含量不得大于75毫克每千克，适合贴身穿的，一般内衣、秋衣、睡衣上的标签显示为B类。

C类为非直接接触皮肤类服装，其甲醛含量不得大于300毫克每千克。C类不适合直接接触皮肤，外套、不直接接触皮肤的衣服一般是C类。注意，如果内衣上的标签显示为C类，则建议不要买。

4.看洗涤标识，正确洗涤晾晒。需要注意的是，洗涤标识应该依照水洗、氯漂、熨烫、干洗等顺序，根据衣物的性能和要求选用图形符号。如果没有按照这个顺序，说明厂家不够专业。

资料来源 CCTV生活圈. 衣服的标签里竟藏着这些秘密，以后买衣服不被坑了［EB/OL］.［2019-09-11］. https：//mp.weixin.qq.com/s？src=11&timestamp=1568165086&ver.经编者节选与改编。

问题：为什么说读懂衣服标签上的“密码”，能让我们买到放心衣服？

分析提示：从服装质量的基本要求和服装质量各项标准来分析。

5.1.3 羽绒制品和羊毛衫的检验

1）羽绒制品的检验

对于羽绒制品，要从绒质、面料、辅料、做工等几个方面进行检验。

（1）绒质。优质羽绒服填充料全部采用鸭、鹅羽绒，经强力水洗、消毒后，按国家标准应达到以下四项指标：

①透明度：含绒量50%，应达250度以上；含绒量70%，应达300度以上。

②残脂率：1.5%以下。

③蓬松度：350 ~ 400。

④含氧值（耗氧指数）：10以下。

优质羽绒应无杂质，无异味，洁白如雪。含绒量50%的，其中一半是像蒲公英一样的绒朵，另一半是细毛片，内含一定规格、限度的毛梗来支持绒体，突出蓬松效果。

劣质羽绒服是把羽绒制品厂的下脚料粉碎后填充制成的，有的掺有腈纶棉、废纸，未经消毒，不保暖，无蓬松感。用手摸这种羽绒，有时有过粗过硬的梗子，有时用鸡撕绒或粉碎绒，摸不到一点梗子，但用手拍打后会有粉尘状物出现。这种填充粉碎绒的羽绒服洗涤后会结块，不像纯鸭、鹅绒着水晾晒后，经手拍匀会重新蓬起。

优质品整体外观厚而轻，手感滑润，压下后能很快弹起，蓬松度好。劣质品薄而重，用手下压很难压得很薄，松手后恢复缓慢。在挑选辨别时，还可以把拇指和食指分别放在羽绒制品两面轻轻搓捻，这时会感到其越来越薄，但很难把绒全部搓开；如果能一下全都搓开，并摸到里外两层布，说明含绒率低；如果感到有一层厚物搓不开，则很可能填充的是腈纶棉。

（2）面料。优质羽绒服面料选用250T以上的高密度防绒布、尼龙绸或尼龙纱缎，以保证绒毛不外钻。面料识别一看厚薄，厚者为密；二用手拍，不能有绒毛飞出；三可握住衣服某一部位，稍稍加力揉搓，无细小绒丝钻出，即可判定面料密度在250T左右。优质面料表面处理光亮、滑润、均匀；劣质面料穿用跑毛，洗涤后更严重。

（3）辅料。优质羽绒服用化纤衬、优质尼龙拉链、铜质纽扣，大部分有商标标记；劣质羽绒服用纸衬，拉链、纽扣均为一般产品。

（4）做工。优质品缝纳趟数适宜、均匀，无断线、跳针，针脚精细、整齐，镶、嵌、滚工艺挺括、舒展。劣质品做工粗糙，针脚疏密不一，如果有较多较长的毛片不断从针眼处钻出，则属于质量问题。

2）羊毛衫的检验

（1）外观鉴别。鉴别时，首先看商标，正规厂家生产的羊毛衫在商标上都有产品原料和含量标记。然后用手摸，真羊毛衫质地柔软，富有弹性，手感温暖，保暖性好；假货手感粗硬，弹性差，手摸无温暖感。

（2）燃烧鉴别法。用火柴点燃抽出来的纤维，燃烧时有烧羽毛、烧头发的气味，灰烬一压就碎的是纯羊毛；燃烧时无烧羽毛、烧头发的气味，灰烬结块而不易压碎的就是化学纤维。

（3）检查织物有无粗节及过大的结头，有无不良的缝接、多做的线头，有无破洞、缺口、杂色、疵点和油污。

（4）检查袖口、下摆处罗纹的弹性。用手撑开袖口或下摆，然后放松，看其是否能很好地复原；同时应注意袖口、下摆处的罗纹收缩力不可过大，否则在穿着时会有紧箍感。

（5）检查缝接质量。袖口、前后领口、肩缝、侧缝等结合部位的缝接质量应特别注意，在检查时，用手握紧需检查部分的两侧，稍稍用力拉，使接缝可以清晰地展现在眼前。

（6）对于套头的羊毛衫，领圈的弹性是否合适、套口处有无漏针、套口线颜色是否正确、线头是否清理等都需要格外注意。

（7）开襟羊毛衫应注意前开襟的套口线颜色是否正确，有无漏针，针纽线是否松散；同时还要注意纽眼的质量，纽扣和纽眼的配合。

（8）羊毛衫的缩水率因所选用的原料及编结结构的不同而有很大差异，所以在选购时一定要了解缩水率，并以此为依据，考虑选购的尺寸。

学习微平台

延伸阅读5-1：三地消协发布冲锋衣比较试验，近四成样品“有问题”

5.2 日用品的检验

5.2.1 皮鞋的质量检验

皮鞋是指用猪皮、牛皮、羊皮、马皮或合成革等主要材料为鞋帮，以皮革、橡胶、塑料等材料为鞋底，鞋底与鞋帮采用模压、硫化、胶粘、线缝和注压等工艺加工成鞋的鞋类。皮鞋在鞋类产品中属于比较高档的一类，不仅要求穿着舒适，而且要求造型美观。皮鞋的帮样结构、花色品种、头式等都随着消费者的年龄、性别以及适用季节的不同而有所变化。

1）皮鞋的结构

皮鞋是由鞋帮和鞋底两部分构成的，包头式皮鞋的结构如图5-2所示。

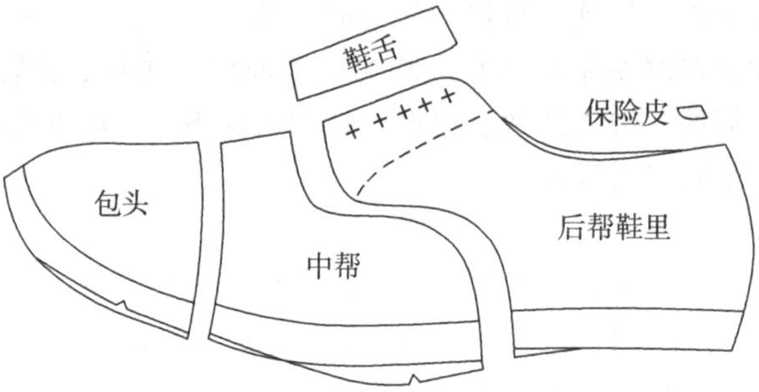

图5-2 包头式皮鞋结构示意图

（1）鞋帮。皮鞋鞋帮的式样变化最多，各式各样皮鞋的区别主要是鞋帮的式样不同、结构不同。鞋帮一般包括包头、中帮和后帮3个部分，包头与中帮又合称为前帮。

①包头。包头即鞋尖部位，是皮鞋最显露的部分。包头的作用是保护脚趾不受外物碰撞。为了使皮鞋美观耐穿，包头部位应选择表面平整、无伤残、色泽光亮、厚薄均匀、结构紧密、挺括的面革制成。包头的内层通常垫有较硬的内包头，使鞋头保持固定形状，内包头是用硬革裁切而成的，内包头里层垫有柔软的衬革或衬布，以防硬革磨脚。

②中帮。中帮是皮鞋的主要部分，它要受体重的撑压和反复的伸曲作用，是鞋帮承受外力最大的部分。中帮所用革要求柔软密致、机械强度高（耐折和耐拉伸）、延伸性好，不应有伤残和裂痕。

③后帮。后帮是由内外侧两块皮革缝合而成的。后帮的作用是端正地托住脚后跟，使后跟不软、不变形。后帮并不负荷过大的重力，穿用时也不显露，尤其内侧后帮更不显露。后帮应使用面革质量较差的部位，厚度可薄于前帮。后帮里层沿脚后跟两侧垫有用硬革切制的主跟，用以托住脚后跟，保持后帮的形状，同时也保证后帮不被脚跟磨坏；最里层是后帮里子，此部位要经常摩擦，需使用较密致的鞋里革；两块后帮结缝的革条称为保险皮，它需要承受较大的张力，革料质量应高于后帮。鞋眼部位的下方垫有柔软的革片——鞋舌，用以垫隔鞋眼和鞋帮对脚面的摩擦和硬压作用，

可使用松软的面革。

小思考5-1

皮鞋内包头与衬里材料不同，那么皮鞋的质量就不一样吗？

答：对。检验皮鞋的质量，不能只看外面的皮革材料，还要结合内部的用料综合评价。

（2）鞋底。鞋底由大底、膛底、沿条、鞋跟、垫心和勾心等部分组成。女鞋鞋底有平跟、半高跟和高跟之分，一般30mm左右为低跟，60mm左右为中跟，超过60mm为高跟。

①大底。大底也叫外底，是鞋直接与地面接触的部位，是皮鞋的主要组成部分。穿用时，它要反复承受重压、弯曲和摩擦的作用。由于大底与地面直接接触，常有潮湿和干燥的变化，所以要求大底选用结构紧密、质地坚实、耐摩擦的革做原料。一般要求男鞋大底厚度在3.5mm以上，女鞋大底厚度在3mm左右。厚底靴鞋常在大底前部加前撑，对前撑的要求与大底相同。装有前撑大底的靴鞋，其外底仅起衬托的作用，并不与地面接触，故对其质量要求可适当降低。皮鞋大底和前撑大底的原料有皮革、橡胶、塑料等。有关研究表明，鞋子每减轻1g，人体背部负荷相对减轻6g，因此近些年，橡塑鞋底以其轻便、耐磨、弹性好而深受人们的青睐。

②膛底。膛底也叫内底，是鞋底的最上层，即与脚掌直接接触的部位。它的作用是保持皮鞋内部固定的底形，使脚掌接触在一个平整舒适的底面上。膛底承受着体重压力和行走时弯曲的作用，经常受汗液的侵蚀，故要选择坚实紧密且有一定透气性的原料。一般选用厚度为3mm左右的内底革，表面应光滑平整。对于高档皮鞋，还需在膛底表面加上一层柔软鞋垫。

③沿条。沿条是连接鞋帮、膛底和大底的革条，围在鞋帮的外沿，其上层是膛底和鞋帮，下层是大底。它具有承上启下的作用，负荷着上下两层的作用力，故需用坚实的底革或沿条革来裁切。皮凉鞋所用的沿条是为了加固缝口和装饰边沿，可采用较次的革料；单底鞋不用沿条，大底与鞋帮和膛底直接缝合。

④鞋跟。一般男鞋、女鞋的平跟或半高跟均由多层皮组成（即由多层跟里皮和跟面皮构成）。跟里皮是用零碎的底革拼成，跟面皮要求与大底料相同。高跟鞋的鞋跟通常采用木制和塑料制，表面用皮革包裹，下面钉有跟皮。

鞋跟是承受人体压力最大的部位，不仅在人走路时受到很大的摩擦力，而且在人体转动时会受到最大的摩擦作用。鞋跟在全鞋中的作用是使体重均匀地分布在鞋底上，达到站时平稳、行走时舒适的目的，因此鞋跟要高矮一致、平稳匀称。对于高跟鞋的鞋跟，要求用锈钉将其与底部钉牢。

⑤垫心。皮鞋的膛底与大底之间存在空隙，垫心就是填充在空隙之间的材料，常用纸板或棉花碎料做原料。垫心料要求柔软而有弹性，耐弯曲并有吸湿性。

⑥勾心。勾心是用来撑持鞋底弓形部位的材料，要求有较高的硬性和弹性，常用的有钢勾心、铁勾心和竹勾心。钢勾心一般用65号锰钢制作，硬度和弹性极值非常

理想，结构合理，重量轻，并且符合制鞋工业标准化、系列化的要求，在制鞋机械化装配工艺的操作中和穿着的过程中不会断裂，也不会产生永久性变形，是理想的标准化鞋部件。皮鞋勾心示意图如图5-3所示。

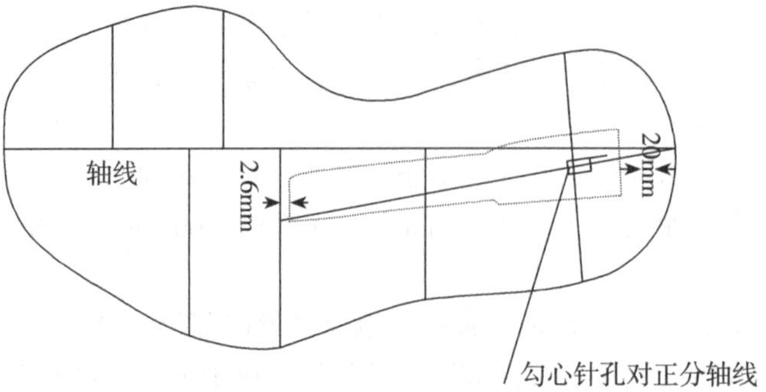

图5-3 皮鞋勾心示意图

2）皮鞋的分类及性能特点

（1）牛皮鞋。牛皮鞋是以牛皮为面革做成的各种皮鞋的统称。其特点是鞋面光亮、平滑，质地丰满、细腻、坚实，手感硬而有弹性，毛孔细圆而均匀，外观平坦而柔润。牛皮有黄牛皮和水牛皮之分，水牛皮革不如黄牛皮革丰满细致。鞋的大底有成型橡塑底、水牛皮底等多种，成型橡塑底多采用黏合剂黏合而成，水牛皮底多采用线缝法成型。

（2）猪皮鞋。猪皮鞋是以猪皮为革面制成的皮鞋。猪皮光面鞋粒面粗糙，耐水性能差，吸水后易膨胀变形。但由于皮纤维粗壮、坚韧，故耐磨强度好、透气性好。为了改变其粒面的缺点，皮鞋生产企业近些年着力开展了猪皮粒面的美化工作，成品鞋质量有很大提高，猪皮鞋已成为颇受欢迎的皮鞋之一。

（3）羊皮鞋。羊皮鞋主要以山羊革为主要原料，其厚度为0.4～0.6mm，质地柔软，伸缩性好，穿着舒适方便，可染成各种鲜艳的颜色，并且不易褪色，但其强度低、牢度差。羊皮有山羊皮和绵羊皮之分，山羊皮质地和粒面不如绵羊皮柔软细致，但成革坚实、强度较大。

（4）麂皮绒面皮鞋。麂皮绒面皮鞋是各种绒面鞋中质量较好的一种，麂皮由于皮面粗糙，斑痕较多，所以不宜制作正面革，多用于制作绒面革。其厚度约为0.5～1.2mm，纤维组织细密、柔软，弹性、强度、韧性、耐磨度等性质都比羊皮革好。麂皮绒面皮鞋外观效应好，绒面细腻而有光泽。绒面皮鞋中还有绒面牛皮鞋、绒面猪皮鞋和绒面羊皮鞋等。鞋面革中还有人造革、合成革等。

3）皮鞋面料的检验

鉴别皮鞋时，首先应检查鞋面材料，确定面革类别。“真皮”粒面层未经修饰、具有原天然特征的面革：牛皮毛孔花眼细小，不规则而较均匀；山羊皮毛孔眼一排排呈“瓦状”；猪皮三孔一堆，呈品字形分布；黄牛皮组织纤维细致，水牛皮粗糙，毛孔眼粗大。对于粒面层经修饰失去原有特征的面革，应根据加工工艺，仔细分类鉴别。

用苯胺涂饰的皮革称为苯胺革，其特征是表层有晶莹亮光，不刺眼，无塑料感。

天然皮革熟制成革，牛皮厚度一般为5～6mm，制鞋时用片皮机分成两层，表层是粒面层，组织纤维细致紧密，光滑美观，强度、耐磨性都较好；里层是绒面层，纤维粗、间隙大，表面有绒毛。头层革比二层革表面光滑平展，二层革略显粗糙，经涂饰、移膜或贴膜可使表面看不出粗糙感，但移膜革耐低温性差，温度低时易发生褶皱。牛皮二层革平展，压花后无明显缺陷，而猪皮二层革往往隐约可见三孔一堆的毛孔眼，该处光泽发暗。区分修面革和正面革时要注意，修面革是破坏了原有的粒面层后压的花纹，花纹种类可仿牛、羊、猪皮等，无毛孔眼，花纹浮在皮表层面上；正面革毛孔眼是存在的，仔细观察可以辨认出来。

人造革是在布底基上涂饰一层有机材料而制成的，分为薄（仿羊革）、厚（上涂发泡有机材料，再压上花纹）两种类型，多用于女鞋、童鞋。合成革是用有机纤维压制后，加上涂饰层压花后制成的鞋面革，多用于凉鞋。再生革是将皮渣、皮纤维磨碎以高压用黏合剂黏合形成片状，然后经片皮机片到需要的厚度，再进行涂饰，使它具有一定的皮革特性，大量用于箱包皮件，少量用来制鞋。

区别真皮和人造材料时先看外观，真皮无底基，人造材料有底基；再用手摸，人造材料塑料感非常强，光泽亮，冬天摸有冷凉感，而真皮光滑，手摸无冷凉感。用拇指压成品鞋前面较软的部分，如果是真皮，在拇指周围会出现许多碎小、均匀的花纹，拇指抬起，花纹消失；如果是人造材料，拇指周围可能没有花纹，也可能会出现粗大纹路，拇指抬起，花纹并不消失，说明材料表面的粒面层和下面的网状层已经脱离，用这种面料制成的皮鞋不合格。鉴别真皮还是人造材料还可以观察鞋帮处的截面，真皮截面是由不规则的纤维组成的，用手指刮下碎皮纤维后，截面无明显变化。对于真皮，不同部位纹理不规则，鼻嗅闻有腥臭味；而人造革嗅闻有塑料或橡胶味，各部位纹理规则一致。真皮用指甲按痕迹很快消失，人造材料用指甲按痕迹不易消失。

贴膜皮革是通过在天然皮革下层的疏松肉面纤层上贴上人造的表面层而制成的。它不能称为“真皮”，而是以天然皮革里层作底基的合成革。

4）皮鞋的感官检验

（1）外观造型。其要求形状端正，美观大方，单、双鞋各部位对称性好，不应有高矮、长短、宽窄、肥瘦不匀称现象。其通常采用单双鞋对比查验法比较。

（2）外观质量。

①鞋帮缝合线针码要均匀，针距要符合标准规定（3针/厘米）；查验缝合线是否出现重针、跳线（断线）现象，缝绱是否笔直或圆滑，要求线路整齐，底、面线紧度均匀一致；次要明显部位不许有跳针，次要部位跳针、重针允许有1针，每只鞋不得超过2处。

②前帮不能有明显的伤痕，后帮的非显露部位允许有轻微伤残，但不能有裂面、掉浆脱色等缺陷；跟帮应高低适当，不应卡痛踝骨。

③包头应细致光亮，颜色一致，包头前1/3部位需经得起拇指按压，按压时应无褶皱现象。

④后跟跟形要有似鹅蛋形的弯势，要求牢固、平整，大小、高矮对称，主跟无发软现象。

⑤鞋里应无褶皱、明伤、油污，应清洁平滑，如属布里，胶粘应牢固，手摸需平整，如有皱折或浆露，则属不合格。

⑥鞋跟的距离相等，左右均匀对称，无破裂、不平现象。

⑦鞋底要求膛底无露线或露钉等现象，大底要求色泽、花纹、厚薄均匀一致（同双鞋相同部位）。如用革制成大底，则要求无裂面或其他明伤，槽口整齐，无破裂、露线等缺点。

⑧同一双鞋的相同部位配料应均匀一致，对称部位用料要基本一致，不要差别太大。

（3）规格检验。皮鞋里一般有以下五种标记：

①尺码，用来标明皮鞋长度。

②编号，同一双编号一致，防止错对。

③型号，用来标明鞋楦肥瘦。

④产品等级和检验工号，一般用同一个戳号，产品等级有标一级、二级的，也有标正品、副品的，说明产品质量的不同和价格的区别；检验工号是检验员的代号。

⑤商标，是商品的标记和信誉的象征，同时也是质量的保证。

这五种标记各有其重要作用。一双好的皮鞋做工要精细，用料要讲究，皮鞋鞋面部位不能有原皮伤，不能松面，用手挤压能迅速还原，不留褶痕。同双鞋面皮纹粗细要一致，不能掉面、裂浆；同双皮鞋主要部位的长度、高度、厚度要基本一致并对称，全鞋整体要平整、舒展、干净、不变形。

感官检验的基本方法是眼看、手摸，对疵点的判断要依据标准，对无标准的规定项目要实事求是，借助感官的能力，采用比较的方法进行认真检验。

5）皮鞋的理化检验

皮鞋的理化检验，多数是物理机械性的检验，常见的项目有以下几种：

（1）原料皮厚度。各种面革和底革都有一定的厚度要求，如男鞋猪、牛皮正面革和绒面革厚度要求在1.3mm以上；女鞋及大童鞋则要求在1.2 mm以上；中小童鞋要求在1.0mm以上。各种厚度可使用厚度计量测。

（2）物理尺寸测定。鞋的各主要部位，如前帮长短、三节头包头长、高矮腰后帮高度、外底全长、外底宽度、后跟高度等，均有一定的允许误差尺寸要求，因此必须进行认真测量。

学习微平台

延伸阅读5-2：如何挑选一双正确的运动鞋

（3）成鞋黏合力。黏合力指标是指鞋的头沿部位、帮面与各种大底的剥开力的大小。它实际上是评定鞋帮与大底结合牢度情况的一项强力指标，标准规定皮鞋的黏合力为4kg/cm。测定方法：成鞋黏合48小时后，将抽验的鞋（装楦）置于黏合力测定仪上，加以固定；调解剥离刀对准鞋的头沿部位，按动开关，使剥离刀以48mm/分钟的速度往下牵引，当测定仪上的读数为8kg时（测定仪上的读数8kg/剥离弧长2cm=4kg/cm），不开胶为合格，开胶为不合格。

5.2.2　化妆品的检验

化妆品，是指以涂擦、喷洒或者其他类似方法，施用于皮肤、毛发、指甲、口唇等人体表面，以清洁、保护、美化、修饰为目的的日用化学工业产品。它有令人愉快的香气，能充分表现人体的美，给人以容貌整洁、讲究卫生的好感，有利于人们的身心健康。如今，消费者使用护肤品和化妆品时不仅要求其有清洁、保湿等功能，还希望其能去皱、增强皮肤弹性。正是利用人们对美的崇尚和追求天然的心理，化妆品生产商开始大量使用天然活性物，化妆品消费开始向天然营养方向发展。

1）化妆品的种类

（1）按化妆品的物理性状可分为：膏霜类，如雪花膏、香脂、润肤霜、防晒霜、洗发膏等；粉质类，如香粉、爽身粉、香粉饼、胭脂等；液体状类，如香水、花露水、冷烫水、生发水等；胶状类，如指甲油、清洁面膜等；笔状类，如眉笔、唇线笔等。

（2）按化妆的用途可分为：护肤类的保护皮肤类，如雪花膏、香脂、奶液、防冻霜等；营养类，如人参霜、珍珠霜等；药疗类，如粉刺霜、祛斑霜等。发用类的保护头发类，如发乳、护发素等；营养类，如营养水、奎宁等；美发类，如染发剂、冷烫水等；药用类，如去屑水、止痒水等。清洁卫生类的洗发类，如洗发膏、洗发精等；清洁类，如清洁霜、洗面奶等；卫生类，如香水、痱子粉等。美容类的美容皮肤类，如修面整容水、香粉等；美化指甲类，如指甲油、去光水等。

另外，还有儿童用化妆品、男士用化妆品等分类方法。

2）化妆品的主要品种及性能特点

（1）雪花膏。雪花膏是硬脂酸、甘油和水在乳化剂的作用下形成的水包油型乳化体，是一种半固体膏状化妆品，因白似雪花，涂在皮肤上遇热融化，像雪花一样地消失，故得名。其特点是涂在皮肤上不油不腻，使皮肤有滋润、滑爽、舒适的感觉，水分蒸发后，在皮肤上留下一层透明薄膜，能隔离外界干燥空气与皮肤的接触，防止皮肤中的水分过快地挥发，使其有适当的含水量，从而调节和保护角质层，使皮肤柔软、滋润。它适合油性皮肤的人在春秋季使用。雪花膏加入一些特殊成分可形成不同品种，雪花膏的种类如图5-4所示。

- 雪花膏
  - 按酸碱性
    - 微碱性：pH 值为 7-8.5（中低档，保护皮肤）
    - 微酸性：pH 值为 5.5 左右（高档、中和碱、抗菌）
    - 中性：pH 值为 7 左右（中高档，适用皮肤对酸、碱性过敏者）
  - 按功能
    - 普通型：一般为微碱性和中性品种
    - 粉质型：具有雪花膏和香脂双重效能
    - 营养型：使用皮肤具有弹性，延缓衰老
    - 药物型：对粉刺、雀斑、色素等有一定的缓解作用

图5-4　雪花膏的种类

（2）香脂。香脂又名冷霜，是油类物质在乳化剂的作用下形成的油包水型乳化体，外观与雪花膏相似，也是半固体膏状化妆品。其含油多于雪花膏，抗寒润肤、防止皮肤干燥、冻裂的性能比雪花膏强，适合冬季或干性皮肤的人使用。其品种与雪花

膏类似，营养霜主要品种的营养成分与功能见表5-14。

表5-14 营养霜主要品种的营养成分与功能

主要品种	营养成分	功能
人参霜	人参提取液中含有多种维生素、激素、糖类等	促进皮肤血管末梢的血液循环，强化新陈代谢，具有活化、滋润和调理皮肤的功能
珍珠霜	珍珠粉中含有多种氨基酸（20多种）	促进皮肤新陈代谢、组织再生，使皮肤细嫩，并有防治皮肤病的效果
蜂王浆	蜂王浆中含有蛋白质、脂类、维生素、酶等	能增强皮肤的抵抗力，防止皮肤粗糙，增强皮肤的弹性和新陈代谢
灵芝霜	含有多肽与酰胺类物质、甘露醇、麦角甾醇等	有滋润皮肤的作用，促进皮肤的新陈代谢，减缓皮肤的衰老

（3）洗发液。洗发液又名香波，是一种以表面活性剂为主体复配而成、具有清洁人的头皮和头发并保持其美观作用的液体洗发用品。其特点是洗涤力温和，无碱性刺激作用，洗后易于梳理；加入营养和药性物质，能使洗发、护发、美发融为一体，有去头屑、减皮脂和治头癣等效果。

（4）香水类。香水的基本成分是酒精和香精，习惯上把香精含量多（15%～25%）且香精质量高的称为香水；把香精含量少（3%左右）、香精质量较次且加入的香精中有防蚊虫效果的称为花露水。高级香水用天然动物香料和经陈化酒精配制而成，香味持久；花露水也是一种卫生用品，洒在身上可以除汗臭，防蚊虫叮咬。

3）化妆品卫生指标检验

（1）化妆品应经安全性风险评估，确保在正常、合理的及可预见的使用条件下，不得对人体健康产生危害。

（2）化妆品禁用组分包括但不仅限于《化妆品安全技术规范》（2015年版）中规定的1 388项化妆品禁用组分及47项限用组分；化妆品准用组分包括51项准用防腐剂、27项准用防晒剂、157项准用着色剂和75项准用染发剂。

（3）化妆品中微生物指标应符合：菌落总数（CFU/g或CFU/ml）≤500（眼部化妆品、口唇化妆品 和儿童化妆品）或≤1 000（其他化妆品）；霉菌和酵母菌总数（CFU/g或CFU/ml）≤100；耐热大肠菌群、金黄色葡萄球菌、铜绿假单胞菌，不得检出。

（4）对化妆品中有毒物质规定的限量为：汞，1mg/kg；铅，10mg/kg；砷，2mg/kg；镉，5mg/kg；甲醇，2000mg/kg；二恶烷，30mg/kg；石棉，不得检出。

4）化妆品标签检验

化妆品的最小销售单元应当有标签。标签应当符合相关法律、行政法规、强制性国家标准，内容真实、完整、准确。进口化妆品可以直接使用中文标签，也可以加贴中文标签；加贴中文标签的，中文标签内容应当与原标签内容一致。

化妆品标签应当标注下列内容：

（1）产品名称、特殊化妆品注册证编号；

（2）注册人、备案人、受托生产企业的名称、地址；

（3）化妆品生产许可证编号；

（4）产品执行的标准编号；

（5）全成分；

（6）净含量；

（7）使用期限、使用方法以及必要的安全警示；

（8）法律、行政法规和强制性国家标准规定应当标注的其他内容。

化妆品标签禁止标注下列内容：

（1）明示或者暗示具有医疗作用的内容；

（2）虚假或者引人误解的内容；

（3）违反社会公序良俗的内容；

（4）法律、行政法规禁止标注的其他内容。

5）许可证检查

国家市场监督管理总局发布《化妆品生产经营监督管理办法》，对化妆品生产许可、生产管理、经营管理、监督管理、法律责任等方面均作出明确规定，自2022年1月1日起施行。化妆品生产许可证应当载明许可证编号、生产企业名称、住所、生产地址、统一社会信用代码、法定代表人或者负责人、生产许可项目、有效期、发证机关、发证日期等。化妆品生产许可证副本还应当载明化妆品生产许可变更情况。

化妆品生产许可证编号的编排方式为：X妆XXXXXXXX。其中，第一位X代表许可部门所在省、自治区、直辖市的简称，第二位到第五位X代表4位数许可年份，第六位到第九位X代表4位数许可流水号。

6）化妆品保质期检验

根据国家标准规定，禁止销售超过保质期的化妆品，化妆品包装上的生产日期、保质期不得更改或加贴不干胶小票。

在符合规定的贮存条件，产品在包装完整、未经启封的条件下，国家（或行业）标准按不同化妆品分别对保质期作了规定：

（1）发用类。头发用冷烫液，1年；发乳，瓶装1年，散装9个月；洗发液，1年；发油，1年；护发素，1年；染发水、染发粉，1年；染发乳液，1年；洗发膏，1年。

（2）其他类。

①唇膏：1年。

②润肤乳液：瓶装优级品3年，一级品2年，合格品1年，散装产品9个月。

③香脂：盒装、瓶装1年，散装（大瓶、铁听）9个月。在保质期内，产品应无明显渗油变色现象。

④化妆粉饼：1年。

⑤指甲油：1年。

⑥雪花膏：瓶装、覆塑料袋装1年，散装（瓶、听）、塑料袋装9个月。在保质期

内，雪花膏干缩程度应是四周无脱壳及油水分离现象。

⑦花露水、香水：1年。在保质期内，产品应无明显沉淀干缩现象。

⑧香粉、爽身粉、痱子粉：1年。

⑨洗面奶：3年内质量无变化的，可以不标保质期；3年内质量可能发生变化的，要注明保质期，保质期从产品生产之日起算。

7）各类化妆品的检验

（1）护发素。

①pH值法：将其按1∶10的比例溶于未曾在空气里暴露10分钟以上的温开水中，然后取一片化验室常用的精度为0.5的pH试纸（医药化工部门有售），如果溶液使pH试纸与封底标准系列比较时显色范围不在2.5～7.0之间，则为劣质品。

②高温法：如果在39℃～41℃的环境下24小时后恢复室温，样品出现分离、沉淀、变色现象（注明含有不溶性粉粒者可允许出现沉淀），则为劣质品。

③低温法：如果在−15℃～−5℃的环境下24小时后恢复室温，样品出现异常现象，则为劣质品。

（2）洗面奶。

①pH值法：将其按1∶10的比例溶于未曾在空气里暴露30分钟的温开水中，如果所形成的溶液使pH试纸显色范围不在4.5～8.5之间，则为劣质品。

②高温法：如果在39℃～41℃的环境里放置24小时后恢复室温，样品出现分层、变稀、变色现象，则为劣质品。

③低温法：如果在−11℃～−9℃的环境里放置24小时后恢复室温，样品有分层、泛粗、变色现象，则为劣质品。

（3）雪花膏。

①外观：白色或符合规定色泽，香气符合规定香型；膏体结构细腻，擦在皮肤上应润滑，无面条状和刺激性。

②理化指标：

A.耐热：50℃（营养性雪花膏为40℃），经6小时恒温试验后，膏体无油水分离现象。

B.耐寒：根据技术要求的不同，经0℃、−5℃、−10℃、−15℃或−30℃，经24小时恢复至室温，膏体正常，无粗粒出水现象。

C.pH值：微碱性≤8.5；微酸性4.0～7.0；粉质雪花膏≤9.0；特种药物性雪花膏pH值另定。

（4）香脂。

①外观：香气符合规定香型，无异味；膏体符合规定色泽，结构细腻，无杂质。

②理化指标：

A.耐热：40℃，经24小时恢复至室温，渗油率不超过3%。

B.耐寒：−15℃，经24小时恢复至室温，无油水分离现象。

C.pH值：5～8.5。

（5）花露水、香水。

①外观：符合标准样品规定的红、黄、绿等颜色，有玫瑰、麝香、茉莉、薰衣草等香型；在室温20℃～25℃、水质清晰的条件下，以正常目力距离30cm观察，不得有明显杂质和黑点。

②理化指标：

A.色泽稳定度：48±1℃，经24小时，维持原有色泽不变。

B.符合该产品确定的标准比重±0.02（20℃）。

C.浊点：花露水10℃，水质清晰，不混浊；香水5℃，水质清晰，不混浊。

案例5-2

这些知名化妆品不合格！你在用吗？小心“中招”！

近日，广东省药监局发布一批化妆品抽检信息，共抽检249批次化妆品，不合格样品8批次，涉及水密码、施华蔻等知名品牌，水密码洁面乳、施华蔻染发摩丝不合格。具体情况如下：

深圳市人人乐商业有限公司学府购物广场销售的、广州市科能化妆品科研有限公司生产的水密码滢亮皙白洁面乳，初检、复检的砷含量检出值均为2.9mg/kg；华润万家生活超市（广州）有限公司夏园店销售的、广州市科能化妆品科研有限公司生产的水密码滢亮皙白洁面乳，初检砷含量为3.8mg/kg，复检砷含量为3.3mg/kg；广东万宁连锁商业有限公司白云棠辉分店销售的施华蔻染发摩丝，检出标签未标识的染发剂：4-氨基-2-羟基甲苯。

重金属超标有何危害？近年来很多化妆品被曝出重金属超标。化妆品中的重金属主要指砷、铅、汞、镉四种，法规要求必须检测的也是这四种。如果长期使用重金属超标的产品，重金属会在体内积累，具有一定的致癌性。《化妆品安全技术规范》里要求，砷的标准限值为2mg/kg，由此推算，上述两批次水密码洁面乳，砷含量最高超标0.9倍。砷分为有机砷和无机砷（统称为总砷），无机砷与人体健康存在密切关系，已被国际癌症研究所列入一类致癌物（即有充足人类流行病学证据的致癌物）。

资料来源 澎湃新闻·澎湃号·政务．这些知名化妆品不合格！你在用吗？小心“中招”！[EB/OL]．[2021-01-13]．http：//thepaper.cn/newsDetail_forward_10777481.经编者节选与改编。

问题：以上抽检信息对我们进行化妆品检验和选购有何参考意义？

分析提示：从化妆品质量监管体系在化妆品市场质量保障中的作用、化妆品的功能、人们对美和健康的追求、化妆品质量的基本要求等方面来分析。

5.2.3 家用电器的检验

家用电器是指在家庭和类似使用条件下使用的电子器具和电器器具的总称。家用电器能减轻人们的家务劳动，改善生活环境，丰富人们的物质和精神文化生活，是生活现代化的基本标志。随着人们生活水平的提高、科学技术的进步，特别是智能芯片的广泛应用和网络时代的到来，家用电器已迈入组合化、信息化、网络化、智能化时代。

1）家用电器的分类与特点

家用电器的种类很多，常按工作原理或用途进行分类。

（1）按工作原理分类。

①电子器具。它是指将电能转换为声音或视像，以电子元件为基础，通过电子技术完成各种功能的家用电器，如收音机、电视机、DVD、手机、电脑等。

②电动器具。它是将电能转换为机械能，由电动机带动工作部件完成各种功能的家用电器，如洗衣机、电风扇、吸尘器等。

③制冷器具。它是消耗电能进行热交换，通过制冷装置造成适当低温的家用电器，如电冰箱、空调器、冷饮机等。

④电热器具。它是以各种电热元件完成电能到热能的转换，实现加热功能的家用电器，如电熨斗、电暖器、电热饮具等。

⑤照明器具。它是使用电光源实现电能到光能转换的家用电器，如各类灯具等。

（2）按用途分类。

①视频器具。它主要用于收看电视节目，录制、播放图像节目、生活片断等，如电视机、录像机、摄像机、影碟机、家庭影院等。

②电声器具。它主要用于家庭收放电台节目，录制、播放音乐等，如收录机、组合音响、复读机、激光唱机等。

③空调器具。它主要用于调节室内温湿度，加速空气流动，改善室内环境等，如空调器、电风扇、空调扇、负离子发生器、加湿器等。

④冷冻器具。它主要用于食品的冷冻和冷藏，如电冰箱、冷冻箱、冷饮器等。

⑤清洁器具。它主要用于个人卫生和环境卫生的清洁，如洗衣机、吸尘器、电熨斗、淋浴器等。

⑥整容保健器具。它主要用于个人容貌的整理和保健，以维护人体健康、保持机体活力等，如电吹风、电动剃须刀、美容器、电动按摩器等。

⑦厨房器具。它主要用于食品加工、烹制和食品用具洗涤、消毒等，如电饭锅、微波炉、电磁灶、燃气灶、电水壶、抽油烟机、洗碗机、消毒柜、榨汁机等。

⑧取暖器具。它主要用于生活取暖和空气加热，如电暖器、暖手器等。

⑨文化办公用品。它主要用于家庭学习、办公、通信，如家用电脑、手机、电话机、传真机、打印机等。

⑩娱乐器具。它主要用于业余消遣、娱乐，如电动玩具、电子游戏机、电子乐器等。

⑪照明器具。它主要用于室内外照明及艺术装饰，如各种灯具及配件。

⑫其他器具。它是不能被归入以上各类的家用电器，如电子钟表、电子门锁、防盗电器、数码相机等。

家用电器有如下特点：

①家用电器一般在有电能的条件下才能正常运转。

②家用电器一般都要带电工作和操作，因此安全性是这类商品的首要指标。

③家用电器结构比较复杂，要求电器元件可靠性高，要达到质量需要的规定值。

④家用电器既是家庭用品，又是美化家庭环境的装饰品，要求造型美观、新颖，色调柔和，外形结构合理。

⑤家用电器要求寿命长、可靠性高。

⑥家用电器要求耗电少、经济、费用低。

⑦家用电器的安装、使用和维护都直接影响家用电器的质量。

2）家用电器防触电保护方式

（1）0类电器。它是依靠基本绝缘来防止触电的电器。它没有接地保护，在容易接近的导电部分和设备固定布线中的保护导体之间，没有连接措施。在基本绝缘损坏的情况下，便依赖于周围环境进行设备的保护，通常这种设备使用在工作环境良好的场合。近年来，对家用电器的安全要求日益严格，0类电器已日渐减少。例如，老式单速拉线开关控制的吊扇是0类电器。

（2）01类电器。它是至少整体具有基本绝缘和带有一个接地端子的电器，电源软线中没有接地导线，插头上也没有接地保护插脚，不能插入带有接地端的电源插座。老式国产波动式电动洗衣机大多是01类电器。它只备有接地端子，而没有将接地线接到接地端子上，使用时，用户用接地线将机壳直接接地。

（3）I类电器。它除依靠基本绝缘进行防触电保护外，还包括一项附加安全措施，方法是将易触及导电部件和已安装在固定线路中的保护接地导线连接起来，使容易触及的导电部分在基本绝缘失效时，也不会成为带电体。国产电冰箱都是I类电器一连线接地。

（4）Ⅱ类电器。它不仅仅依赖基本绝缘，还具有附加的安全预防措施。一般是采用双重绝缘或加强绝缘结构，但对保护接地是否依赖安装条件，不作规定。国产电热毯大多是Ⅱ类电器。Ⅱ类电器上标有特殊符号："回"。

（5）Ⅲ类电器。它依靠隔离变压器获得安全特低电压供电来进行防触电保护，同时在电器内部的电路的任何部位，均不会产生比安全特低电压高的电压。

国际电工委员会出版物中的安全特低电压，是指为防止触电事故而采用的特定电源供电的电压系列。这个电压的上限值，在任何情况下，两个导体间或任一导体与地之间，均不得超过交流（50～500Hz）有效值50V。

我国规定的安全特低电压额定值等级为42V、36V、24V、12V、6V，当电器设备采用了超过24V的安全电压时，必须采取防止直接接触带电体的保护措施。目前我国使用的移动式照明灯多属Ⅲ类电器。

家用电器安全防护按防水保护程度可分为四种：普通型器具、防滴型器具、防溅型器具、水密型器具。家用电淋浴器、快速式电热水器、部分房间用空调器属于防溅型电器；吸尘器有普通型、防溅型两种；部分电热毯有水密型，标志为IPX0-IPX7。

3）家用电器安全性能的简易测试方法

为了确保家用电器具有良好的电气性能，对于电热电器和电动电器要进行泄漏电流和绝缘电气强度试验。在家用电器产品标准中，一般规定要测试工作温度下的电气绝缘和泄漏电流，试验比较复杂。为了简化，下面介绍的三种电器安全性能测试，均是在冷态、不连接电源的情况下进行的。

（1）绝缘电阻测试。家用电器的绝缘电阻是评价其绝缘质量好坏的重要标志之一。绝缘电阻是指家用电器带电部分与外露非带电金属部分之间的电阻。

随着家用电器工业的迅速发展和这类产品普及率的大大提高，为确保使用者的人身安全，国家对家用电器绝缘质量的要求也越来越严格。国际电工委员会（IEC）标准规定，测量带电部件与壳体之间的绝缘电阻时，基本绝缘条件的绝缘电阻值不应小于2MΩ；加强绝缘条件的绝缘电阻值不应小于7MΩ；Ⅱ类电器的带电部件和仅用基本绝缘与带电部件隔离的金属部件之间，绝缘电阻值不小于2MΩ；Ⅱ类电器的仅用基本绝缘与带电部件隔离的金属部件和壳体之间，绝缘电阻值不小于5MΩ。

（2）泄漏电流测试。家用电器的泄漏电流是家用电器在外加电压作用下流经绝缘部分的电流，上述测量绝缘电阻的摇表实际上测量的是泄漏电流，只不过以电阻形式表现出来。摇表的额定电压，如500V，是指摇表空转时的端电压为500V，在测量过程中，摇表的输出电压随被测绝缘电阻的不同变化很大，远低于其额定电压，因此不能发现绝缘物硬伤、脆裂和高电阻接地等缺陷。家用电器泄漏电流测试要采用专用泄漏电流仪，如用NL-454型泄漏电流仪测试电冰箱的泄漏电流。

对于各类家用电器，国家标准都规定了泄漏电流不应超过的上限值，产品出厂前都要进行测试。测试时施加电压为家用电器额定电压的1.06倍，在电压施加5秒内进行测量，施加试验电压的部位是家用电器带电部件和仅用基本绝缘与带电部件隔离的壳体之间，以及带电部件和加强绝缘与带电部件隔离的壳体之间。如果带电部件和金属壳或金属盖之间的距离小于《家用和类似用途电器的安全 第1部分：通用要求》（GB 4706.1）第29.1条所规定的适当间隙，施加试验电压的部位是用绝缘材料做衬里的金属壳或金属盖与贴在衬里内表面的金属箔之间。部分家用电器泄漏电流允许值见表5-15。

表5-15 **部分家用电器泄漏电流允许值**

家用电器名称	泄漏电流允许值
电冰箱	不大于1.5mA（I类电器）
洗衣机	不大于0.5mA（01类、I类电器）
电风扇	不大于0.3mA
电热垫	不大于0.5mA
电熨斗	不大于0.5mA（01类电器） 不大于0.75mA（I类电器）
电视机	不大于0.75mA

（3）绝缘电气强度试验。通用要求规定，电热器具在做温度和湿热试验后均要进行电气强度试验，电动器具只在湿热试验后进行电气强度试验。

家用电器在长期使用过程中，不仅要承受额定电压，还要承受工作过程中短时间内高于额定电压的过电压的作用。当过电压达到一定值时，会把绝缘体击穿，家用电器就不能正常工作，使用者就可能触电而危及自身安全。电气强度试验俗称耐压试验，是衡量电器的绝缘体在过电压作用下耐击穿的能力，这也是一种考核该产品能否保证使用安全的可靠手段。

电气强度试验分为两种：一种是直流耐压试验，另一种是工频交流耐压试验。家用电器一般进行工频交流耐压试验。电气强度试验受试部位和试验电压值，在各产品标准中都有具体说明。

一般来说，在工作温度下，Ⅱ类电器在与手柄、旋钮、器件等接触的金属箔和它们的轴之间，施加试验电压为2 500V。Ⅲ类电器使用基本绝缘，试验电压为500V。其他电器采用基本绝缘，试验电压为1 250V；采用加强绝缘，试验电压为3 750V。除电动机绝缘外，其他部分的绝缘应能承受1分钟正弦波、频率为50Hz的耐压试验，不应发生闪络和击穿。试验开始时，先将电压加至不大于试验电压的50%，然后迅速升到试验电压规定值，并持续到规定时间。

4）家用电器包装及标志方面的检验

（1）包装及标志上的文字应该是销售地的正式文字。也就是说，凡在中国市场上销售的商品，其包装及标志应该使用中文。假冒及伪劣产品的制造者多数喜欢用外文来欺骗消费者。

（2）产品铭牌上必须标明产品名称、型号、额定电源种类及额定电压、额定功率、生产厂商或经销商的名称及地址、制造日期或出厂编号。Ⅱ类电器需标Ⅱ类结构符号，防水等级的IP代码，IPXO不标出。假冒伪劣产品多数标得不全或乱标，如电热器具经常不标额定功率、额定电压等。

（3）产品或其包装上的标识应当有产品质量检验合格证明；使用不当，容易造成产品本身损坏或者可能危及人身、财产安全的产品，应有警示标志或者中文警示说明。

（4）产品的计量单位应准确。

5）家用电器产品外观及证件方面的检验

（1）产品外观应平整、色泽均匀。假冒伪劣产品由于受制造工艺等限制，外观多数粗糙，金属部分或不镀膜或漏膜，非金属壳体也有锐边、锐角、毛刺等。一眼看去，就有一种粗制滥造的感觉。

（2）产品应附有合格证、使用说明书。国家规定的三包产品还必须有保修卡及维修点地址等。

（3）产品带有调节装置和开关的，其调节装置和开关的不同位置应用数字、字母或其他直观的标记标明。如用数字，断开位置用“0”表示。装配或正常使用时要调节温度的调节装置等，应当有表示增减特性数值的调节方向标志，有“+”和“−”的标志亦可。

6）彩色电视机与组合音响的检验

（1）彩色电视机的分类。

①按广播制式，可分为NTSC制（美、日、加拿大、韩国等国家采用），PAL制（德国、英国、意大利、中国等国家采用），SECA制（法国、俄罗斯、东欧各国采用）。

②按屏幕尺寸的大小，可分为小屏幕电视机和大屏幕电视机。

③按观看角度，可分为直视式电视机和投影式电视机。

④按功能，可分为普通电视机、网络电视机、3D电视机、智能电视机、云电视机等。

⑤按信号类型，可分为模拟电视、数字电视、地面电视（无线电视）、有线电视、卫星电视、移动电视、网络电视、宽带电视。

⑥按成像原理，电视机的显示器可分为阴极射线管显示器（CRT）、液晶显示器（LCD）、等离子显示器（PDP）、发光二极管显示器（OLED）、激光显示器（DLP）等。

（2）液晶和等离子体彩色电视机。

随着时间的推移、科技的发展，电视业的技术突飞猛进。等离子电视、液晶电视以轻便轻薄的体形、美观时尚的时代气息、绿色环保的优越性能，深受消费者喜欢。平板电视与显像管电视相比，主要是用液晶或等离子体显示器件（LCD）取代了传统的阴极射线式显像管（CRT）。

①等离子电视。等离子电视，又称PDP（plasma display panel）电视。离子体屏幕型彩色电视机采用等离子体显示器作为显示装置。这种显示器件是利用气体等离子体的原理制作而成，是平板显示器中很有发展前途的器件之一。

等离子面板也叫气体放电显示面板，它由数量众多、体积很小的玻璃气室组成一个平板，气室中通常充有惰性气体（一般是氙气和氖气的混合体），每三个气室排成一行组成一个像素，其中一个气室内壁涂有红色荧光粉，另两个分别涂有绿色、蓝色荧光粉。在每个气室的上下各有一条横向X和纵向Y的电极导线，在驱动电路的控制下，每个气室的X、Y电极之间产生放电，而在惰性气体中放电产生的气体等离子体发射出紫外线，紫外线激发荧光粉发光，这就是等离子电视名称的由来。放电产生的紫外线强度与放电的频率有关，频率越高，该像素点的亮度越高，再根据三基色原理组合成想要的亮度和颜色。等离子电视由于仍然是荧光粉发光，因此它具有CRT一样丰富的色彩表现能力，而不需要阴极射线管和磁力偏转结构，因此不存在体积、球面、几何变形和受地磁干扰等问题。等离子电视不仅屏幕大，而且在图像清晰度、亮度、对比度、灰度等方面均能达到甚至超过显像管电视标准，至于在体积、重量、功耗等方面更有无可比拟的优越性。

②液晶电视。液晶电视，又称LCD（liquid crystal display）电视。它用液晶显示器件（LCD）取代了传统的阴极射线式显像管（CRT），具有携带方便、功能齐全、收看节目不受场所限制的特点。它与采用CRT的彩色电视机的主要区别是图像显示部分不同，在驱动电路方面也有很大的改变。

在液晶显示器中，最主要的物质就是液晶。液晶电视屏幕的构造是两块特殊的玻璃夹住液晶体，通过8比特驱动电路和高效背灯系统来调节成像。液晶电视依后方一组日光灯管发光，然后经由一组棱镜片与背光模块，将光源均匀地传送到前方，依照所接收的影像信号，液晶玻璃层内的液晶分子会进行相对应的排列，决定哪些光线是需偏折或阻隔的。组成屏幕的液状晶体有三种：红、绿、蓝，它们按照一定的顺序排列，这三种颜色称为三基色，通过电压来刺激这些液状晶体，就可以呈现出千变万化的颜色。由于液晶电视采用点成像的原理，因此屏幕里面构成的点越多，成像效果越精细，纵横的点数就构成了液晶电视的分辨率，分辨率越高，效果越好。LED电视是液晶电视的一种，它与LCD电视不同的是因为采用了发光二极管（LED）作为背光源，因此，LED电视画面更优质，寿命更长，制作工艺更环保，并且能使液晶显示面板更薄。其具有色域广、寿命更长、环保节能、超薄美观等特点，已成为液晶电视的主流品种。

③等离子电视和液晶电视的比较。

等离子电视和液晶电视都属于平板电视，两者的最大的区别在于使用的面板不同，成像原理也不一样。等离子电视的画面相对液晶电视较好，在动态清晰度方面表现优异，在视觉舒适度、色彩还原度、对比度、可视角度等方面的性能也较好，但其耗电量相对较大，较笨重，发热量也较大，维修费用相对较高。液晶电视相对于等离子电视的优点在于外形较轻薄、功耗较低、寿命更长、环保更好，劣势在于色彩表现力不强、动态画面有拖尾重影现象。

（3）液晶电视机质量检验。

①检查电视机的外观是否有划痕、磨损，接口、插头是否完好，按钮和开关是否管用，机身颜色是否纯正；了解一下所要选购的电视机的寿命和售后服务信息。

②在检查伴音质量时，调节音量，声音有明显变化，音量调到最大时，声音应洪亮悦耳，无失真和交流声，屏幕上的图像不应该随伴音大小而产生干扰，音量调到最小应该无声。在检查图像质量时，应将电视机的色饱和度关闭，频道选择器调成接受彩条信号状态，这时电视上会显示由亮到暗的八种彩条，这些彩条应该是均匀没有重叠的，屏幕上不能有黑框。用影碟现场试机时，需要观察有三部分：首先，观察在播放快速动作的图像时，有没有拖尾现象；其次，在播放大面积的海洋、蓝天或者火焰图像时，色彩感觉是否均匀，层次过渡是否柔和；第三，在播放静止图像时，图像的细腻程度是否足够好。另外，灵敏度可通过观察荧光屏上的噪波点来判断，在无信号输入的情况下，噪波点越多、越小、越圆说明灵敏度越高、越好。最后，可以用手轻拍电视机壳前、后、左、右，图像和伴音均不应出现变化，否则内部或有接触不良情况。

③在具体指标上，分辨率越高越好，响应时间越短越好，屏幕坏点越少越好，可视角度越大越好，亮度和对比度越高越好，反应时间越短越好，能效等级越高（数字越小）能耗越低。另外，接口应与家庭相关设备相配套；16：9是最适合人眼视角的屏幕格式，专用AV屏比PC屏好。

相关链接5-1

购买使用家电产品时这些知识须牢记

浙江省海宁市消保委近日发布消费警示，提醒消费者在购买使用家电产品时，应掌握一些法律法规知识，以便更好地维护自身的合法权益。

1.家电类产品有安全使用年限，并非“一买永逸”

中国家用电器协会2020年1月10日发布的《家用电器安全使用年限》标准，对冰箱和葡萄酒柜、空调、洗衣机和干衣机、吸油烟机、燃气灶、电热水器六大品类八种产品给出了8~10年的安全使用年限。企业宣传的产品质保年限是企业自己对消费者作出的产品整机或关键部件的修理、更换、退货承诺，因此，安全使用年限与产品质保年限是两个不同的概念，不能混为一谈。购买家电时，应向销售人员了解产品的相关知识，并查看使用说明书。要改变“没坏就不换”的传统思维，因为家电产品超期使用，一旦出现问题，就有可能发生涉及人身与财产安全事件，需要谨慎对待。

2.收货后及时查看产品外观与生产日期，防止错失“维权良机”

购买的家电到货后，一定要在第一时间查看产品外观与生产日期，发现外观存在明显异常应及时向经营者提出，如果不及时反映，事后又没有足够证据证明签收前就存在问题，就会陷入维权困境。同时，目前家电销售没有“库存商品”的明确时间界线及必须在销售凭证上注明生产日期的强制性法律规定，消费者因不及时查看而产生纠纷后，很难获得理想的处理结果。

3.耐用商品6个月内出现瑕疵，举证责任实行“倒置原则”

在使用过程中一旦发现家电存在质量问题，应及时向经营者提出。相关法律法规对消费领域的一些特殊情况作了特别规定，消费者可以根据这些法律规定，在规定的期限内，要求经营者承担举证责任，如果经营者不能证明是消费者使用不当造成的，就应该承担三包责任。

4.列入规定的三包商品实行“谁经销谁负责”的原则

在维权过程中，应在第一时间找准目标，部分销售者会向消费者解释称产品是厂家生产的，所以要找厂家，但根据法律规定，销售者是第一责任人，通常情况下，生产厂家与消费者不可能在同一个地方，遇到该类情况时应该先向销售者提出合理诉求，避免增加不必要的维权成本。

资料来源 王峰. 购买使用家电产品这些知识须牢记［EB/OL］.［2021-04-21］. http：//www.chinatt315.org.cn/xfzs/2021-4/21/223084.html.经编者节选与改编。

（4）组合音响的质量检验。

①外观检验。组合音响的外观要求设计新颖、美观，各种指示要醒目、大方，外壳要求平整、光洁，不应有划伤、脱漆、锈蚀等现象，各开关、按钮等应操作灵活自如。

②性能检验。

其一，收音部分。对于收音部分，高低端频率的各电台信号强弱应大体一致，大、小信号均无失真现象，距人耳1米倾听应无交流声，无各种噪声、杂音，无混台串音、啸叫和自激振荡等现象。调谐指示器的反应灵敏，用电平表指示的表针摆动应平稳，用发光二极管指示的跳动应准确，颜色应明亮鲜艳，灵敏度越高越好，信噪比越大越好。灵敏度越高，能收到微弱无线电信号的能力越强，声音越清晰。

其二，录放音部分。把音量开到最小，逐个按下播放、录音等功能按键，同时倾听录音机械运转时发出的“沙沙”声，工作于录、放音状态时，声音应流畅而均匀。随后把音量开至最大，重复上述各动作，此时，除机械传动系统的“沙沙”声外，在扬声器内有轻微的“哈”声，在各种工作状态以及由一种工作状态转换成另一种工作状态时，在扬声器中均不应有其他杂声出现。再将短路插头插入话筒插孔，按下录、放音按键使录音机呈录音状态（实际处于消音状态），运转数分钟后，起始位置进行放音功能，如噪声显著增大，则说明录放音部分消音功能不佳。最后进行录放试听，将音量开至适中位置，按下录音装置，距话筒0.5~1米处讲几句话或唱一段歌曲，然后放音，此时听到的声音应清晰、噪声小、有真实感，熟人能很快判断出是谁的声音。如声音颤抖、混浊、噪声明显、变调等，则说明该音响录放音或机械部分质量有问题。将音量开至最大放音略有失真是正常的。对于立体声检查，可放入一张光盘，观察两个声道是否平衡，检查时，处于距音响1米远的地方，检查者所在的位置对两组音箱的张角40°~50°，调节声道平衡按钮，应能听到立体声。

其三，音箱部分。对于音箱部分，一观工艺，从音箱外表给人的第一印象来判断该音箱的档次和品质优劣，最好的音箱多是用天然木材打造的。现在一般用MDF中密度纤维板表面覆以一层薄薄的木皮做装饰，表面打磨得油光锃亮如乐器，可以算中档以上音箱；如表面覆PVC塑料贴皮，则档次要低一等。二掂重量，好的音箱每只箱子可能有10余千克，低档大路货多半重量比较轻。三是敲箱，用指节敲击箱体的上下左右，发出坚实的脆响，说明箱体木质坚硬，内部有多根加强筋支撑，并有一定的吸音和防驻波措施，可以认为是正规厂家的产品。四是认铭牌，箱体背面有一块制作精致的铭牌，上面印有商标、厂家、生产序号、各种技术指标等，这可以说是音箱的“身份证”。一般来说，试听时，好的音箱应该是很耐听的，具有明显的个性，能听出音乐背景中最细微的信息等。

对于唱片、CD唱片的播放效果，进行试听时，要求音响效果达到高音清晰明亮，中音丰满而舒适，并且有弹性，低音温柔而有力度，立体声效果强，真正体现出音乐厅演奏的真实感、空间感和临场感。

7）电冰箱的检验

（1）电冰箱类别、星级、型号等的检查。

①检查比较不同类型电冰箱的结构特点。家用电冰箱按冷却方式可分为间冷式和直冷式两种。

间冷式电冰箱都是双门或多门电冰箱。打开冷冻室的门可观察到一个冷冻温控器和一个用于强制空气对流的小型电风扇。若关闭冷冻室的门，通电可听到风扇转动的声音，还可观察到冷冻室和冷藏室内壁上有空气对流的通道。打开冷藏室的门，可以观察到一只可拆卸的温感风门温控器。

双门双温直冷式电冰箱的冷冻室是一个矩形箱体，除了搁架外，没有其他物件。冷藏室内有一个小型蒸发器和一个温控器，用以供给冷藏室的冷气量和进行温度控制。

目前，有的电冰箱把冷藏室与冷冻室做成抽斗式，不论样式如何，其原理是基本相同的。有的电冰箱在冷藏室的上部制造了冰温保鲜室，温度范围在-3℃～0℃之间，适用于鲜鱼虾、鲜肉等“微冻结”使用。有的电冰箱设有功能转换室，可改变此室的温度，成为冷冻温度、冷藏温度或冰温保鲜室的温度。

②电冰箱型号的识别。观察电冰箱的型号，熟悉它的含义。注意多门电冰箱第3个字母，如果用D表示的，是冷藏冷冻箱，具有四星级冷冻能力；若第3个字母不是用D表示的，则是冷冻食品储藏箱。冷冻箱一般是单门的立式或卧式冰箱，具有三星或四星的温度要求。电冰箱型号示意图如图5-5所示。

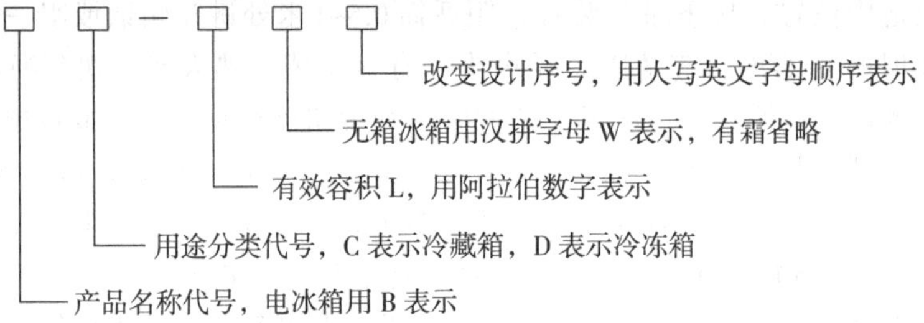

图5-5　电冰箱型号示意图

例如，BCD-216WB，为第二次改进设计的216升无霜式冷藏冷冻电冰箱。

③查看电冰箱说明书，了解电冰箱环境温度的使用范围。有SN表示的，是亚温带型电冰箱，电冰箱正常工作的环境温度为10℃～32℃；有N表示的，是温带型电冰箱，电冰箱正常工作的环境温度为16℃～32℃；有ST表示的，是亚热带型电冰箱，电冰箱正常工作的环境温度为18℃～38℃；有T表示的，是热带型电冰箱，电冰箱正常工作的环境温度为18℃～43℃。超越使用范围，容易出现非故障性的不能制冷现象或电动机过热现象。

④电冰箱星级的检查。观察电冰箱的星级符号是为了了解电冰箱的制冷性能。一般在电冰箱的箱门或箱体上都有表示星级的符号，*、**、***和****分别表示一星级、二星级、三星级和四星级，代表冷冻室具有-6℃、-12℃、-18℃和-18℃以下的冷冻能力。

（2）熟悉电冰箱的整体结构。

①了解单门单温直冷式电冰箱、双门双温直冷式电冰箱和间冷式电冰箱的箱体、箱门的结构特点。

②分别检查上述三种电冰箱的制冷系统，分析其蒸发器、冷凝器、干燥过滤器、压缩机及毛细管的结构、安装位置，记录其异同点。

③检查分析不同电冰箱的电气系统，记录其特点。

（3）电冰箱的质量要求。

①冷却性能。在规定的电压及频率波动范围内，当环境温度为15℃～32℃时，电冰箱运行并达到稳定状态后，其冷藏室温度稳定在3±1℃，冷冻室温度应达到各星级标准的规定值。

②冷却速度。在规定条件下，当环境温度为32±1℃时，待箱内外温差大致一致的时候关上箱门，启动压缩机连续运行，使冷藏室的温度降到10℃，冷冻室的温度降到-5℃所需的时间，标准规定冷却速度不应超过3小时。

③耗电量和输入功率。在规定条件下，耗电量和输入功率的实测值不应超过标定值的15%。

④启动性能。在规定条件下，压缩机能正常启动和运行，其检查方法是开机、停机各3次，每次开机3分钟、停机3分钟，各次启动均正常，无自动停机现象。

⑤耐泄漏性。以灵敏度为0.5g/年的卤素检漏仪检查制冷系统，不应出现制冷剂泄漏现象。

⑥负载温度回升时间。它以分钟表示，反映了电冰箱箱体的保温性能。在规定测试条件下，切断正常运转的电冰箱电源，冷冻室从-18℃上升到-9℃的时间为负载温度回升时间，标准要求不应小于300分钟。

⑦噪声和振动。电冰箱运行时，其振动振幅应不大于0.05mm，不应产生明显的噪声，标准规定250升以下电冰箱不应大于52dB，目前市场上的电冰箱已远远小于该值。

⑧节能性能。按照国家《家用电冰箱耗电量限定值及能源效率等级》标准规定，电冰箱的能效等级将分成A、B、C、D、E五个等级：A级表示最高节能水平；B级表示一般节能水平；C级表示普通水平；D、E级则属于国家将要强制性淘汰的产品水平。

（4）外观质量检查。对于电冰箱的外观质量，主要检查外观造型是否损坏，制冷管道有无损伤，商标、装饰是否完整，电镀件有无脱落、生锈，漆膜是否坚硬等。其要求造型美观大方、漆膜坚硬。

（5）电冰箱的性能检验。家用电冰箱的性能质量可从如下几个方面进行检查：

①门封条密封性能的检查。箱门上的门封条要求平整而密封，先用眼睛观看门封条是否整齐，与电冰箱壳体是否紧密贴合；再把门拉开，估计拉力大小，从而确定门封磁性力的大小，一般要求在5kg以上；然后关箱门，刚好关到离壳体1～3cm处，门应能自动吸合，表示磁性尚可。此外，可以用薄纸片夹在门封各个位置试验，如能被门封夹住，不下滑，表示正常；也可以在电冰箱内放入打亮的手电筒，然后关闭箱门，细心观察，从门外看不到风箱内的灯光为合格。

②电冰箱噪声的检查。在电冰箱运行时，用手摸箱体的中上部，如无明显的振动，表示正常。按标准规定，电冰箱噪声应不大于45dB。根据实际经验，在电冰箱运行时，用手摸压缩机上部凭经验来判断噪声的大小更为确切，尤其是压缩机刚刚启动或停止的瞬间，判断起来更为明显。

③电冰箱绝缘情况检查。电冰箱的绝缘情况可用500V的摇表检查，测得的绝缘电阻在2MΩ以上为合格，好的应在50MΩ以上。有条件时还可进行漏电流测定，可

使用漏电流测试仪，要求测得的漏电流小于1mA；无条件时可用试电笔测试，以试电笔氖管不变红为正常。

④启动性能检查。启动性能检查的方法是连续开、停机各3次，每次开机3分钟、停机3分钟，如每次启动正常，无自动停机现象，即表示启动性能合格。

⑤照明灯、风扇电机的检查。打开冷藏室的箱门，观察照明灯是否亮，再关闭箱门，细心观察照明灯是否熄灭，以门开时灯亮、门关时灯灭为合格。间冷式电冰箱的照明灯与风扇电机常用同一个开关控制。打开冷藏室的箱门时，照明灯应亮，风扇电机应停止工作；关闭箱门时，照明灯应熄灭，风扇电机应开始工作。

⑥制冷性能检查。将电冰箱温控器置于中点，然后关闭箱门，通电运行5分钟以后用手摸高压管及冷凝器，以手感冷凝器表面上热下温，发热均匀，过滤器温热为制冷性能良好；也可待运行20～30分钟后，打开箱门观察蒸发器的结霜情况，以四壁结霜均匀为好，用手沾水，触摸蒸发器的上、下、左、右各内壁，以有冻粘感觉为制冷性能良好。让电冰箱制冷运行30分钟以上，观察箱体背后的回气管的结霜情况，当环境温度在25℃～30℃时，应是无霜或有一小段结霜。如果结霜段太长，说明制冷剂充量偏多，耗电量也偏高；若冷凝器上部热、下部不热，蒸发器内结霜不全，说明制冷剂充注量不足。

⑦制冷系统内残留水分状况的判断。将温控器置于强冷点，通电运行2～3小时，以不出现“冰堵”现象为正常。如果发生“冰堵”现象，此时用手摸冷凝器无热感，同时蒸发器内的霜层发生周期性的结霜—化霜—结霜的变化，说明该电冰箱残留水分过多。

⑧电冰箱工作系数的测定。工作系数是电冰箱质量的一个重要参数，工作系数小，则电冰箱省电，制冷效果好，开机次数少，使用寿命长。电冰箱工作系数可用仪器同步测量，若无仪器，可用钟表粗略测算，将电冰箱温控器调在“中点”，启动电冰箱，待电冰箱冷藏室温度达到0℃（环境温度为25℃），并出现一两次停机后，用手表计时，测定运行时间与停机时间，再通过以下公式来计算，一般以小于45%为合格。

$$工作系数=\frac{运行时间}{一次运行时间+一次停机时间}$$

⑨电冰箱节能性能检查。国家相关部门要求国内所有电冰箱生产企业必须拥有通过此标准的“能效标识”标签才能进入市场销售。消费者通过贴在每台电冰箱上的“能效标识”，即可对节能电冰箱进行明明白白的消费。电冰箱能效标识标签如图5-6所示。

⑩温控器控温性能判断。将温控器旋钮置于中点，电冰箱通电运行0.5小时以后，该电冰箱若能自动停机，相隔10多分钟后，又能自动开机，并且制冷系统温度正常，说明该温度控制器性能良好。

（6）对启动器和热保护器的检查。

①对重锤式启动继电器的检查。用万用表电阻挡测量线圈的通断情况，以通为正常。

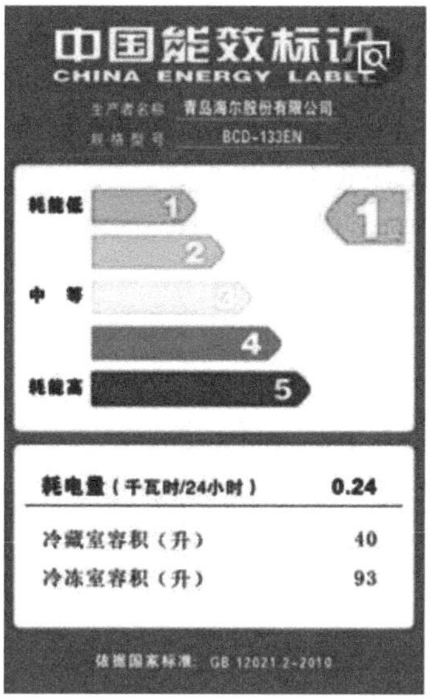

图5-6　电冰箱能效标识标签

②对PTC启动器的检查。用万用表测量PTC的冷态电阻值，阻值在20MΩ～40MΩ之间为正常。

③对蝶形热保护器的检查。用万用表测量冷态时蝶形热保护器的两接线端，以通为正常。

案例5-3

2018年第2批：电冰箱产品质量国家监督抽查结果

产品质量监督司共抽查了辽宁、江苏、浙江、安徽、江西、山东、河南、四川、贵州、广东10个省52家企业生产的52批次电冰箱产品。

本次抽查依据《家用和类似用途电器的安全第1部分：通用要求》(GB 4706.1—2005)、《家用和类似用途电器的安全 制冷器具、冰淇淋机和制冰机的特殊要求》(GB 4706.13—2014)、《家用和类似用途制冷器具》(CB/T 8059 2016)、《家用制冷器具冷藏冷冻箱》(GB/T 8059.2—1995)、《家用电冰箱耗电量限定值及能效等级》(GB 12021.2—2015)、《家用和类似用途电器噪声限值》(GB 19606—2004)、《家用电器、电动工具和类似器具的电磁兼容要求 第1部分：发射》(GB 4343.1—2009）等标准的要求，对电冰箱产品的接触及带电部件的防护、输入功率和电流、工作温度下的泄漏电流和电气强度、耐潮湿、泄漏电流和电气强度、稳定性和机械危险、机械强度、结构（不包括22.46条的试验)、内部布线、电源连接和外部软线、外部导线用接线端子、接地措施、螺钉和连接、电气间隙、爬电距离和固体绝缘、噪声、总容积、储藏温度、耗电量（标准耗电量和/或综合耗电量)、冷冻能力、能效等级（能效指数)、连续骚扰电压、连续骚扰功率22个项目进行了检验。

抽查发现，有10批次产品不符合标准的规定，涉及电源连接和外部软线、噪声、总容积、储藏温度、耗电量（标准耗电量和/或综合耗电量)、冷冻能力、能效等级

（能效指数）项目。

资料来源 产品质量监督司．2018年第2批：电冰箱产品质量国家监督抽查结果［EB/OL］．［2018-04-04］．http：//cpzljds.aqsiq.gov.cn/zlgg/zxgg/201804/t20180404_515276.htm.

问题：以上公告对我们进行电冰箱质量检验和选购有何参考意义？

基本训练

□ 知识题

1.判断题

（1）服装面料的全棉表示是100%polyester。（ ）

（2）化妆品3年内质量无变化的可不标保质期。（ ）

（3）好的音箱重量重，低档大路货多半重量比较轻。（ ）

2.填空题

（1）服装质量的检验项目有规格检验、________和________等。

（2）化妆品标签要标注的内容有产品名称、________和________等。

（3）BCD-216WB，为第二次改进设计的________无霜式________电冰箱。

3.选择题

（1）优质羽绒服（ ）。

A.摸不到一点梗子　　B.用手下压，松手后恢复快

C.用手拍，有绒毛飞出　　D.用力揉搓，无细绒钻出

（2）洗面奶在常规检验条件下pH值应（ ）。

A.在4.5～8.5之间　　B.不在4.5～8.5之间

C.在5.0～7.0之间　　D.≤9.0

（3）如观察到人的（ ）等细节都很清楚、逼真，则说明电视机的图像质量好。

A.皮肤　　B.头发　　C.汗毛　　D.眉毛

4.简答题

（1）简述常见天然纤维织物的手感特征。

（2）化妆品最基本的检验内容有哪些。

（3）简述家用电器安全性能的简易测试方法。

综合应用

□ 实训题

同学们在日常生活中是怎样鉴别家电商品质量的？

□ 案例分析题

皮鞋的感官鉴别实验

感官鉴别以猪皮、牛皮、羊皮、人造革、合成革为鞋帮的皮鞋的质量，在撰写实验报告的同时，对所鉴别皮鞋的质量作出评价。

实验报告

皮鞋的感官鉴别实验

报告人： 报告日期：

一、实验目的

二、实验内容

三、实验步骤

四、实验结果

五、问题讨论（若实验中没有发现问题，可略过）

职业工作站

开发你的商品质量检验咨询能力

● 目标

该项练习能培养你的服装商品质量检验咨询能力。

● 内容

在班级或操场开展一次服装商品质量检验方面的咨询活动。

● 时间

本章内容学习后的业余时间。

● 步骤

（1）3～5名同学分为一组，制订咨询活动方案，准备咨询活动材料。

（2）在班级或操场开展服装商品质量检验咨询活动。

（3）对咨询活动的资料进行分析整理。

（4）总结咨询活动中的经验和存在的问题，各组在班级进行交流、讨论。

第6章 建筑材料与农药、化肥及种子的检验

学习目标

□ 思政目标：建筑材料质量直接影响施工质量，事关人民的生命和财产安全，农资产品质量也直接关系到农村消费者的合法权益，检验人员要严格把关，让相关行业消费者安居、乐业。

□ 知识目标：了解建筑材料与农药、化肥及种子检验的基本方法，认识上述商品检验的主要项目。

□ 能力目标：掌握检验的程序和方法，能对常见的建筑材料与农资商品进行检验。

6.1 建筑材料的检验

6.1.1 水泥的检验

水泥：一种细磨材料，与水混合形成塑性浆体后，能在空气中水化硬化，并能在水中继续硬化保持强度和体积稳定性的无机水硬性胶凝材料。《水泥产品生产许可证实施细则》将水泥划分为通用水泥、硅酸盐水泥熟料和特种水泥3个产品单元计23个产品品种。

1）水泥品质指标

以通用水泥中的通用硅酸盐水泥为例，化学指标应符合表6-1的规定。

表6-1　**通用硅酸盐水泥化学指标（引自GB175—2007）**

<table>
<tr><th>品种</th><th>代号</th><th>不溶物（质量分数）</th><th>烧失量（质量分数）</th><th>三氧化硫（质量分数）</th><th>氧化镁（质量分数）</th><th>氯离子（质量分数）</th></tr>
<tr><td rowspan="2">硅酸盐水泥</td><td>P·I</td><td>≤0.75</td><td>≤3.0</td><td rowspan="3">≤3.5</td><td rowspan="3">≤5.0[a]</td><td rowspan="8">≤6.0[c]</td></tr>
<tr><td>P·II</td><td>≤1.50</td><td>≤3.5</td></tr>
<tr><td>普通硅酸盐水泥</td><td>P·O</td><td></td><td>≤5.0</td></tr>
<tr><td rowspan="2">矿渣硅酸盐水泥</td><td>P·S·A</td><td>—</td><td>—</td><td rowspan="2">≤4.0</td><td>≤6.0[b]</td></tr>
<tr><td>P·S·B</td><td>—</td><td>—</td><td>—</td></tr>
<tr><td>火山灰质硅酸盐水泥</td><td>P·P</td><td>—</td><td>—</td><td rowspan="3">≤3.5</td><td rowspan="3">≤6.0[b]</td></tr>
<tr><td>粉煤灰硅酸盐水泥</td><td>P·F</td><td>—</td><td>—</td></tr>
<tr><td>复合硅酸盐水泥</td><td>P·G</td><td>—</td><td>—</td></tr>
<tr><td colspan="7">a. 如果水泥压蒸试验合格，则水泥中氧化镁的含量（质量分数）允许放宽至6.0%。
b. 如果水泥中氧化镁的含量（质量分数）大于6.0%时，需进行水泥压蒸安定性试验并合格。
c. 当有更低要求时，该指标由买卖双方协商确定。</td></tr>
</table>

硅酸盐水泥初凝不小于45分钟，终凝不大于390分钟；普通硅酸盐水泥、矿渣硅酸盐水泥、火山灰质硅酸盐水泥、粉煤灰硅酸盐水泥和复合硅酸盐水泥初凝不小于45分钟，终凝不大于600分钟。

安定性是水泥的重要质量指标，必须合格。

水泥的抗拉强度和抗折强度因品种、标号而异。

水泥在水化、凝结、硬化过程中，会发生一系列的物理、化学变化，体积也随之变化。这种体积变化若比较强烈，会造成混凝土或砂浆的强烈变形，有时会出现许多裂缝，甚至疏松无强度（俗称不出标号），这样的水泥无实用价值。体积变化不超过规定限度（即体积变化均匀，不出现严重变形和危险裂缝），称为安定性合格。

造成水泥安定性不好的因素有两个方面：一是水泥中含有的氧化钙、氧化镁过多。这两种氧化物在水化时与水泥熟料的水化速度不一致，当熟料水化并硬结后，这两种氧化物才逐渐水化，并产生较强烈的膨胀，从而使水泥砂浆变形或开裂，造成安定性不良。二是水泥中含过多的石膏。若水泥中含石膏过多，在硬化之前没有完全发生反应，硬化之后会继续与铝酸钙的水化物反应，这个反应也是体积膨胀的反应，当残存石膏多到一定程度时，也会导致水泥安定性变低。如果水泥中含过多的游离石灰，就易出现安定性不良的质量事故。

2）水泥质量简易检查方法

（1）包装。水泥包装袋正面宜印刷如下内容：水泥品牌、注册商标图形；水泥生产许可证标志（QS）及编号；水泥品种；水泥代号和强度等级；水泥产品执行标准；水泥净含量；水泥出厂编号；水泥包装日期；水泥贮存条件；水泥生产企业名称和地址。包装袋的两侧应印有水泥产品名称和水泥强度等级。

（2）色泽。硅酸盐水泥呈灰色或深灰色，火山灰质水泥用红矸石或碎砖作混合材料时呈红色。

（3）袋重。水泥可袋装或散装，袋装水泥每袋净重50kg，且不得少于标志重量的98%，随意抽取20袋水泥总重量不得少于1 000kg。

（4）生产日期。超过3个月需重新化验确定质量。

水泥包装袋对水泥质量起着重要保护作用。2020年9月29号，国家标准化管理委员会发布了GB/T 9774—2020《水泥包装袋》新标准，该标准正式实施日期为2022年4月1日。随着新标准的发布，水泥包装袋袋型将全面“弃缝改糊”，即缝底袋型将全面淘汰，水泥包装袋仅限方底阀口袋型。为此国家制定了《水泥包装袋》（GB/T 9774—2020），要求复膜塑编袋和纸塑复合袋的制袋基材单位面积质量应≥75g/m²，适用温度应不高于100℃，跌落不破次数应不小于6次，3d抗压强度比不小于85%。

6.1.2 建筑用螺纹钢筋的检验

1）检查生产厂商有无生产许可证

按照GB/T 1499.2—2018《钢筋混凝土用钢 第2部分：热轧带肋钢筋》中10.1条规定，钢筋应在其表面轧上生产企业序号，即许可证后3位数字。针对许可证重新赋号时各省（自治区、直辖市）之间许可证后3位数字可能存在重复的问题，钢筋表面标志中的生产企业序号可以按照如下规定执行：钢筋应在其表面轧上牌号标志、生产企业序号（顺序轧制行政区划代码前2位和许可证后3位数字）和公称直径毫米数字，还可轧上经注册的厂名或商标。

2）检测钢筋化学成分

（1）含碳量≤0.25%，但HRB600牌号含碳量≤0.28%。

（2）含硫量≤0.045%。

（3）含磷量≤0.045%。

（4）含锰量≤1.6%。

（5）含硅量≤0.8%。

3）检验力学性能

（1）冷弯脆断：冷弯180°不得出现裂纹。

（2）伸长率≥16%。

（3）抗拉强度≥510MPa。

4）检查尺寸精度是否严重超差

尺寸精度的误差在允许范围内，不得超出指定误差。

5）外观检查

钢筋表面不得有裂纹、结疤和折叠、夹渣、飞边和劈裂，表面允许有凸块，但不得超过横肋高度。钢筋表面上的其他缺陷深度、高度不得大于所在部位尺寸的允许偏差，在钢筋表面上还应有质量等级标志。

6.1.3　石材的检验

用于建筑装饰的天然饰面石材品种很多，主要有花岗岩和大理石两大类。

1）花岗岩

花岗岩是地壳深部形成的岩浆岩的一种，形成时由于冷却速度慢且均匀，同时受到上部地壳的极大压力，因而有利于内部结晶以及致密结构的形成。花岗岩是由长石、石英、云母等极少量深色矿物构成的粗结晶岩石，其中长石含量达40%～60%、石英含量达20%～40%。建筑石材中所指的花岗岩并不限于纯花岗岩，通常是指具有装饰功能、能磨平、抛光的各种岩浆岩，包括各种花岗岩、辉长岩、闪石岩、辉绿岩等。

我国花岗岩资源丰富，产地很多，如山东泰山和崂山、陕西华山、湖南衡山、安徽黄山、江苏金山、浙江莫干山及北京、广东、福建、四川等省均有出产。我国花岗岩石材品种多、结构好，既有石质均匀细腻的细粒结晶的优质品，又有中粒结构的大宗产品，颜色应有尽有。此外，还有不少名优特品种，如白虎涧、周口红、济南青、莱州红、泰安绿、厦门白、大花等，现已开采利用的有数十种。

花岗岩质地坚硬，结构致密，硬度大，吸水率小，抗压强度、抗冻性高，耐磨性和抗风化能力好。花岗岩是酸性矿石，因此耐酸性极高，对碱的侵蚀也有较强的抵抗能力。花岗岩作为建筑材料由于其硬度大，难以加工开采，且质脆、耐火性差，当温度达到800℃以上时，花岗岩中二氧化硅的晶体变化会使其炸裂。花岗岩中的美丽色彩，主要由所含长石的颜色决定，通常有浅灰、微黄、浅红和桃红等颜色。

花岗岩主要用于建筑和装饰材料，适用于要求耐久而又无火灾危害的公共建筑物。花岗岩的整形片石表面经磨光、抛光后是应用价值较高的建筑、装饰材料。表面经加工的花岗岩会露出美丽的晶粒和花纹，呈粉红、灰、黄等多种颜色，由于它对空气中的酸有抵抗能力，硬度大，所以比大理石的用途广泛。

花岗岩中作为建筑、装饰材料用的板材，其质量要求很高，尤其是装饰建筑的内外墙面、柱面、台面所用板材，对外观质量要求更高。外观质量通常从色调、花纹、镜面光泽度三方面进行评价，其中色调、花纹主要与花岗岩的产地有关，镜面光泽度是评价加工质量的重要指标。表面光泽如镜的板材不仅可以反映出较高的加工水平，更重要的是可以烘托色调、花纹，显示出材质的优异及建筑的整体美。

2）大理石

大理石因盛产于我国云南大理而得名。大理石是石灰岩经变质结晶而成的，它具有致密的隐晶结构，主要成分是氧化钙，并含有石墨、蛇纹石、石英、硅灰石及某些金属氧化物。受这些物质形状、色彩的影响，大理石一经加工就显现出各种美丽的图案花纹。

虽然以氧化钙为主要成分的石灰岩到处都是，但是具有致密隐晶结构的大理石却不是很多，它是一种稀缺的建筑装饰材料。我国大理石产地主要有湖北、云南、广东、广西、贵州、北京、辽宁、安徽等省市。

大理石用于建筑装饰有很多优越性能。其硬度不高，莫氏硬度为2～3级，因此易切割磨光，但大理石加工成的镜面很容易被其他硬物划伤，增加了储运的难度，且在使用时不如花岗岩坚固。大理石具有微透明性，适于雕刻各种工艺品。大理石的抗压强度达700～1 500kg/cm^2，完全合乎建筑要求。大理石的最大特点是具有不同的色泽和多变的花纹、斑点，其装饰作用就是靠这些色彩和花纹来实现的。大理石的化学稳定性不好，耐久性差。因其主要成分氧化钙在空气中易被酸分解，空气中酸性气体的作用会使大理石失去光泽，甚至斑痕累累，失去它美观的装饰作用。

大理石做成整形片后，表面及四边经磨光、抛光等加工工序，可制成光泽夺目、色彩丰富的成品，用于建筑物的室内装饰，但不适于室外装饰。

大理石品种很多，有近百个花色品种，其划分是以产地及磨光后镜面所显现的花纹及色彩为依据的。大理石的颜色主要有：白色，如汉白玉等；灰色，如云南灰、杭灰等；绿色，如荷花绿、绿色金玉等；红色，如徐州红、东北红等；黑色，如墨璧、苏墨、墨玉等。

大理石的质量检查除石材性能指标外，还要看外观色彩、花纹、镜面光泽度等。

3）石材质量常规检验

石材质量的好坏，直接关系到装饰的效果和使用寿命。对于已加工好的成品饰面石材，其质量可从以下四个方面检验：

（1）观——肉眼观察石材的构造，内部是否存在细脉、微纹、缺棱少角。均匀的细料结构的石材具有细腻的质感，为石材之佳品；粗粒及不等粒结构的石材其外观效果较差，机械力学性能也不均匀，质量稍差。另外，由于地质作用的影响，天然石材中会有一些细脉、微裂隙，石材最易沿这些部位发生破裂，应注意剔除。至于缺棱少角，更是影响美观，选择时尤应注意。

就成品饰面石材而言，经抛光加工后，表面应光泽如镜。可站在石材对面或成60°角的侧面，如能在石材板面上看到人的虚影，光泽度约在90%以上；若石材表面虽然平整，但无光泽感、“发乌”，则光泽度较低。

（2）量——测量尺寸规格是否在标准允许范围内，是否影响拼接效果。石材加工质量检验方法主要有：

一平：要求石材表面平整。将两块石材正面合在一起，观察中间的缝隙，当板材长度小于400mm时，该缝隙小于1mm（即单块板材的不平度应在0.5mm以内）为合格；板材长度小于800mm时，该缝隙小于2mm（即单块板材的不平度应在1mm以内）为合格。

二方：要求板材的四条边应垂直归方。将四块板材相拼时，观察相接各边之间缝隙的大小。当板材长度小于400mm时，该缝隙小于1.2mm（即单块板材角度偏差为0.6mm）为合格；板材长度大于400mm时，该缝隙小于1.6mm（即单块板材角度偏差为0.8mm）为合格。

三够长：要求板材长度、宽度、厚度符合工程设计要求，规格公差应符合国家标准规定。板材长度和宽度允许比标准规格小2mm，厚度允许比标准规格大2mm或小3mm。

（3）听——听石材的敲击声音。质量好的，内部致密均匀且无显微裂隙的石材，其敲击声悦耳；相反，若石材内部存在显微裂隙、细脉，或因风化导致颗粒间接触变松，则敲击声粗哑。

（4）试——用简单的试验方法来检验石材质量的好坏。通常，在石材的背面滴上一小滴墨水，如墨水很快四处散浸，则表示石材内部颗粒接触较松或存在显微裂隙，石材质量不好；反之，若墨水滴在原处不动，则说明石材致密、质地好。

学习微平台

延伸阅读6-1：教你4招，鉴别人工着色石材，绝对不花冤枉钱

4）石材放射性检测

天然石材中的放射性危害主要有两个方面，即体内辐射和体外辐射。体内辐射主要来自放射性辐射在空气中衰变而形成的一种放射性物质氡及其子体。氡是自然界唯一的天然放射性气体，它在作用人体的同时会很快衰变成人体能吸收的核素，进入人体的呼吸系统造成辐射损伤，诱发肺癌。统计资料表明，氡已成为除吸烟以外人们患肺癌的主要原因，我国每年约有50 000人因氡及其子体致肺癌而死亡。另外，氡还对人体脂肪有很高的亲和力，从而影响人的神经系统，使人精神不振，昏昏欲睡。

体外辐射主要是指天然石材中的辐射体直接照射人体后产生一种生物效果，会对人体内的造血器官、神经系统和消化系统造成损伤。

石材放射性检测有两项，即γ照射量率检测和放射性核素活度检测。按放射性核素比高低值，可将天然石材分为A、B、C三类。A类石材镭当量浓度CeRa≤350$Bqkg^{-1}$，镭放射性比活度CeR≤200$Bqkg^{-1}$，对人体无危害，使用范围不受任何限制，包括全部大理石类、绝大部分板石类以及暗色、灰色系列及大多数浅色系列花岗岩类产品，合计约占全部天然装饰石材的85%。B类石材镭当量浓度CeRa≤700$Bqkg^{-1}$，镭放射性比活度CeR≤250$Bqkg^{-1}$，除居室内不宜使用外，其他一切建筑物内外饰面和工业设施都可使用。C类石材镭当量浓度CeRa≤1 000$Bqkg^{-1}$，镭放射性比活度CeR不加考虑，其使用范围受到限制，可用于建筑物的外饰面。放射性比活度大于C类控制值的天然石材，可用于海堤、桥墩及碑石等。不高出当地天然放射性水平的石材，可在当地使用，不受该标准的限制。当γ照射量率≤5.2×10^{-3}μc/kg·h（20μR/h）时，不作比活度检测。

小思考6-1

大理石放射性危害比花岗岩小。这句话对吗？

答：对。全部大理石都属A类石材，对人体无危害。暗色、灰色系列及大多数浅色系列花岗岩类产品属A类石材，对人体无危害；B类、C类花岗岩对人体有害。

6.1.4 瓷砖的检验

1）玻璃马赛克的检验

玻璃马赛克又名玻璃锦砖，规格有20mm×20mm、25mm×25mm、30mm×30mm、40mm×40mm等，厚度通常为4~6mm。

（1）单块玻璃马赛克尺寸公差与外观质量。

边长：20±0.3mm；厚度：4.0±0.3mm。

边长：25±0.3mm；厚度：4.2±0.3mm。

单块玻璃马赛克以无变形、缺角、缺边、斑点、裂纹、褶皱及开口气泡等缺陷为优质品。其对合格品的要求是：

变形：变曲度不大于0.5mm。

缺边：长3.0～4.0mm，宽1.0～2.0mm，允许1处。

开口气泡：长度不大于1mm。

注意：检查时在同一块马赛克上不允许缺边、缺角同时存在。

（2）每联玻璃马赛克的线路、联长、周边距的尺寸公差。

联：联长325～329mm，319～323mm。

线路：单联中马赛克行列间距1.7～2.3mm。

周边距：单联中马赛克饰面露出部分与纸边距离2～7mm。

（3）每批玻璃马赛克色泽应基本一致，检验时取9联玻璃马赛克，在光线充足的地方铺成正方形，距1.5m处目测。

（4）玻璃马赛克与铺贴纸间有一定的黏接力，检验时可用两手捏住单联玻璃马赛克的一边两端，使其直立，然后平放，反复3次，不脱落者为合格；还可以将一联玻璃马赛克贴纸向内卷曲成筒状，然后摊平，反复3次，不脱落者为合格。

（5）脱纸时间检验。玻璃马赛克的脱纸时间不应大于40分钟。检验时将玻璃马赛克一联放于18℃～25℃的水中，铺贴纸朝上，使水刚浸没试样。5分钟时捏住联的一边的两端，轻轻提出水面，检查应无单块玻璃马赛克脱落；40分钟时轻轻揭纸，有70%以上的马赛克脱落为合格。

玻璃马赛克成品包装检查：每联上应有商标、厂名；纸箱内衬防潮纸；包装箱上印有成品名称、制造厂名、商标、出厂日期、颜色、规格、数量，并应标注防潮、易碎、堆码方向标志，箱内应附有质检单。

2）陶瓷釉面砖的检验

釉面砖是一种用于建筑物内墙、有釉的陶质饰面砖，尺寸有152mm×152mm×5mm

或108mm×108mm×5mm。直观检验主要是目检釉面砖的外观质量，影响使用较直接的缺陷有裂纹（一、二级品不允许，三级品釉下裂纹总长小于20mm）、缺釉、剥边等。在装修后遇到潮湿环境时，这些缺陷容易使釉面砖产生开裂、龟裂、脱落等问题，如使用条件较潮湿，或使用在直接与水接触的部位，最好选用一级品。

检验釉面砖时要注意，其厚度要够5mm；无裂纹、翘曲，表面无杂质和气泡等缺陷；敲击声音应清脆；釉面砖四边要平直（可将其整齐地码成一垛，这样容易看出砖是否平整）。此外，还应注意“色号”，色号相差越多，颜色差异越大。

3）陶瓷墙地砖的检验

陶瓷墙地砖用于建筑物墙面、地面，有彩色釉面和无釉面两种，常为炻质或瓷质坯体。一般外墙饰面砖尺寸较小，地面砖尺寸较大。陶瓷墙地砖的检验要点包括以下几个方面：

（1）产品变形程度。陶瓷墙地砖变形程度控制表见表6-2。

表6-2　陶瓷墙地砖变形程度控制表　单位：%

变形种类	优等品	一级品	合格品
中心弯曲度	±0.50	±0.60	+0.80、-0.60
翘曲度	±0.50	±0.60	±0.70
边直度	±0.50	±0.60	±0.70
直角度	±0.50	±0.70	±0.70

（2）陶瓷墙地砖的背面凹凸纹。陶瓷墙地砖的背面凹凸纹对墙面和地面的黏接强度影响较大，标准规定陶瓷墙地砖的凸背纹高度、凹背纹高度、凹背纹深度均不小于0.5mm，检验时还应注意砖的背面不应有明显的妨碍黏接的釉料黏附、裂纹、龟裂、夹层等。

（3）吸水率和抗冻性。直观检验时可取一块墙地砖，在砖背面滴上几滴水，如水滴能迅速被吸收、扩散，表明吸水率在10%左右；如水滴扩散较慢，表明吸水率在5%左右；如果水滴几乎不浸润、不扩散，则表明吸水率在3%以下。在寒冷地区，陶瓷墙地砖的吸水率在5%以下，才能满足抗冻性要求。

（4）耐磨性。陶瓷地面砖需做耐磨性检验。其简易方法是取一块砂轮，均匀用力在砖表面划痕，如不易产生损伤，说明该砖耐磨性较好。

（5）色差检验。铺1m^{2}四方形陶瓷墙地砖在光亮充足处，相距1.5m目测，各块陶瓷墙地砖色泽应无明显差异。

（6）厚度。陶瓷墙地砖的厚度要够8mm。

（7）检查陶瓷墙地砖是否有夹层。双手各执一块陶瓷墙地砖，用一块砖面敲打另一块砖面，如敲击声音清脆，则砖无夹层；如敲击声音低沉、闷浊，则砖有夹层。有夹层的陶瓷墙地砖弯曲强度偏低。

在检验陶瓷墙地砖时还应注意全瓷砖和釉面陶瓷砖的区分。全瓷砖比釉面陶瓷砖吸水率低，硬度大，表面还有防滑作用，砖面洒上水也不会有脚滑的感觉。要谨防釉面陶瓷砖假冒全瓷砖或用石膏等假冒原材料生产的劣质陶瓷砖。

案例6-1

防滑地砖怎么选择

防滑地砖是一种陶瓷地板砖，正面有褶皱条纹或凹凸点，以增加地板砖面与人体脚底或鞋底的摩擦力，达到防滑效果。选择防滑地砖时需要记住以下几点：

1.选择摩擦系数与安全级别在0.5以上的防滑地砖。

2.敲击地砖，分辨其发出的声音是否清脆，声音越脆，说明它的硬度、瓷化度、密度越高。

3.观察防滑地砖的色度是否清晰自然，越清晰自然，其瓷化度越高。

4.在1米内观察防滑地砖表面有无针孔，如有，则说明防滑地砖表面没有经过打蜡，污物容易堆积。

5.观看防滑地砖侧面是否平直，如果其翘曲严重则会影响日后铺砖时的牢固度。

6.如果条件允许，可以将数滴茶叶汁或清水滴在防滑地砖背面，稍等几分钟后看看水滴吸入扩散的程度，吸水率低或不吸水表明其质量较佳。

资料来源 太平洋家居网．防滑地砖怎么选择？防滑地砖选购要点有哪些？[EB/OL]．[2020-07-03]．https：//zt.pchouse.com.cn/285/2857161.html.

问题：防滑地砖质量检验的方法还有哪些？

分析提示：收集防滑地砖质量检验的方法，观察日常生活中见到的防滑地砖，交流防滑地砖质量检验的方法和技能。

6.2 农药、化肥与种子的检验

6.2.1 农药的检验

1）农药的常规检验

（1）检查外包装。根据《农药包装通则》（GB 3796—2018）的规定，农药的外包装可采用带防潮层的瓦楞纸板。外包装容器要有标签，在标签上要标明品名、类别、规格、毛重、净重、生产日期、批号、储运指示标志、毒性标志、生产厂名等，在最下方还应有一条与底边平行的颜色标志条，标明农药的类别。农药类别的颜色标志条：除草剂——绿色；杀虫剂——红色；杀菌剂——黑色；杀鼠剂——蓝色；植物生长调节剂——深黄色。农药外包装容器上还必须有合格证、说明书。液体农药制剂一般每箱不得超过15kg，固体农药制剂每袋净重不得超过25kg。

（2）检查内包装。农药制剂内包装上必须牢固粘贴标签，或直接印刷、标示在小包装上。农药标签是农药生产企业对农药产品特性和特征的说明，也是企业向社会作出的明示和承诺，是农民了解农药产品信息、选购农药产品的重要依据。农药标签具有法律效力，如果用户按农药标签上的使用方法施药，没有药效，甚至出现药害，厂家应负全部责任。

原农业部2017年颁布施行的《农药标签和说明书管理办法》规定，标签应当注明农药名称、有效成分及含量、剂型、农药登记证号或农药临时登记证号、农药生产许可证号或农药生产批准文件号、产品标准号、企业名称及联系方式、生产日期、产品批号、有效期、重量、产品性能、用途、使用技术和使用方法、毒性及标识、注意事项、中毒急救措施、贮存和运输方法、农药类别、象形图、可追溯电子信息码以及其他要求标注的内容。

产品附具说明书的，说明书应当标注前款规定的全部内容；标签至少应当标注农药名称、剂型、农药登记证号或农药临时登记证号、农药生产许可证号或农药生产批准文件号、产品标准号、重量、生产日期、产品批号、有效期、企业名称及联系方式、毒性及标识，并注明“详见说明书”字样。

限制使用农药应当标注“限制使用”字样，并注明对使用的特别限制和特殊要求；用于食用农产品的农药应当标注安全间隔期；杀鼠剂产品应当标注规定的杀鼠剂图形；直接使用的卫生用农药可以不标注特征颜色标志带；委托加工或者分装农药的标签还应当注明受托人的农药生产许可证号、受托人名称及其联系方式和加工、分装日期；向中国出口的农药可以不标注农药生产许可证号，应当标注其境外生产地，以及在中国设立的办事机构或者代理机构的名称及联系方式；根据《农药标签二维码管理规定》，自2018年1月1日起，农药生产企业、向中国出口农药的企业生产的农药产品，其标签上应当标注符合本公告规定的二维码。

国质检〔2002〕125号公布了第一批实施生产许可证危险化学品目录，其中，农药有23项。

农药的保质期，一般为2年。对于过期农药，要经过质量监督部门对有效成分进行含量分析测定，只有药效、药害试验证明药效降低，无其他副作用才可降价处理，使用时加大剂量。如已变质失效，绝不准再销售使用。

国外农药在我国销售，必须先在我国进行登记，因此进口农药标签上应有我国农药登记证号和在我国登记的中文商品名，标签上除无标准代号和准产证号外，其他内容应与国内农药标签要求一致。农药内包装材料要坚固，严密不漏，不影响农药质量。乳油等液体农药制剂一般用玻璃瓶、金属瓶或塑料瓶盛装，并加配内塞外盖，部分可采用一次性防盗盖。粉剂一般用纸袋、塑料袋或塑料瓶、铝塑压膜袋包装。

（3）检验理化性质。农药分原料和制剂（成药）两类。原料是未经加工的农药，主要供加工成药用，一般不直接施用，固体叫原粉，液体叫原油。原粉加填料、助剂可制成可湿性粉剂，如稻虱净可湿粉等；原油加溶剂、乳化剂可制成乳油，如辛硫磷乳油等。常用农药从剂型上可分为乳油、粉剂、可湿性粉剂、悬浮剂、颗粒剂等。

乳油一般是浅黄色或深棕色单相透明液体，加水稀释后施用。检验时先看颜色（不可能无色），再看乳化性能，如乳油有分层、沉淀或悬浮物，溶液浑浊、流动性不好，可以判断属劣质农药。

乳油农药多为玻璃瓶装，先用肉眼观察是否上下均匀一致，如发现有分层现象，可将瓶子上下摇荡，待1小时后，如不再有分层现象，说明此农药有效；如仍出现分层，则说明农药已失效。

乳油农药如存放过久，瓶底往往会出现一层沉淀，可将盛有乳油或乳油溶液的玻璃瓶放在40℃的温水中烫30分钟，如果瓶中沉淀物消失，说明农药未失效。也可以从药瓶内取少量沉淀物加入适量的水，如沉淀物溶解，说明农药没有失效；反之，则说明已失效。还可以取少量药液放入适量的水中搅拌，静置30分钟，如药液表面上没有油珠，说明农药没有失效；如果药液表面上出现油珠，则说明农药已失效。

对乳油农药还可以从气味上鉴别，有机磷有大蒜臭味，有机硫有臭鸡蛋味，氨基甲酸酯类加热后有腥臭味，菊酯类农药一般无上述臭味，但敌杀死等含有氰基，有刺激性气味。

粉剂细度按国家标准规定85%通过200目筛，不结块，而且流动性好，可直接用来喷施作物。鉴别时，可取清水一杯，加入适量药粉搅匀，静置30分钟，如粉末全部溶解无沉淀，说明此农药没有失效。此外，还可以取清水一杯，将药粉轻轻撒在水面上，如1分钟内粉末全部渗入水中，说明药物没有失效；如粉末长时间不能浸润，说明药物已失效。对于粉剂农药，如发现已结块或用手能捏成团块，说明受潮较严重，药物发生分解，已基本失效。

可湿性粉剂具有一定细度（国家标准规定95%通过325目筛），能被水润湿并均匀悬浮在水中，施用时应按规定倍数兑水稀释。合格品不结团，不成块，易分散，润湿时间小于15分钟，悬浮率大于40%；不合格品成团结块，不易分散，润湿时间大于15分钟。

悬浮剂是黏稠状可以流动的液体制剂，在水中具有良好的分散性和悬浮性，可以任何比例与水混合。合格品久置不分层，偶有分层现象经摇振即可恢复不分层状态；不合格品分层，摇振后不易恢复，水中分散性、悬浮性都不好。

颗粒剂是颗粒均匀、具有一定硬度、不易破碎的固体制剂，一般是用沙子等固体细颗粒吸附一定药剂制成的。

2）常用农药的检验

（1）敌敌畏原油及乳油。其外观为浅黄色至棕黄色透明液体，具有芳香气味，挥发性强，可用于空仓熏蒸杀虫，室温下在水中的溶解度约为1%，易溶于醇、酮、醚等有机溶剂中，对铁和软钢有腐蚀性，对不锈钢、铝、镍无腐蚀性。敌敌畏乳油可以长期存放不分解，但加水稀释后，缓慢分解，在沸水或碱性物介质中分解较快，成为无效物质。敌敌畏含量应符合如下规格：原油一级品≥95%，二级品≥92%，乳油≥77.5%。

（2）对硫磷原油及乳油。其外观为棕色或褐色透明液体，有大蒜恶臭味，难溶于水，能溶于乙醇、丙酮、苯等多种有机溶剂中，在中性和弱酸性条件下稳定，遇碱易分解失效。其碱性水溶液与敌百虫、乐果、马拉硫磷、敌敌畏的颜色均不同，为浅黄色。对硫磷含量应符合如下规格：原油一级品≥95%，二级品≥90%，乳油≥50%。

（3）除草醚原粉。其外观为黄色至褐色片状或块状固体，直径小于5mm，在空气中稳定，但容易吸潮结块，在水中易扩散，乳化性能较好，有特殊鱼腥臭味，易溶于乙醇等有机溶剂中，在中性和酸性介质中稳定，遇碱可破坏其结构而失效。除草醚必须见到阳光后才能对植物起毒害作用，可由此与别的农药加以区别。如用100倍稀释液喷雾或将其涂在敏感作物（豆类或阔叶草）叶上，把部分叶子用黑纸包上，1～2日后，见光的叶子被烧焦，黑纸包住的叶子不受损害，拿掉遮光纸后才受害，则证明这种药剂是除草醚。产品规格为：原粉含量必须在85%以上。

市售除草剂类农药杜邦巨星和苯磺隆的真伪鉴别：真品色彩鲜亮，包装套色有层次感，四周封口的压花清晰，标注的生产日期用手擦不掉，晃动时有沙沙的响声，用手捏数粒不变形；假冒产品色彩不鲜亮，包装套色无层次感，四周封口压花不清晰，标注的生产日期用手可以轻轻擦去，晃动时无沙沙的响声，用手捏颗粒很容易变成粉末。

（4）甲哌鎓原药及水剂。其外观为白色或微黄色结晶体，水剂为浅黄色或黄色液体，化学性质相对稳定，是一种新型、高效、内吸性强的植物生长调节剂。原包装不打开可储藏2年以上。产品规格为：原药含量应在96%以上，水剂含量应为250g/L以上。

学习微平台

延伸阅读6-2：靶向农药：未来农药的发展方向

以上是根据农药的物理性质（如液体或固体、粉剂或乳油、气味、在水中的溶解度、在火焰中是否燃烧或熔化以及能否汽化或升华等）或是明显的化学反应现象（如颜色、沉淀、气味等）对农药进行鉴别。

6.2.2 化肥的检验

1）化肥的常规检验

（1）我国化肥的主要品种。

氮肥：尿素（N，46%）；碳酸氢铵（碳铵，N，17%）；氯化铵（N，25.5%）；硫酸铵（N，21%）。

磷肥：过磷酸钙（P_2O_5，12%～18%），水分≤15%，游离酸≤5.5%；重过磷酸钙（三料过磷酸钙，P_2O_5，46%）；钙镁磷肥（P_2O_5，12%～20%）；磷矿粉（难溶性磷肥）。

钾肥：氯化钾（K_2O，60%）；硫酸钾（K_2O，50%）；硝酸钾（N，13%；K_2O，46%）。

复合肥：磷酸二铵（N，18%；P_2O_5，48%）；磷酸二氢钾（P_2O_5，22.8%；K_2O，28.6%）。

复混肥：二元混肥、三元混肥。

微量元素肥：锌肥、硼肥、锰肥、钼肥、铁肥、铜肥。

锌肥：七水硫酸锌（Zn，23%）；一水硫酸锌（Zn，35%）；氧化锌（Zn，48%）。

硼肥：硼砂（B，11%）；硼酸（B，17%）。

锰肥：硫酸锰（Mn，26%～28%）；氯化锰（Mn，17%）。

钼肥：钼酸铵（Mo，54%）；钼酸钠（Mo，36%）。

铁肥：硫酸亚铁（Fe，19%）。

铜肥：硫酸铜（Cu，25.4%）。

复混肥属于二次加工产品，氮、磷、钾的含量可适当调整。根据原化工部专业标准ZBG21002-87，三元复混肥N、P_2O_5、K_2O总养分含量必须大于等于25%；二元复混肥总养分含量必须大于等于20%。组成复混肥的单一养分含量不得低于4%。

对于复混肥、复合肥，总养分含量计算只包括氮、钾、磷，其他营养成分不能计入总养分指标之中。

（2）化肥的鉴别检验。

①检查包装。外包装为编织袋，内包装为塑料袋，包装袋为机器缝合，缝口应整齐一致。国家规定包装袋上标签和使用说明书应当使用中文，标明产品名称、生产企业名称和地址，标明肥料登记证号、产品标准号、有效成分名称及含量、净重、生产日期及质量保证期，标明产品适用作物、适用区域、使用方法和注意事项，产品名称和推荐适用作物、区域应与登记批准的一致。

《国务院关于进一步压减工业产品生产许可证管理目录和简化审批程序的决定》（国发〔2018〕33号）决定，进一步压减工业产品生产许可证管理目录，取消14类工业产品生产许可证管理，将化肥等4类工业产品生产许可证管理权限下放给省级人民政府质量技术监督部门（市场监督管理部门）。

②外观检验。化肥绝大多数为固体，只有氨水、液氨是液体。进行外观检验时，可以观察化肥颜色及结晶形状，如氮肥、钾肥一般是白色或淡黄色结晶；硝酸铵、碳酸氢铵吸湿性强，容易结块；磷肥呈粉末状。当化肥呈现融化瘫软状，或由结晶体变成了粉末状，可能是过水或淋湿的缘故；化肥坚硬呈块状，或色泽发黄、发黑，可能是存放太久，有失效的可能。

③检验溶解情况。除磷肥和某些含磷的复混肥外，大部分化肥是可以溶于水的。各种肥料在20℃的100g水中可溶解的重量为：尿素105g、氯化钾34g、硝酸铵188g、硫酸铵75g、硫酸钾11g、磷酸二氢钾33g、氯化铵37g、碳酸氢铵20g。在溶解度范围以内能够完全溶解的化肥才是优质肥料。

当前，市场上有以氯化钠（食盐）冒充化肥的情况，因为食盐吸湿性强，所以掺了盐的化肥较潮湿。20℃的100g水能溶解36g食盐，根据溶解度不同，可对化肥的真伪进行初步判断。

④检验肥料溶液的酸碱度。大部分化肥溶液呈中性或微酸性反应，只有碳酸氢铵、氨水、液氨、钙镁磷肥溶液呈碱性反应。过磷酸钙中含有5%的游离酸，虽然过磷酸钙不溶于水，但过磷酸钙加水后的溶液呈强酸性反应。用废渣等假冒过磷酸钙，加水后的溶液多呈碱性反应。

⑤烧灼试验。将少许化肥放在铁片上加热、烧灼。尿素很容易挥发，加热时有少许白烟，并有氨味产生；氯化铵加热挥发，有少许白烟，有氨味，在熔融过程中呈黄色。硫酸铵与尿素、氯化铵相比，熔化较慢，加热后也产生少许白烟，并有氨味。烧灼熔化不冒烟的是碳酸氢铵；一阵烟过后又发出点点星火的是硝酸铵。钾肥（包括硫酸钾和氯化钾）燃烧时有“噼噼”响声，还可以通过蓝玻璃片观察到钾在燃烧时发出的特殊的紫红色火焰。由于钠在燃烧时会发出特殊的白黄色亮光，所以烧灼氯化钠可以产生白黄色亮光，这是检验化肥中是否掺入食盐的重要方法之一。

在做烧灼试验时应特别注意安全。硝酸盐（如硝酸钠、硝酸钾等）受热有爆炸危险，所以做烧灼试验时，取样量一定要小（绿豆大小就足够了），人不能距烧灼物太近，以免烫伤。

2）常规化肥的检验

（1）尿素。其外观为颗粒或结晶，容易吸湿，易吸收空气中的水分而潮解，易溶于水和氨水。在炉子上放一块铁片，将尿素颗粒放在上面，尿素很快熔化并挥发掉，同时有少许白烟，可闻到氨味。农用总氮含量（以干基计）为46.0%。

（2）硫酸铵。其外观为白色或浅色结晶，易吸潮，易溶于水，水溶液呈酸性。硫酸铵溶于水时吸收热量，与碱类作用放出氨气，在火上加热时与尿素、硝酸铵、氯化铵相比熔化较缓慢。其也可用氯化钡与硫酸铵在水溶液中反应生成白色沉淀来鉴别。农用氨含量（以干基计）一级品为21.0%，二级品为20.8%。

（3）硝酸铵。其外观为白色或微黄色，易溶于水，同时能吸收大量的热而降低水的温度，具有很强的吸湿性。大量硝酸铵受热分解可发生燃烧甚至爆炸，并有白烟产生，可闻到氨味。农用总氮含量（以干基计）为34.4%~34.6%。

（4）过磷酸钙。其外观为深灰色、灰白色、淡黄色疏松粉状物，稍带酸味，是一种酸性化肥，对碱的作用敏感，容易失去肥效，一部分能溶解于水，水溶液呈酸性。一般情况下吸湿性较小，如空气湿度达到80%以上，有吸湿现象，结成硬块。特级品含有效五氧化二磷为20%，四级品A为13%、B为12%。

（5）钙镁磷肥。其外观为灰白色、灰绿色或灰黑色粉末，粉末极细，在阳光照射下，一般可见到粉碎的、类似玻璃体的物体存在，闪闪发光。其不溶于水，不易流失，不吸湿，无毒性，无腐蚀性，在火上加热看不出变化，熔点在135℃左右。特级品含有效五氧化二磷为20%，氧化钙为40%，氧化镁为12%。

（6）复合肥与复混肥。

①复合肥与复混肥的区别。

A.生产工艺不同。复合肥是通过化学反应化合而成的，其养分含量均匀，颗粒大小、颜色一致；而复混肥是几种肥料通过物理合成加工而成的，生产工艺简单，养分不易均匀，易影响使用效果。

B.养分含量不同。一般来说，复合肥养分固定，高浓度氮、磷、钾各为15%、硫为30%；而复混肥浓度低，总养分一般不超过30%。

C.养分利用率不同。化学反应生成的复合肥养分释放均匀，利用率高；而物理混合的复混肥养分释放不均衡，易造成作物养分吸收过程中的浪费和缺乏。复合肥生产企业要具备“三证”：营业执照、生产许可证和农业使用检验登记证。

②复合肥的检验。

A.形状和颜色。复合肥多为红色颗粒状，也有少数采用白色氯化钾作为原料，呈红色颗粒状，1~4mm颗粒占90%以上。假冒复合肥颗粒性差，多为粉末状，颜色为灰色或黑色。

B.溶解度。复合肥溶解性好，将几粒复合肥放入容器中，加少量水后迅速搅动，颗粒会迅速消失，消失越快，复合肥质量越好。假冒复合肥溶解性差，放入水中搅动后不溶解或溶解少许，留下大量不溶的残渣。

C.烧灼试验。将复合肥放在烧红的木炭上，复合肥会马上熔化，并有泡沫呈沸腾状，同时有氨气放出。假冒复合肥不会熔化或只熔化极少部分。

③复混肥的检验。其外观为灰褐色或灰白色颗粒，有的复混肥料中有粉碎不完全的尿素白净颗粒结晶，也有的复混肥中有整粒的尿素结晶单独存在。其稍有吸湿性，吸潮后颗粒易粉碎，无毒、无味、无腐蚀性。复混肥中的氮肥、钾肥及部分磷肥中的水溶性磷能溶于水，在火上加热时，可见到白烟产生，并可闻到氨的气味，不能全部熔化。

6.2.3 种子的检验

1）种子检验的内容

种子检验包括田间检验和室内检验。田间检验主要是检验品种纯度（指品种典型一致的程度），同时检验杂草、异作物混杂程度、病虫感染率、隔离条件及生育状况等，应在品种典型性表现最明显的时期进行。室内检验因目的不同而有不同内容。收藏入库前，必须进行全项目检验，包括种子纯度、净度、发芽率、水分、千粒重、容重及病虫、杂草等；储藏期主要检验种子水分和发芽率、仓储病虫害等；长途运输要检验种子水分、包装、标签、标志及档案是否完备；播种前主要检验种子发芽率、纯度及净度等。

根据种子外观进行鉴定是常用的种子检验方法，简便易行，而且具有一定的可靠性。对种子进行鉴定前，必须先了解该品种种子的外部特征，包括种子形状、大小、颜色和其他一些特点。真种子应和品种介绍的种子特征相符。比如红粒的丰抗8号小麦品种，如果籽粒变白色，就可断定这批种子不是丰抗8号。大豆品种中早熟3号种子是圆球形的，如果变为长圆形，就应怀疑其真实性。杂交玉米中原单4号的种子为黄色、半硬粒型、籽粒较小，如果变成大粒、马齿型或变成其他颜色，明显是假种子。在鉴别种子真伪时，还应注意该品种种子的特有性状，如特殊颜色、豆类种子的脐色，麦种腹沟的深浅、茸毛的有无，高粱种子胚的形状、凹陷程度等。如果一批种子在粒型、粒色、大小等方面参差不齐，可以据此断定这批种子纯度较差。

通过外观来鉴别种子的品质具有很大的局限性，当真假种子在外观形态上完全一致时，就很难鉴别出来了，因而上述方法只是基本的、辅助性的检验方法。

自2022年3月1日起施行的修订后的《中华人民共和国种子法》第四十七条规定：农业、林业主管部门应当加强对种子质量的监督检查。种子质量管理办法、行业标准和检验方法，由国务院农业、林业主管部门制定。

2）种子常见指标的检验

（1）种子的净度检验。种子的净度是指在试验样品中，本作物种子重量占试样总重量的百分数。在作净度检验时，先检查种子的色泽、气味和大型杂质，利用白天的散射光在黑色底板上用肉眼观察种子，新鲜而有光泽的是好种子，成熟不良的种子、陈种、发霉和受病变侵害的种子暗淡而无光。在作气味鉴别时，可将种子放在手中，用嘴哈气后用鼻吸气闻味，或将种子放入60℃～70℃的温水中，加盖浸泡2～3分钟，将水倒出后闻味，新鲜种子有谷香味，如有麦芽味、酒精味、霉臭味，表示种子已经变质。大型杂质检验是指在样品中发现有0.6cm以上的土块、石块、碎茎等大型杂

（2）农药敌敌畏乳油和农用硫酸铜生产许可证编号为________和________。

（3）化肥外观检验可以观察化肥颜色及结晶形状，如________、钾肥一般是白色或淡黄色结晶；________、碳酸氢铵吸湿性强，容易结块。

3.选择题

（1）检验石材规格时，主要测量（　　）。

A.一平　　B.二方　　C.三够长　　D.四声悦耳

（2）农药内包装标签内容应包括（　　）。

A.品名　　B.剂型

C.储运指示标志　　D.有效成分

（3）尿素烧灼试验中，加热时（　　）。

A.有少许白烟　　B.熔化不冒烟

C.有氨气产生　　D.产生紫红色火焰

4.简答题

（1）在水泥质量验收中，应注意哪些问题？

（2）怎样检验陶瓷釉面砖的质量？

（3）简述种子检验的基本内容与注意事项。

综合应用

□ 实训题

上网收集农药质量检验新发展的相关资料。

□ 案例分析题

微生物肥料："绿色农业"的福音

大量施用农药化肥严重影响了人类赖以生存的生态环境，威胁着农业的可持续发展。在倡导"绿水青山就是金山银山"的今天，微生物肥料因具有成本低、高效绿色、能减少化肥用量提高利用率、能提高土壤有机质和肥力、促进植物生长且不产生有毒有害物质的特点，在这个倡导"绿色农业"的时代拥有十分广阔的应用前景。

广义的微生物肥料是指所有能提高农作物产量和品质的微生物相关的制剂，包括微生物活体制品、微生物代谢物制品以及其他与微生物结合开发的制品。微生物活体制品是利用微生物直接作为活体肥料，如根瘤菌剂、固氮菌剂和有机物料腐熟菌剂等。

据科普中国平台专家介绍，微生物代谢物制品通过扩繁微生物，可以大量生产有益的微生物代谢物。将这些分泌物做成肥料产品，避免了直接利用微生物活体制品作为肥料的局限，不仅拥有活体微生物制品的优点，而且获得的代谢物较为稳定，能直接发挥作用，见效更快，这也成为目前微生物肥料研发的热点和企业产品技术创新的焦点。如目前在农业中应用较为广泛的农用抗生素（杀菌的链霉素、井冈霉素；除草的双丙氨膦；杀虫的阿维菌素等）以及调节植物生长的激素（生长素、赤霉素等），它们可以专一高效地杀灭病虫草害，部分可替代化学农药，减少环境污染且对植物和土壤无毒害作用，同时改变土壤中微生物群落结构，改良土壤。微生物代谢物制品近年来发展十分迅速，商品化的产品遍布了农药的所有领域，已经成为我国微生物源农药的重要组成部分，在替代传统化学农药、改良土壤性能、绿色有机农业方面发挥了重要作用。

近年来，随着人们生活水平的提高，大家越来越关注食品安全问题，倡导绿色有机环境友好，微生物肥料因其能增加土壤肥力、刺激作物生长、提高农产品品质、防治有害病虫草、成本低廉、能减少化肥农药的使用、减少环境污染等优点受到从事绿色农业生产人员的青睐，应用范围不断扩大，商品化的产品也越来越多。

资料来源 梁小波. 微生物肥料：“绿色农业”的福音［EB/OL］.［2021-08-04］. http：//www.nkb.com.cn/2021/0804/378369.shtml？spm=zm1375-001.0.0.1.3RHRYX&file=378369.shtml.经编者节选与改编。

问题：我国微生物肥料近3年来有哪些新进展？

职业工作站

深入生活，提升你的建筑材料质量鉴别能力

● 目标

该项练习能帮助你提高建筑材料质量鉴别能力。

● 内容

考查你所生活的地区建筑装饰材料的质量状况。

● 时间

本章第一次课后的业余时间，要求一周内完成。

● 步骤

（1）3～5名同学分为一组，制订考察方案。

（2）进行实地观察和调查，考察你所生活的地区建筑装饰材料的质量状况。

（3）对观察和调查的质量状况，运用建筑材料相关知识进行分析研究，并撰写书面报告。

（4）各组在班级进行交流、讨论。

第7章 商品储存环境的控制与调节

学习目标

□ 思政目标：引导学生树立科学的理念认识商品储存环境的变化规律，使用科学的方法开展商品储存养护工作。

□ 知识目标：认识商品储存环境的变化规律，温湿度及大气其他成分的基本知识，掌握商品储存环境空气控制与调节的内容。

□ 能力目标：掌握商品储存环境空气控制与调节的基本方法和技能，能进行一般的商品储存养护工作。

7.1 储存环境的变化规律

7.1.1 温度的概念及变化规律

商品储存期间，在各种外界影响因素中，以空气温湿度的影响最为突出。可以这样说，商品储存中所有的质量变化都与温湿度有关。因此，必须根据商品的特性、质量变化规律及本地区气候情况与库内温湿度的关系，加强库内温湿度的管理，采取切实可行的措施，创造适宜商品储存的温湿度条件。

1）温度的概念

温度是表征物体冷热程度的物理量，温度只能通过物体随温度变化的某些特性来间接测量。用来度量物体温度数值的标尺叫温标，它规定了温度的读数起点（零点）和测量温度的基本单位。目前，国际上用得较多的温标有华氏温标、摄氏温标、热力学温标和国际实用温标。

华氏温标（℉）规定，在标准大气压下，冰的熔点为32℉，水的沸点为212℉，中间划分180等分，每等分为1℉。

摄氏温标（℃）规定，在标准大气压下，冰的熔点为0℃，水的沸点为100℃，中间划分100等分，每等分为1℃。

热力学温标又称开尔文温标，或称绝对温标，它规定分子运动停止时的温度为绝对零度。它的单位为开尔文（符号为K），定义为水三相点的热力学温度的1/273.16。由于以前的温标定义中用与273.15K（冰点）的差值来表示温度，因此现在仍保留这个方法。

国际实用温标是一个国际协议性温标，它与热力学温标接近，而且复现精度高，使用方便。

空气的温度表示空气的冷热程度，常用的温标有三种：摄氏（℃）、华氏（℉）和开氏（K）。一般摄氏温度用t、华氏温度用F、开氏温度用T来表示，最常用的是摄氏和华氏两种。它们之间的关系式为：

$$F=1.8t+32$$

$$t=\frac{F-32}{1.8}$$

开氏温标的换算式为：

$$T=273.15+t$$

2）温度的变化规律

（1）气温的日变化。大陆一天之中的最高气温不是出现在中午日射最强的时候，而是在低层大气积累热量最多的14：00—15：00；最低气温不是出现在午夜，而是在日出之前，这时低层大气剩余的热量最少。一天之中最高温度和最低温度的差值称为气温日较差。由于太阳高度的变节随纬度的增高而减小，故气温日较差一般随纬度的增高而减小，在热带平均为12℃，温带为8℃～10℃，极地则只有3℃～4℃或更小。

气温日较差还受季节和天气状况的影响。夏季数值最大，冬季最小；天晴时数值最大，阴天时较小。凹陷的地形具有较大的气温日较差，凸出的地形气温日较差则较小。下垫面（指与大气下层直接接触的地球表面）的性质也影响着气温的日较差（也称气温日振幅）。一般来说，温度变化剧烈的表面，气温的日较差也较大。

（2）气温的年变化。由于太阳辐射的年变化随纬度的增高而增大，所以年较差（一年中月平均气温的最高值与最低值之差）也随纬度而增加。在赤道地区仅为1℃左右，中纬度地区为20℃上下，高纬度地区则达30℃以上。

下垫面性质也是决定年温度幅的重要因素。如下垫面受热和放热剧烈，则一年中气温的升降也会趋于剧烈，从而导致年较差大；反之，年较差小。

（3）库温的变化。库内空气温度一日间或一年每月间的变化称为仓温的日变或年变，它主要随气温的日变与年变而变化。某仓库6月份平均内外气温的日变化如图7-1所示。

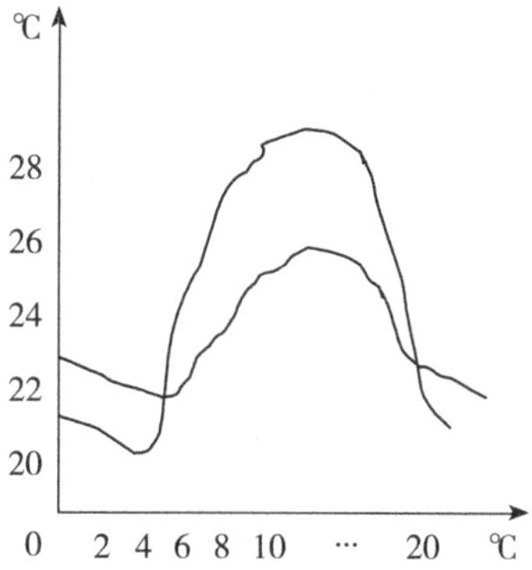

图7-1 某仓库6月份平均内外气温的日变化

从图7-1可以看出，下面四个现象完全符合仓温受气温影响而变化的规律：

①气温逐渐升降时，仓温也随着逐渐升降，仓温主要随气温变化而变化。

②仓温变化的时间总是在气温变化之后1～2小时。

③仓温与气温相比，夜间仓温高于气温，白天气温高于仓温。

④仓温变化的幅度比气温变化的幅度小；仓库的最高温度值常比气温的最高值低，仓温的最低温度值则比气温的最低值高。

此外，库内温度还受到库房建筑材料、库房结构和周围环境等因素的影响。

3）温度的测定

（1）液体温度计。利用水银、酒精、甲苯等测温的感应液体的膨胀来测量温度的仪器，统称为液体温度计。这类温度计管心很细（称为毛细管），一端有膨大的空心泡泡（称为球部），内灌入测温液体，最常用的测温液体是水银和酒精。水银的比热小、导热系数大、易于提纯、沸点较高（356.70℃）、内聚力大，与玻璃不发生浸润作用，因而具有较高的准确度；但凝固点高（-38.87℃），不宜测定-36℃以下的温度。酒精的比热较大、导热系数小、不易提纯、蒸气压大、稳定性不如水银，因而酒精温度计的准确度低于水银温度计。酒精的沸点低（78℃），不易测高温；但酒精的凝固点低（-117.3℃），适于测低温。

水银温度计和酒精温度计有不同的温度刻度范围，其分度值为1.0℃、0.5℃、

0.1℃和0.01℃几种，可根据需要选用。分度值为0.01℃的水银温度计只用于校正其他温度计或测算高精度空调系统内空气温度。

（2）双金属温度计。双金属温度计是把两种线膨胀系数相差很大的金属片焊接在一起，受热后，线膨胀系数大的金属片开始向线膨胀系数小的一边弯曲，弯曲的大小，通过指针指示在刻度盘上，即表示被测温度的大小（如图7-2所示）。

图7-2 指针式温湿度计

DWJ-1型双金属温度计能自动记录一天或一周的空气温度，在使用时应注意：

①在库外使用时应放在百叶箱内，以免日晒或雨淋。

②使用前，用0.1℃分度的水银温度计校正，温度不准时，可调“调节螺丝”，但不应动红漆点封螺丝。

③不要用手摸双金属片及传动机构。

④笔尖上油墨不宜上得太满。

（3）电阻温度计。电阻温度计是利用电阻随温度变化的原理制成的温度计，其包括半导体温度计、遥测土壤温度计等。

电阻温度计主要由敏感元件（导体或半导体元件）和电桥组成，它具有热惰性小、反应快、携带方便、可测物体的表面温度等优点，而缺点则是精度稍差。

（4）数字式温度计。数字式温度计运用现代电子技术，直接显示被测温度的读数，可减少人为误差。

7.1.2 湿度的概念及变化规律

1）湿度的概念

空气中含有水蒸气量高低的程度称为空气的湿度。空气湿度常用绝对湿度、水蒸气压、相对湿度和露点等来表示。

绝对湿度是指单位体积的空气中含有的水蒸气的量克/米^3（g/m^3）或水的蒸汽压毫巴（mb）。一个大气压等于1 013毫巴。绝对湿度（r）与蒸汽压（e）的简化关系式为：

$$r=\frac{0.8e}{1+t/273}\ (g/m^3)$$

不同温度下的空气饱和湿度见表7-1。

绝对湿度是指每1立方米空气中所含的水蒸气克数。饱和湿度是指在一定温度条件下，每立方米空气中最大限度所能容纳的水蒸气量。空气的饱和湿度随温度的升高而加大，随温度的降低而减少。相对湿度是指每立方米水蒸气含量与同温度同体积的空气饱和水蒸气含量之比，其说明了空气中的水汽量距离饱和水汽量的程度。其表达式为：

表7-1　　不同温度下的空气饱和湿度

温度（℃）	饱和水汽量（g/m3）	饱和水汽压（mb）	温度（℃）	饱和水汽量（g/m3）	饱和水汽压（mb）
-1	4.513	5.6	19	16.413	22.0
0	4.835	6.1	20	17.117	23.4
1	5.176	6.6	21	18.142	24.9
2	5.538	7.0	22	19.220	26.5
3	5.922	7.6	23	20.353	28.1
4	6.330	8.1	24	21.544	29.9
5	6.761	8.7	25	22.795	31.7
6	7.291	9.4	26	24.108	33.6
7	7.703	10.0	27	25.486	35.7
8	8.251	10.7	28	26.931	37.8
9	8.857	11.5	29	28.477	40.1
10	9.329	12.3	30	30.360	42.5
11	9.934	13.1	31	31.702	45.0
12	10.574	14.0	32	33.446	47.6
13	11.249	15.0	33	35.272	50.4
14	11.961	16.0	34	37.183	53.3
15	12.712	17.1	35	39.183	56.3
16	13.504	18.2	36	41.274	59.5
17	14.338	19.4	37	43.461	62.8
18	15.217	20.6	38	45.746	66.3

$$相对湿度（r）=\frac{实际水汽压(e)}{饱和水汽压(E)}\times 100\%$$

$$相对湿度（r）=\frac{绝对湿度}{饱和湿度}\times 100\%$$

相对湿度可以表示空气中的实际水蒸气量或蒸汽压距离饱和状态的程度。相对湿度越小，空气中蒸汽压距离饱和状态越远，空气越干燥；反之，相对湿度越大，空气就越潮湿。相对湿度随着绝对湿度的增大和温度的降低而增大。当温度下降到一定程度时，会出现“结露”现象，此时空气的温度就叫露点温度，简称“露点”。

露点是指空气中所含水汽因气温下降达到饱和状态而开始液化成水（结露）时的

温度。含有水汽的空气，其相对湿度会因温度的降低而增大，当温度降到某一数值时，空气中的水汽达到饱和状态（即相对湿度达到100%），随之就会液化，附在商品或库房建筑物等与空气接触的表面上，这种现象叫“结露”。因此，露点是以温度表示湿度的概念。在商品储存环境中，如果温度低于露点，空气中超饱和的水分会在温度低的商品或其他物体表面凝结成水珠，俗称“出汗”，其对怕潮商品有较大的危害性。

仓库中测定温湿度，一般采用干湿球温度计，干球温度为库内气温。根据干湿球华氏温差，转动中间刻有干湿差度的表盘，按照湿球的华氏温度，就可读出表盘中的相对湿度值；再通过计算与查表，便可求出空气中的绝对湿度值与露点。

案例7-1

某商品仓库用干湿球温度计测得干球温度为华氏86度，湿球温度为华氏78度，通过查表求得相对湿度为65%，问绝对湿度为多少克/米³？蒸汽压为多少毫巴？露点为多少？

解：

$$t=\frac{F-32}{1.8}=\frac{86-32}{1.8}=30\ (℃)$$

$$r=t\times E=30\times 65\%=19.5\ (g/m^3)$$

$$r=\frac{0.8e}{1+t/273}$$

$$e=\frac{r(1+t/273)}{0.8}=\frac{19.5\times(1+30/273)}{0.8}=26.8\ (mb)$$

查饱和湿度表，露点为22℃。

商品在一定的环境条件下，能够安全储存的水分界限称为安全水分。当商品干燥而空气潮湿时，进入商品的水蒸气比溢出的多，商品水分增加，这就是吸湿返潮；反之，则为散潮干燥。因此，为了商品的安全储存，必须针对不同的商品，将仓库的湿度控制在适宜的范围内。

2）湿度的变化规律

大气湿度的周期性变化，与大气温度的周期性变化正好相反。一天之中，当温度最低时，即日出之前，湿度最高；午后14时左右湿度最低。年变化也基本相同，相对湿度的年变化在全国很多地区，都是最冷月份湿度最高，最热月份湿度最低。但沿海地区受海洋季风影响，夏季湿度相反，较冬季高。我国部分城市大气湿度的日变化见表7-2。

3）相对湿度的测定

测定空气相对湿度常见的方法有干湿球温度计法、电阻湿度计法、毛发湿度计法、露点湿度计法等，其中以干湿球温度计法应用最广。

（1）干湿球温度计。

①普通干湿球温度计。这种温度计结构简单，使用方便，但精度较差，尤其是气流速度的变化对测定结果影响很大。

表7-2　　我国部分城市大气湿度的日变化（%）

地区＼时间	1月份				7月份			
	1时	7时	13时	19时	1时	7时	13时	19时
哈尔滨	82	83	65	77	87	85	62	78
沈阳	82	84	62	76	92	89	71	78
北京	44	49	25	36	87	81	59	70
兰州	74	81	50	63	66	67	38	43
乌鲁木齐	71	68	63	71	55	50	30	36
武汉	86	89	65	79	84	80	66	76
上海	83	86	52	69	92	89	73	87
重庆	87	91	73	76	89	89	64	74
广州	63	65	44	54	96	91	77	88

②手摇干湿球温度计。这种温度计能利用自身的旋转产生一定的气流，从而减少气流速度对测定结果的影响，但使用不方便，气流速度也不够稳定。

③带风扇的干湿球温度计。这种温度计又称阿斯曼通风干湿表，是较理想的测量相对湿度的仪器。它由较精确的温度计、带发条的小风扇和防止辐射热影响的金属护套等组成。

使用干湿球温度计应注意以下几点：

一是包裹干湿球温度计的纱布力求松软，并有良好的吸水性。常用的纱布，其宽为水银球周长的1.3～1.5倍，长比水银球高度多10mm以上。包裹时，用细线把水银球上部扎紧，并将纱布抹平，球的下部也用细线扎牢，但不必太紧，球下部的纱布约5mm长。纱布应经常保持清洁、湿润。

二是测定时，应尽快读数，并应避免对着温度计急速呼吸，以保证测定的准确性。

三是纱布浸水前，干球温度计和湿球温度计的读数差不应大于0.1℃。

干湿球温湿度计如图7-3所示。

图7-3　干湿球温湿度计

（2）电子式湿度传感器。

电子式湿度传感器产品及湿度测量技术是20世纪90年代出现的，近年来，国内外在湿度传感器研发领域取得了长足进步。湿敏传感器正从简单的湿敏元件向集成化、智能化、多参数检测的方向迅速发展，为开发新一代湿度测控系统创造了有利条件，也将湿度测量技术提高到新的水平。随着电子技术的发展，近代测量技术也有了飞速的发展，电子式温湿度计也逐渐得到广泛应用。电子式温湿度计如图7-4所示。

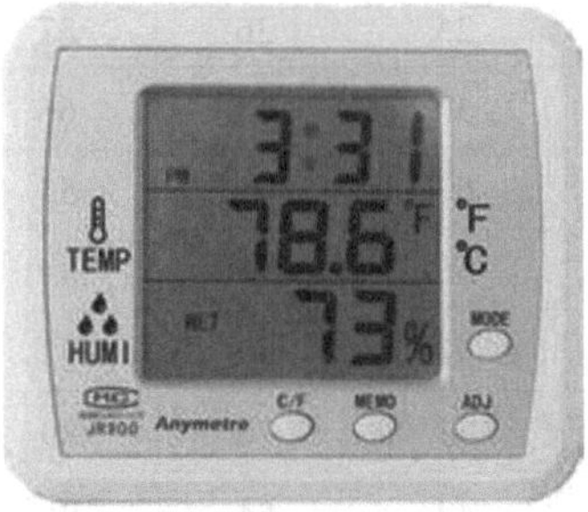

图7-4 电子式温湿度计

①电子式湿度传感器的特点。

湿度传感器生产厂在产品出厂前都要采用标准湿度发生器来逐支标定，电子式湿度传感器的准确度可以达到2%～3%RH。

在实际使用中，由于尘土、油污及有害气体的影响，使用时间一长就会产生老化、精度下降，湿度传感器年漂移量一般都在±2%左右，或者更高。一般情况下，生产厂商会标明1次标定的有效使用时间为1年或2年，到期之后需重新标定。

电子式湿度传感器的精度水平要结合其长期稳定性去判断，一般来说，电子式湿度传感器的长期稳定性和使用寿命不如干湿球湿度传感器。湿度传感器是采用半导体技术，因此对使用的环境温度有一定要求，超过其规定的使用温度将对传感器造成损坏。所以，电子式湿度传感器测湿方法更适合于在洁净及常温的环境中使用。

②使用电子式湿度传感器的注意事项。

传感器是非密封性的，为保证测量的准确度和稳定性，应尽量避免在酸性、碱性及含有机溶剂的环境中使用，也应避免在粉尘较大的环境中使用。为正确反映欲测空间的湿度，还应避免将传感器安放在离墙壁太近或空气不流通的死角处。如果被测的房间太大，就应放置多个传感器。

有的湿度传感器对供电电源要求比较高，否则将影响测量精度，或者传感器之间相互干扰，甚至无法工作。使用时，应按照技术要求提供合适的、符合精度要求的供电电源。

传感器需要进行远距离信号传输时，要注意信号的衰减问题。当传输距离超过200m以上时，建议选用频率输出信号的湿度传感器。

（3）毛发湿度计。毛发湿度计是利用脱脂毛发吸湿后变形的特征来反映相对湿度大小的仪器，由金属架、毛发、刻度板、指针、调节与固定螺丝、小锤等部分组成。

毛发湿度计的毛发细而脆，不应用手指触摸，以免折断。毛发脏污后，可用毛笔蘸蒸馏水洗刷。移动和搬运仪器时，应将毛发的杠杆松开，避免毛发振断。

自动记录的毛发湿度计，通过记录盘的连续转动，指针头部的笔尖便自动记录出空气相对湿度的变化曲线。DHJ-1型毛发湿度计能自动记录一天或一周的空气相对湿度，测量范围为30%～100%，分度值为1%，最大允许误差为±6%，可在气温-30℃～40℃的环境中使用。

毛发湿度计在出厂前虽经过调整，但经过长期运输和存放，毛发可能变干，因此在使用前应使毛发恢复性能。其方法是用毛笔蘸蒸馏水把毛发润湿，使其含水量达到饱和点，反复润湿多次，使相对湿度不断接近95%。此外，在使用前还需用干湿球温度计校正，如果有误差，可以用调节毛发两端的固定螺丝来改变毛发长度的办法消除。

（4）露点湿度计。露点湿度计是用确定露点的方法来测定空气相对湿度的仪器，由金属盒、塑料圆框和紧固在一起的金属围环组成，装在支杆和三足座上，附带温度表和橡皮球。

相关链接7-1

环境监控技术为高校图书馆营造舒适环境，提高师生工作学习效率

1.背景现状

随着绿色建筑的概念不断普及，大型的公共建筑不仅需要考虑良好的外观造型和便利的地理位置，还需要为人们提供更加深层次的舒适环境以满足人们新的追求。人们在对室内环境要求越来越高的同时，也更加关注建筑环境的附加属性，如功能性、节能性、舒适性等。高校图书馆是高校中的重要建筑物之一，发挥着存储重要文献资料、提供书籍借阅服务以及为师生提供良好的学习和工作环境等作用。

高校的图书馆主要面向的人群是教师和学生，其环境监控同时要兼顾书籍的合理储藏环境。

2.解决方案

高校图书馆的种种特殊性质，需要更高的环境监控设计，因此通常使用智能环境监测技术来实现对高校图书馆进行全方位智能环境监测。

智能环境监测设备是基于最新的无线传感技术研发的，可以精确地感知环境的细微变化。对于高校图书馆的环境来说，比较重要的就是温度、湿度以及光照强度这三个参数。环境监测设备会实时收集这些数据，并上传到云端后台。

在图书馆人流量不稳定的情况下，管理员可以通过云端后台实时可视化地了解图书馆所有区域的环境参数，并据此进行调节，保证图书馆的环境保持舒适和稳定。

当某个区域的环境参数出现异常，让人感到明显不舒适时，环境监测设备会发出报警信息，在云端后台的界面上提醒管理员及时调节相应区域环境。

资料来源　云息通信. 环境监控技术为高校图书馆营造舒适环境，提高师生工作学习效率! [EB/OL]. [2021-06-17]. https://www.sohu.com/a/472492117_121131204.经编者节选与改编。

7.1.3 大气其他成分与环境卫生

1）大气污染成分

大气污染是指未受污染的洁净状态的大气中，又增加了对人体健康、动植物生长以及商品储存有害的成分，如硫化物、氮化物、氯化物、氟化物、氧化物、有机物、粉尘、细菌、霉菌等。

大气污染物主要来自燃料（煤、石油、煤气、天然气等）燃放出的烟尘和工业生产过程中的粉尘与废气以及有机物的腐烂。

储存在污染大气中的商品，其变质速度明显加快。金属在乡村大气中的锈蚀程度比在工业生产环境、海洋大气中轻得多，其原因就是受大气污染成分的影响不同。大气中的二氧化硫能加速铁、铜、锌、镉等金属的锈蚀，空气中如含有0.01%的二氧化硫，可使这些金属的锈蚀速度加快几十倍，这就是在工业生产环境下金属很快锈蚀的重要原因。

铝在海洋大气条件下的锈蚀速度比在乡村大气条件下快几十倍到上百倍，影响的主要因素是积聚在金属表面上的氯化物，特别是氯化钙和氯化镁。它们具有吸湿作用，易在金属表面形成液膜，当昼夜或季节气候变化达到露点时，尤其明显。

大气中的二氧化碳、硫化氢、二氧化氮、氨等污染性气体会使金属锈蚀加快；大气中的灰尘落在金属表面上，也使金属容易锈蚀；真菌和霉菌也会沉积在金属表面，保持其表面上的水分，使金属锈蚀。皮革、纤维、橡胶、木材、油漆等制品受霉菌的侵蚀，会发生霉变；二氧化硫会使皮革制品、纸张制品、纤维制品脆化；硫化氢能使某些涂料变色；臭氧能使纤维制品强度下降、染料褪色，也能使橡胶制品脆裂、弹性下降。

2）日光

日光也是影响商品品质的一个重要因素。日光中包含各种频率的色光（可见光谱）约占50%，红外线约占43%，紫外线约占7%。其中，红外线有增热作用，可以增加商品的温度，降低商品的含水量；紫外线有杀死微生物的作用，大多数细菌只要日光照射1～2小时就会死亡，其他微生物光照1～4小时，大多数也会死亡。但是，有些商品在日光照射下，会发生剧烈或缓慢的化学反应。如在日光和空气的作用下，酒类会变浊，油脂会加速酸败，橡胶、塑料、纺织品、纸张会加速老化。商品成分中含有不饱和的化学键在日光作用下，易发生聚合反应，丙烯腈、福尔马林、桐油等结块、沉淀就属于这种情况。有些商品，如油布、油纸在日光照射下会氧化放热，若不及时散热，不仅会加速这些商品的氧化，还可能使其达到自燃点引起火灾。照相胶卷和感光纸未使用时见光，会发生光反应而成为废品。

3）氧气

商品储存的周围空气中，通常会有1/5的氧存在。氧能加速五金商品的锈蚀，加速害虫的生长繁殖，商品霉变也有氧的作用。在腐败微生物中，也有部分好气性细菌需要氧，缺氧就会受到抑制甚至死亡；含有不饱和成分的油脂和肥皂，接触空气中的氧后会逐渐氧化、酸败。另一些具有生理机能的商品，要借氧进行呼吸作用，如粮食、果蔬、鲜蛋等。

由此可见，氧对储存商品的质量变化有极大的影响。仓储工作者应根据具体商品采取相应的控氧技术。通常，氧含量降到5%以下，呼吸强度明显下降；但氧含量又不能太低，许多蔬菜在氧含量低于1%时，缺氧呼吸显著增加，易发生缺氧生理病害，抗病性大为削弱。然而在有氧呼吸的同时，要产生大量的二氧化碳，二氧化碳对细胞原生质有麻醉作用；空气中积累适量的二氧化碳也会抑制呼吸作用，高二氧化碳的毒害又可由提高氧的含量而减少或消除。这些就是气调储藏的理论依据。

4）卫生条件

保持商品本身和仓库以及环境的卫生条件，是商品避免变质、霉腐、虫害的重要措施之一。卫生条件不良，不仅会使尘埃、油垢、垃圾、腥臭气味等污染商品，造成某些外部疵点和感染异味，还为微生物、害虫等创造了生长、繁殖和活动的条件，造成商品的霉变和损坏。因此，必须保持商品储存环境和商品本身的清洁卫生。除此之外，还应注意商品之间的不良影响，如颜色和气味的玷污、脆性和硬性商品的碰撞、氧化剂与易燃物的混仓储存等。同时，还要十分重视商品的包装，因为商品包装也是商品储存期间影响商品质量变化的因素之一。包装物的好坏会直接影响商品质量。

以上所阐述的商品储存环境对商品质量的影响，主要是就外界条件而言的。但是，这些外界条件要通过商品的内因而起作用，它们之间是相互联系和相互影响的。

7.2　环境空气的控制与调节

7.2.1　密封与通风

1）密封

仓库密封就是把整库、整垛或整件商品尽可能严密地封闭起来，减弱外界不良气候条件的影响，切断外界感染途径，以达到商品安全储存的目的。

密封措施可以说是仓库环境管理工作的基础，没有密封措施，也就无法运用通风、吸潮、降温、升温和气调的方法。对库房进行密封，能保持库内温湿度处于相对稳定的状态，从而实现防潮、防热、防干裂、防冻、防溶化的目的，并可达到防霉、防火、防锈蚀、防老化等各方面的效果。

（1）密封储存应注意的问题。

①认真检查商品的质量、温度和含水量是否正常，如发现商品发霉、发热、发黏、出汗、生虫或商品含水量超过安全范围以及包装材料含水量过大，就不能进行密封。只有进行必要的处理，使商品的质量和含水量达到安全限度时，才能进行密封。

②密封的时期要根据商品性质和气候变化规律来确定，怕潮、易霉的商品，应在梅雨季节到来之前进行密封；怕热、易溶的商品，应在较阴凉的季节进行密封；怕干裂的商品，应在温度较高、干燥期到来前进行密封；怕冻的商品，应尽可能提前在气温较高时进行密封。

③商品密封后，要加强检查管理工作，因为密封只能是相对的密封，不能完全隔

绝气候条件对商品的影响。在检查中若发现商品、包装材料有异状或温度不适宜，要及时采取措施，保证商品质量的安全。

（2）密封储存的几种形式。

①整库密封。对储存量大、出入库动态不大的商品宜采取整库密封。其具体做法是：将门窗缝隙用毡条或棉布条堵严，留作出入的门应加装隔潮门，门上要挂门帘。由于地潮会使商品受潮，所以要注意地面防潮。通常是在库内的地面上加铺一层沥青与水泥防潮层，也可以铺一层石块或水泥块，再垫一层枕木，上铺木板，木板上再放一层油毡和一层芦席，然后存放商品。

②按垛密封。对于一些怕潮易霉或易于干裂的商品，可以用防潮效果好的材料，如塑料薄膜、油毡、防潮纸等，将货垛上下四周围起，进行整垛密封，以减少气候变化对商品的影响。目前，各地比较普遍采用的方法是用塑料薄膜密封货垛。其具体做法是：在垛底层先垫枕木，上铺木板，木板上铺油毡和苇席，然后再铺整块塑料薄膜，在薄膜上堆放商品；货垛堆成后，在垛顶苫以塑料薄膜，将垛上与垛下薄膜的四边互卷在一起用夹子夹紧，使其不透气。有条件的地方若能将塑料薄膜通过热合方法粘连起来，制成塑料帐幕，密封的效果将会更好。密封商品要求含水量降低到储存标准以内。

③货架（柜、橱）密封。对出入频繁、零星而又怕潮易霉、易干、易生虫、易锈蚀的商品，可以采用货架密封法。密封时，先将货架内外的缝隙裱糊严密。裱糊时，在有缝隙处应先糊一层软纸，然后再糊一层牛皮纸或防潮纸。货架的门缝可以加毡条或橡胶条，以保持严密。若储存特别易潮、易霉、易锈蚀的商品，可在货架内放一容器，内装硅胶或氯化钙等吸湿剂，以保持架内干燥。若储存易虫蛀的商品，还应在货架内放入适量的精萘、樟脑丸等驱虫剂。

④按件（箱）密封。按件（箱）密封主要是将商品的包装严密地进行封闭，一般适用于数量少、体积小的易霉、易锈蚀商品，如皮革制品、竹木制品、金属制品、乐器、仪表等。

多数易吸潮、生霉、溶化、生锈的商品，都适宜先用塑料袋按件包装，经热合封口后，放在包装箱、包装桶或包装袋内。这种密封包装简单易行，效果好。

各种密封方法可以单独使用，也可以结合使用。总之，要根据商品养护的需要，结合气候情况与储存条件，因地制宜，就地取材，灵活运用。

2）通风

通风就是根据空气流动规律，把库外适合商品储存的新鲜空气送入库内，把库内污浊的空气排到库外，改善商品储存空间的温湿度条件，防止商品质量变化。利用通风调节库内温湿度，是既经济又易行的有效方法，仓库保管员应予以重视并掌握运用。

（1）通风原理。我们已经知道，空气总是从压力大的地方流向压力小的地方。这种自然流动的空气，也叫气流。风实际上就是气流。利用库内外空气温度的不同构成的气压差，使库内外空气自然流动和交换，从而达到调节库内温湿度的目的，就是自然通风的基本原理。

当库内外温度不同时，如果库内温度高，空气密度小，其气压就低；库外温度低，空气密度大，其气压就高。只要库内外的温度不同，就会产生气压差，此时开启库房的通风口，就会引起库内外不同气压差的空气自然对流，库外空气就会自然流入库内。库内外温差越大，气压差也越大，空气流动速度也就越快。

（2）通风条件。仓库通风必须根据库存商品的性质，先明确库房应具备的温度和湿度范围。一般来说，在库内温湿度适合商品储存的条件下可不进行通风。如果库内空气温湿度不适合商品储存或商品本身水分过高，就需要认真对比分析库内外温湿度情况，参考风力和风向等因素，选择适宜的时机通风。一般有下述几种情况：

①通风降温或升温。通风降温主要针对一些对空气湿度要求不严，而对温度要求比较严格的怕热商品，如玻璃瓶或铁桶装的易挥发或易溶化的化工原料、化学试剂等。对于这类商品，在高温季节，只要库外温度低于库内温度，就可以通风。此外，对于一些怕冻商品，在低温季节，只要库外温度高于库内温度，就可进行通风。

②通风散潮。通风散潮一般是指对易霉腐、溶化、锈蚀等商品的通风，目的是降低库内的相对湿度。由于库内外温度不一致，不能简单地对比库内外的相对湿度来决定是否通风。这类通风的一般原则是库内绝对湿度大于或等于库外绝对湿度，而且库内条件是：

库内温度、绝对湿度和相对湿度均大于库外。

库内温度等于库外，绝对湿度和相对湿度均大于库外。

库内温度小于库外，绝对湿度和相对湿度均大于库外。

库内温度小于库外，绝对湿度等于库外，相对湿度大于库外。

库内温度大于库外，绝对湿度大于库外，相对湿度等于库外。

当库内温度、绝对湿度大于库外，但相对湿度小于库外，而库外相对湿度又不大于库内商品的安全相对湿度时，也可以通风。这是因为库内相对湿度低于库外是库内温度高于库外的缘故，通风以后，库内温度和绝对湿度都会下降，相对湿度可能会上升，也不会大于商品安全相对湿度，这对商品保管是有利的。

当库外温度大于库内，绝对湿度稍大于库内，相对湿度或商品的含水量已超过商品的安全相对湿度，或商品的含水量已超过安全水分范围，需要散潮时，也可以通风。这类通风称为提温降潮。一般来说，散潮通风要以降低绝对湿度为主，如果库内绝对湿度小于库外，通风后会使库内绝对湿度增加，这是不利的方面。但当库内相对湿度高于商品的安全相对湿度或商品含水量过高时，如果不迅速降低库内的相对湿度，商品在高温环境下极容易变质。因此，发现库外气温高于库内较多，而绝对湿度相差不大时（这种机会在春夏之际较多），利用通风升高库内温度，从而降低库内相对湿度，能为商品提供良好的储存环境，这是有利的方面。比较起来，利多弊少，所以不失为通风时机。采用提温降潮方法时，要掌握以下两个条件：

一是库内相对湿度超过商品的安全相对湿度或商品含水量超过安全水分，否则通风利少弊多。

二是库内外温差大，升温是降湿矛盾的主要方面，而通风后绝对湿度虽有提高，但仅是降湿矛盾的次要方面。通风后，温度上升使相对湿度下降的幅度比绝对湿度提高使相对湿度上升的幅度大，库内相对湿度就会有较大幅度的下降。

通风时机的选择是一项比较复杂的工作，要根据商品性质、库房条件和气候变化规律灵活运用，特别是要树立“变化”的观念，因为一切事物都在变化之中。例如，某一时刻观察温湿度时，可能具备了通风条件，但过了一段时间，就可能不具备通风条件，反之亦然。上面我们研究通风条件时，是在静态的条件下研究的，把温湿度变化趋势抽象化了。在实际运用中，除了对比某一时刻的温湿度外，更重要的是考虑温湿度的变化趋势是有利于仓库通风，还是不利于仓库通风。即使在通风过程中，也应该常观测库内外温湿度变化情况和通风效果，采取相应的措施。

（3）通风方式。

①自然通风。自然通风是依靠自然风力产生的“风压”或依靠库内外温差所产生的气压差，使库内外空气获得交换。

仓库决定通风后，在库房门、窗开启时，应先开背风面，后开迎风面；在停止通风时，应先关迎风面，后关背风面。开启门窗，要抓紧进行，最好采用手摇连动开、关窗装置，以捕捉通风的有利时机。借助风力通风时，要注意风力不能超过5级，并要注意防止灰尘污染商品。开启门、窗一般以全部敞开效果最好，空气交换快，开门要比开窗效果好。

为了提高通风效果，货垛堆码时的方位和货垛的垛距应与通风窗的方位相对称。商品堆码以小型货垛为好，垛与垛之间要保持一定的垛距，如堆大型货垛通风时会使气流受阻，垛大而无空隙，通风只能是在货垛四周，对垛内商品特别是垛心商品起不到通风的效果。

②机械通风。机械通风是运用机械动力来促进库内外空气的交换，调节库内的温湿度。在仓库上部装有排风设备的库房，根据热空气上升、冷空气下沉的原理，借机械通风的作用，可以促使库内外空气交换。对于使用地面机械排风设备的仓库，方法可以灵活多样。

A.缩小库内上、下部的空气温差，防止露点温度的产生。这种通风，应使机头朝下，向垛地坪吹风，促使空气上下层混合，逐渐缩小温差，接近均衡。

B.加速空气交换，保持库内空气不断更新。这种通风，在排风时应以侧面通风的方法，采用射流－回流式排风，即应用机械把库外空气排入库内，经过库内通道、走道和垛距空间，进入回风口排出，如此循环往复，使库内外空气得到交换。

C.以风力加速商品的透风散热。这种通风，是针对超过安全水分的商品或外湿严重的商品、本身温度偏高又有发热、霉变可能的商品而言的，借助风力强吹，使其透风散热，防止霉变。

小思考7-1

通风只能调节库内温度。这句话正确吗？

答：不正确。通风不仅可以调节库内温度，也能调节库内湿度。

7.2.2 吸潮与空调器调节

1）吸潮

吸潮是与密封紧密配合，用以降低库内空气湿度的一种有效方法。在梅雨季节或阴雨天，当库内湿度过大，又无适当通风时机时，在密封库里采用吸潮的办法，能降低库内空气的相对湿度。

吸潮的方法大致可分为两种：一种是吸潮剂吸潮，另一种是空气去湿机吸潮。

（1）吸潮剂吸潮。吸潮剂的种类很多，常用的有以下几种：

①生石灰。生石灰化学名为氧化钙，分子式是CaO，在潮湿空气中容易吸取空气中的水分，变成熟石灰，并放出热量。

$CaO+H_2O \rightarrow Ca(OH)_2$

生石灰吸潮速度较快，一般每千克能吸水0.25千克左右。使用生石灰时，应先将其分成小块，用容器盛放，放在库内垛底、墙边等地。

生石灰在吸潮过程中，能放出一定的热量，但作用缓慢，对库温并没有明显影响。使用生石灰吸潮时，要防止其与大量水分接触，以免迅速反应放出大量热量，引起火灾事故。生石灰吸潮后生成氢氧化钙，其具有较强的腐蚀性，并能与空气中二氧化碳反应，放出水分。所以，在使用时，要勤检查，发现潮湿松散现象应及时更换，并注意做好库房防漏与安全防火工作。对于怕碱性商品，如毛丝织品、皮革制品等，不能使用生石灰吸潮。由于生石灰吸潮弊端较多，目前商业仓库已很少使用。

②氯化钙。氯化钙（$CaCl_2$）是一种白色固体，有无水氯化钙和工业氯化钙两种。无水氯化钙吸湿性较强，每千克约能吸水1～1.2千克。仓库里通常用作吸潮剂的多是工业氯化钙，其吸水性略差些，每千克约能吸水0.7～0.8千克。

氯化钙吸潮后，便溶化为液体，变成氯化钙的水化物。因此，使用时应放在筛上，下放容器盛装吸湿后的液体。有条件的仓库，可建造立体排风氯化钙吸潮室，不仅吸潮效果好，而且库内清洁卫生，还能降低保管员的劳动强度。其具体做法是：在库房外建一个1平方米左右的小室，比库房略低，小室地下埋一口缸，缸内盛放氯化钙。小室内上部与底部各开一个通风洞与库内相通，上部的通风洞装一台往内排空气的排风扇。这样排风扇一动，库内空气经底部通风洞进入小室，氯化钙从空气中吸取水分，然后干燥空气经上部排风扇排入库内，如此循环往复，降低底部湿度。另外，为了更换氯化钙，小室应开门，但排风扇工作时必须把门关紧，否则劳而无功。吸潮溶化后的氯化钙溶液，经冷却结块后可继续使用。氯化钙是目前仓库里常用的吸潮剂，使用时要防止污染商品和地面。

③硅胶。硅胶是无色透明或乳白色的颗粒状或不规则固体，具有良好和持久的吸潮性能，每千克约能吸水0.4～0.5千克。硅胶吸水后不溶化，不玷污商品，经烘干后仍可以继续使用。硅胶比较昂贵，一般在精密仪器、贵重商品的小包装内使用。

除了以上几种吸潮剂外，库房管理人员还可以因地制宜，就地取材，如使用木炭、炉灰和干谷壳等进行吸潮。

（2）去湿机吸潮。去湿机根据水的三态转换原理来降低空气的相对湿度。

去湿机的工作原理：室内潮湿空气经过滤器（吸尘泡沫塑料或金属网）到蒸发器，由于蒸发器的表面温度低于空气露点温度，空气中的水分就会凝结成水滴，流入接水盘经水管排出，使空气中的含水量降低。被冷却干燥空气继续前进，经过冷凝器进行等湿量加热后，使空气相对湿度进一步降低，最后由离心机送入室内。由于室内空气如此不断循环，水分也就不断地凝结下来，使室内空气相对湿度不断下降，直至达到所要求的相对湿度时停机。

学习微平台

延伸阅读7-1：有关空气除湿机的小知识

2）空调器调节

空调器调节是指利用制冷以及制暖的空气调节系统，调节库内的温湿度，加速空气流动及空气净化处理等，创造一个适宜商品储存的环境。空调器与去湿机配套使用，可形成恒温恒湿的小气候环境。可以说，空调器和去湿机应用于仓库，提高了仓库科学调控温湿度的水平。仓库使用的空调器可分为窗式、分体式和大型集供式三种。

案例7-2

南昌市湾里区档案馆档案库房温湿度实现智能化管理

日前，江西省南昌市湾里区档案馆档案库房温湿度监控系统安装结束，正式投入使用，开始对档案库房温湿度实施24小时智能化监控管理。

湾里区档案馆档案库房温湿度监控系统安装了温湿度探测器，可以实时地监测档案库房温湿度变化情况，自动记录档案库房每天的温湿度数据。当档案库房温湿度超过警戒线时启动自动报警功能，便于库房管理人员及时启动调节库房温湿度调控设备，实施空调控温、除湿机除湿，切实做好档案库房温湿度控制和调节，确保库藏档案保管环境符合国家规定要求，从而最大限度地延长库藏档案的寿命，确保库藏档案得到科学、安全保管保护和有效利用。

资料来源　湾里区档案馆. 南昌市湾里区档案馆档案库房温湿度实现智能化管理［EB/OL］.［2019-10-29］. http：//www.zgdazxw.com.cn/news/2019-10/29/content_297695.htm.

问题：上述案例对我们做好仓库的温湿度管理有何启发？

分析提示：从温湿度概念、仓库智能化管理等方面进行分析。

7.3　空气净化

7.3.1　仓库有害气体的净化

仓库经常遇到的几种有害气体中，有的毒性很强，有的腐蚀性很强，有的与空气混合有爆炸危险。任何有害气体的危害，只有在它达到一定的浓度时才显现出来，在这个浓度以下其危害性并不显著。有害气体净化的目的就是要把空气中有害气体的浓度控制在允许浓度标准以下。

由于各种有害气体的性质不同，净化时应针对不同的有害气体采用不同的方法。有害气体净化的方法通常有吸附法、吸收法和催化法三种。

（1）吸附法。固体物质将某种物质的分子吸附于其表面的现象称为吸附作用，具有吸附作用的固体物质被称为吸附剂，被吸附的物质称为吸附质。

实践证明，同一吸附剂在相同条件下，对不同的物质有不同的吸附能力。如硅胶能吸附大量的水蒸气，而对于空气几乎不吸附；活性炭能吸附大量氯气和氨气等，而对一氧化碳、氢气、氮气和氧气等则几乎不吸附。这类现象统称为吸附剂的选择，它是由吸附剂和吸附质本身的性质所决定的。利用吸附剂这种特征，选择适当的吸附剂，从混合气体中除去某种有害气体，这就是吸附法净化空气中有害气体的基本原理。

应当指出，吸附剂对吸附质的吸附是有限度的，当吸附了一定量后，吸附作用即停止。

吸附可分为物理吸附和化学吸附（又称活性吸附）两种，前者具有可逆性，即在一定条件下可以脱吸，如硅胶在常温下能吸附大量水蒸气，而在150℃～180℃时，又能使水蒸气从中脱吸出来；化学元素吸附剂主要依靠化学元素键力吸附，不能脱吸，如经过特殊溶液浸渍的活性炭就属于这一种。

吸附作用在吸附剂表面发生，吸附剂表面越大，吸附量也就越大。吸附剂一般均属极其疏松的固态泡沫，具有巨大的内吸附表面积，而其外表面积仅占总表面积的极少部分。例如，硅胶的内表面积可达$500m^2/g$以上，活性炭的内表面积可达$1\,000m^2/g$以上。

（2）吸收法。利用化学元素的反应原理来吸收有害气体的方法称为化学元素吸收法。有些化学反应具有可逆性。

（3）催化法。能够改变化学反应速度，而本身在化学反应前后并不发生变化的物质称为催化剂。在催化剂的影响下，化学反应速度改变的现象称为催化。

上述三种方法，每种都有它的局限性，为了消除仓库中的有害气体，在实际中，可把这三种方法结合起来使用。

吸附器是应用吸附法原理制成的吸附设备，设计时应注意以下问题：

其一，吸附器内应容纳一定量的吸附剂，使其连续长时间工作，不需要经常更换，但是吸附器也不宜太厚，以免阻力过大。

其二，吸附器断面上的气流分布应保持均匀，为了提高吸附剂的动活性，吸附器断面上的平均流速应控制在0.1～0.5m/s。

其三，吸附剂的吸附能力随空气温度的升高而下降，气体温度高于38℃时，应考虑降温措施。

其四，主气体中含有其他可能被吸附的成分时，应先除去，以保持有害气体的净化效果。例如，排出的空气中水蒸气含量较高时，吸附剂会同时吸附水蒸气，减少有害气体的吸附量。

其五，进入吸附器的有害气体的浓度在1～2ppm以下时，可以采用不更新的吸附器，只要吸附质挥发性不大，在保证安全的情况下，可以把吸附器和吸附质一起丢弃。有害气体浓度较高时，要考虑吸附剂的再生，对于连续操作的工艺过程，至少要设两台吸附器，一台操作，一台再生。

吸附器可分为固定床、流化床、沸腾床等几种，在通风工程中主要采用固定床。由于吸附剂价格贵、吸附设备较庞大，吸附法主要用于以下几个方面：

一是对于低浓度气体，吸附法的净化效率比吸收法高。吸附法常用于浓度低、毒性大的有害气体，其处理的气体量不宜过大。

二是用吸附法净化有机溶剂蒸气，具有较高的效率。

三是处理的气体量较小时，用吸附法灵活方便，如防毒面具就是一个小型的吸附器。

空气中含有某些有害气体需要清除时，常常采用活性炭过滤器，以吸收各种有害气体和挥发物。活性炭过滤器可以做成和滤尘器一样的定型设备。

活性炭过滤器对几种有害气体的吸附能力见表7-3。

表7-3 **活性炭过滤器对几种有害气体的吸附能力**

空气中有害气体的浓度	过滤层厚度12.5mm
SO_2 0.26～0.32ppm，相对湿度=50%	＞96
0.27～0.32ppm，相对湿度=80%	＞96
H_2S 0.27～0.32ppm，相对湿度=50%	＞95
0.27～0.32ppm，相对湿度=80%	＞95
NO_2 0.17～0.21ppm，相对湿度=50%	＞95
0.17～0.21ppm，相对湿度=80%	＞95

注：空气温度25℃，滤速20cm/s。

7.3.2 仓库空气的除尘

将空气中的灰尘或雾沫分离出来，使空气得到净化称为除尘，又称气溶胶净化。

（1）过滤除尘。过滤除尘就是通过凌乱地布置许多孔道的多孔过滤层或者纤维层，使含气溶胶的空气得到净化。

过滤层的材料是可经过化学元素处理的聚氨酯泡沫塑料、玻璃纤维、无纺布和过滤纤维纸等。过滤除尘的机理主要是筛滤作用、拦截作用、惯性作用、扩散作用、静电作用等。

（2）静电除尘。使空气中的气溶胶在高压静电场内荷电沉降的除尘方法称为静电除尘。其使用的设备，国产的有静电空气过滤器和静电空气净化器。

静电除尘的特点是空气阻力小、过滤效率高，能够捕集从0.01μ到100μ的各种气溶胶悬浮物。静电除尘设备不宜用在高温高湿场合，也不宜在常温下可能点燃油雾、油气或其他爆炸性气体的场所使用。

（3）旋风除尘器除尘。旋风除尘器是利用气流旋转过程中作用在尘粒上的惯性离心力，将尘粒从气流中分离出来的除尘装置。旋风除尘器结构简单、体积小、维护方便，对于10～20μm的粉尘，效率为90%左右。旋风除尘器在通风工程中得到了广泛的应用，它主要用于10μm以上的粉尘，一般用作多级除尘的第一级。

7.3.3　仓库空气的灭菌

对于有无菌要求或经常被细菌污染的库房，有必要对空气进行消毒（灭菌）。空气中的细菌总是附着在灰尘上，所以要灭除空气中的细菌，必须对空气进行净化。空气洁净度越高，含有的细菌越少。消毒的方法有以下几种：

（1）紫外线消毒法。紫外线有杀菌的能力，紫外线照射之处，细菌都会被杀死。其具体做法是：将紫外线灯泡（灯泡内充以水银蒸气）放入房间或风道内，当灯泡通电时，则有紫外线射出，灯泡照射的强度和时间，根据空气的污染程度和细菌类别而定。

（2）加热消毒法。当空气被加热到250℃～300℃时，细菌就会死亡，一般用电加热器加热空气。

学习微平台

延伸阅读7-2：药品储存管理制度

（3）臭氧消毒法。臭氧是不稳定的氧化合物，很容易分解为分子氧和原子氧，而原子氧有极强的氧化力，可以杀死细菌，所以可用以消毒。但臭氧奇臭，在空气中的允许浓度仅为1.0mm/m^3，这样低的浓度不足以杀死细菌，所以经过臭氧消毒的空气不允许被送到有人停留的地方。

基本训练

□ 知识题

1.判断题

（1）仓库温度变化总是落后于气温的变化。　（　　）

（2）露点是以温度表示湿度的概念。　（　　）

（3）仓库中氧气对商品储存利大于弊。　（　　）

2.填空题

（1）空气湿度常用相对湿度、________和________等来表示。

（2）大气污染物主要来自________燃放出的烟尘和工业生产过程中的________以及有机物的腐烂。

（3）仓库空气消毒灭菌的方法有紫外线消毒法、________和________等。

3.选择题

（1）空气的温度是表示空气冷热的程度，常用的温标有三种，最常用的是（　　）。

A.华氏温标　B.开尔文温标　C.摄氏温标　D.国际实用温标

（2）测定仓库温湿度最常见的器具是（　　）。

A.干湿球温度计　B.数字式温度计　C.电阻温度计　D.露点湿度计

（3）仓库空气除尘的方法有（　　）。

A.过滤除尘　B.吸附除尘　C.静电除尘　D.旋风除尘器除尘

4.简答题

（1）测得某仓库的温度为26℃，相对湿度为70%，露点为多少？

（2）如何控制和调节仓库的温湿度？

（3）怎样净化仓库中的有害气体？

综合应用

□ 实训题

每3～5个同学分为一组，测定所处环境的温湿度。

□ 案例分析题

试记录某仓库或样品室某月的温湿度及调控情况，并就调控措施提出你的问题。商品储存环境温湿度记录表见表7-4。

表7-4 **商品储存环境温湿度记录表**

日期	上午					下午					记录人
	库内温度（℃）	相对湿度（%）	调控措施	采取措施后		库内温度（℃）	相对湿度（%）	调控措施	采取措施后		
				温度（℃）	湿度（%）				温度（℃）	湿度（%）	
1											
2											
3											
4											
5											
6											

职业工作站

开发你的仓库商品储存环境控制与调节能力

● 目标

该项练习能帮助你了解仓库商品储存环境的控制与调节过程。

● 内容

深入一个仓库，调查其商品储存环境的控制与调节全过程，并撰写一份相应的调研报告。

● 时间

本章授课时的某个下午。

● 步骤

（1）组织全班同学，制订参观调研方案。

（2）联系参观调研仓库，进行实地参观调研。

（3）对参观调研的资料进行分析整理。

（4）运用所学的商品储存环境控制与调节知识和技能，对所参观调研仓库的商品储存环境控制与调节实况进行分析研究，并撰写书面调研报告。

（5）在班级进行交流、讨论。

第8章

商品养护的一般技术方法

学习目标

☐ 思政目标：引导学生树立科学的理念分析商品质量变化的原因，使用科学的方法开展商品储存养护工作。

☐ 知识目标：认识商品质量变化的原因，了解商品质量变化的危害，掌握商品养护的机理。

☐ 能力目标：掌握商品养护的一般方法，能进行日常商品的养护工作。

8.1 商品的防霉与防虫

8.1.1 商品霉腐与防治

商品储存期间，发生质量变化的内因是商品的成分、结构及性质；外因是大气的温度、湿度、日光、氧气、微生物、虫鼠等。商品通常发生的质量变化有霉变、虫蛀、锈蚀、老化、溶化、干裂、褪色、挥发、呼吸、后熟、僵直、成熟和自溶等，其中霉变、锈蚀、虫蛀、老化、呼吸和后熟是商品储存中最易发生的质量变化。

商品霉变是由于微生物的作用引起的商品变化，其结果会使商品的使用价值受到不同程度的破坏，因此商品储存中的防霉变是商品养护工作的重要内容之一。

1）霉变

商品霉变是由于霉菌在商品上生长、繁殖而导致的商品变质现象。霉菌是一种低等植物，无叶绿素，菌体为丝状，主要靠孢子进行无性繁殖。空气中含有很多肉眼看不到的霉菌孢子，商品在生产、储运过程中，它们会落在商品表面，一旦外界温度、湿度适合其生长，商品上又有它们需要的营养物质时，就会生长菌丝，其中一部分浮在商品表面或深入商品内部，有吸取营养物质、排泄代谢产物的功能，被称为营养菌丝；另一部分菌丝竖立于商品表面，在顶端形成子实体或产生孢子，被称为全生菌丝。菌丝集合体的形成过程，就是商品出现“长毛”或有霉味的变质现象。

目前发现的霉菌有30 000多种，对商品危害较大的除毛霉外，还有根霉、曲霉和青霉。霉菌在生长和繁殖中所需的营养物质有水分、碳源、氮源和无机盐等。水分是霉菌机体的重要组成成分，是其吸收其他营养物质的载体，其约占霉菌体重的75%～85%。碳源即含碳物质，如糖类、有机酸、纤维素、醇类和酯类等，它是构成霉菌细胞和代谢产物中碳素来源的营养物质，也是霉菌能量的主要来源。氮源是指含氮物质，如蛋白质、氨基酸、铵盐、硝酸等，它是构成霉菌细胞和代谢产物中氮素来源的营养物质，也是合成霉菌原生质和细胞结构的原材料。无机盐是霉菌所需的灰分营养，即为霉菌提供其生命活动所需的硫、磷、钾、镁、钙、铁等元素。具有上述营养物质的商品种类很多，如粮食加工制品、水果、蔬菜及干制品、茶叶、酒类、皮革制品、纺织品、鞋帽、卷烟等，所以它们非常容易发生霉变。

微生物的生存、发展与消亡和环境条件密切相关。环境条件可归纳为三大类：物理因素、化学因素和生物因素，其中水分、温度、氧气、pH值、渗透压对微生物的影响最大。环境条件也影响微生物的代谢活动。在适宜条件下，微生物表现出旺盛的生存力；在不适条件下，其生长缓慢或休眠；超过其适应范围，则死亡。只有认识到环境因素对微生物的影响，才能充分利用和发挥其有益作用，抑制其危害。

（1）温度。温度对微生物的生长、繁殖与存活有极其重要的影响。每种微生物只能在一定温度范围内生活，根据微生物生长对温度的要求，其可分为低温性、中温性和高温性三种类型。微生物的生长温度类型见表8-1。

表8-1　　　　　　　　　　　　　**微生物的生长温度类型**

微生物类型	生长最低温度	生长最适温度	生长最高温度
低温性	-8℃ ~ 0℃	10℃ ~ 20℃	25℃ ~ 30℃
中温性	5℃ ~ 20℃	20℃ ~ 40℃	45℃ ~ 50℃
高温性	25℃ ~ 40℃	50℃ ~ 60℃	70℃ ~ 80℃

自然界中中温性微生物种类最多、分布最广，低温性和高温性微生物占少数。每种微生物都有其最低、最适和最高生长温度。微生物在最适温度范围内，体内酶的活性最强，因而生长、繁殖最快；低于最低生长温度，酶的活性趋近于零，代谢活动减少至停止而呈休眠状态；高于最高生长温度，细胞结构被破坏，蛋白质变性，则可杀死微生物。20℃ ~ 40℃是中温性微生物的最适生长温度范围，食品在这种温度条件下容易变质。低温下大多数微生物不能生长，低温性微生物亦生长缓慢，而且对虫害、生物体内酶的活性及生化反应均有抑制作用，低温有利于食物储藏。水果、蔬菜常在-1℃ ~ 7℃的温度范围内冷藏，肉食品的适宜冻藏温度是-18℃。

（2）水分。水是细胞的重要组成成分，也是细胞进行一切新陈代谢活动不可缺少的物质，水分供应情况会直接影响微生物的生命活动。水在细胞中有两种存在形式：结合水和游离水。结合水与溶质或其他分子结合在一起，很难加以利用，微生物只能利用物质中的游离水。游离水的多少可用水分活性（Aw）来表示。水分活性是指物质中水分产生的蒸汽压与同温度下纯水的蒸汽压的比值，任何含水物质的Aw都在0 ~ 1之间。

不同种类的微生物对水分的要求是不同的，根据微生物生长对水分的最低要求，微生物可分为干生性、中生性和湿生性三种。微生物的水分类型见表8-2。

表8-2　　　　　　　　　　　　　**微生物的水分类型**

微生物类型	生长最低 Aw	生长最适 Aw
干生性微生物	0.65 ~ 0.80	0.95 ~ 0.98
中生性微生物	0.80 ~ 0.90	0.98 ~ 1.00
湿生性微生物	0.90以上	接近1.00

不同微生物，其生长的最低水分要求差别很大，但生长的最适水分要求相近，高水分有利于所有细菌的生长繁殖。自然界中大多数微生物为中生性和湿生性。细菌一般为湿生性，酵母菌多为中生性和湿生性。霉菌有干生、中生和湿生三种类型。

商品干燥储藏能有效地抑制微生物的活动，因此它是一种重要的储藏方法。但干储物质上仍有一定数量的菌体以休眠的形式存在，物质一旦吸潮，微生物就可以生长、繁殖。通常干生性微生物首先缓慢生长，由于呼吸产生水和热，使中生性微生物得以生长，从而使霉变升级；细菌和酵母菌只有在水分较高时才能生长、繁殖，造成危害。高水分物质由于易受微生物的危害，储藏中必须采用其他抑菌措施，如低湿、低氧、加抑菌剂或提高渗透压等，这样才能安全储存。

（3）渗透压。微生物适宜在等渗或略低渗环境中生活。将微生物的细胞置于浓度大的高渗溶液中，细胞不仅得不到水分，细胞内的水分还会渗透到细胞外，使细胞脱水，甚至导致细胞死亡；将微生物置于低渗溶液或纯水中，水会不断地进入细胞内，导致细胞过分吸胀甚至破裂。

一般的微生物不耐高渗透压，在食品加工中，常用5%～15%的盐或30%～80%的糖来腌制食品，以提高食品中的渗透压，防止大多数微生物的危害，延长保存期。

微生物中有少数耐高压菌，如高渗酵母、嗜盐细菌和干生霉菌。它们在高糖、高盐食品和较干燥食品上可缓慢生长，引起食品变质。

（4）pH值。环境污染中的酸碱度用pH值来表示。每种微生物都要求在一定的pH值范围内生活并有最适宜的pH值。细菌和放线菌最适于偏碱环境，其生长最适pH值为7～8；霉菌和酵母菌最适于酸性环境，其生长最适pH值为5～6。动物性食品和蔬菜是非酸性食品，易被细菌危害；水果是酸性食品，易被霉菌和酵母菌危害。不同食品原料的pH值见表8-3。

表8-3　　不同食品原料的pH值

动物食品	蔬菜食品	水果
牛肉 5.1～6.2	卷心菜 5.4～6.0	苹果 2.9～3.3
羊肉 5.4～6.7	花椰菜 5.6	香蕉 4.5～5.7
猪肉 5.3～6.9	芹菜 5.7～6.0	柿子 4.6
鸡肉 6.2～6.4	茄子 4.5	葡萄 3.4～4.5
鱼肉 6.6～6.8	莴苣 6.0	柠檬 1.8～2.0
蟹肉 7.0	洋葱 5.3～5.8	橘子 3.6～4.3
小虾肉 6.8～7.0	番茄 4.2～4.3	西瓜 5.2～5.6
牛乳 6.5～6.7	萝卜 5.2～5.5	

强酸强碱杀菌力强，但腐蚀性大。食品工业上常用有机酸作防腐剂。酸菜、青贮饲料则利用乳酸菌发酵产生乳酸来抑制腐败菌的危害。

商品霉变是霉菌在商品上吸取营养物质与排泄代谢产物的结果。它不但会导致商品变糟、发脆或强度下降等变质现象，还会产生霉斑、霉味及毒素。

2）常规防霉变

所谓常规防霉，就是采取常用的方法消除适于霉菌孳生发育的条件，使库内温湿度控制在一定标准以下，以达到防霉变的目的。其通常采用的措施有：

（1）加强商品的入库验收。每批商品入库时，都应严格验收，首先要认真检查商品是否已有霉变现象，如有发热，表明商品已经开始霉变；其次是检查商品含水量是否过高，包装有无破损或受潮现象。对于已经开始生霉和含水量较高或包装受潮的商品，应暂时另行存放，并及时采取拆件及通风晾晒等措施进行处理。

（2）选择合理的储存场所。容易生霉的商品应选择干燥、密封条件较好的库房进行存放。在码垛时，应采取隔潮措施，以防止地潮对商品的直接影响。梅雨季节应码通风垛，这样商品表面可不断接触流动的空气，就不利于霉菌的生长。

（3）坚持在库检查。对于储存中的易霉商品，应建立并严格地执行在库检查制度，要随时观察并及时发现商品霉变的迹象，以免造成商品的严重损失。在检查时，应根据库房结构与建筑条件，着重检查潮湿、高温的部位，其他部位可以抽查对比。

（4）加强仓库的温湿度管理。做好仓库温湿度管理，是对易霉商品的外因进行限制的手段。当微生物得不到生长发育的必要条件时，商品就不会霉变了。在梅雨季节，普通库房的防霉工作主要是控制库内的相对湿度。如果把库内的相对湿度控制在75%以下，多数商品在这种条件下是可以安全储存的。

3）防霉变的方法

商品的成分结构和环境因素，是霉变微生物生长、繁殖的营养来源和生活条件。因此，商品的防霉工作必须根据微生物的生理特性而采取适宜的措施，应改善商品组成、结构和储运的环境条件，使其不利于微生物的生理活动，从而达到抑制或杀灭微生物的目的。

（1）药剂防霉变。药剂防霉变是指利用化学药剂使霉变微生物的细胞和新陈代谢活动受到破坏或抑制，进而达到杀菌或抑菌、防止商品霉变的目的。使用药剂防霉变要和生产部门密切配合，在生产过程中就把防霉剂、防腐剂加到商品中，这样既方便又可收到良好的防霉效果。此外，对于批量小的易霉变商品，如皮革制品等，也可在储运时把防霉变药剂加到商品表面。用于工业品防霉变的药剂有：三氯苯酚钠、水杨酰苯胺、多菌灵及洁尔灭、福尔马林等，它们常用于纺织品、鞋帽、皮革、纸张、竹木制品及纱线等商品的防霉；用于食品的防霉变药剂有：苯甲酸及其钠盐、山梨酸及其钾盐等，常用于汽酒、汽水、面酱、蜜饯、山楂糕、果味露、罐头等食品的防霉。防霉变药剂的选用，应遵循低毒、高效、无副作用、价格低廉等原则，而且在使用时还必须做到对使用人员的身体健康无不良影响和对环境不造成污染等。

（2）气相防霉变。气相防霉变是通过药剂挥发出来的气体渗透到商品中杀死霉菌或抑制其生长、繁殖的一种防霉变方法。这种方法效果较好，应用面广。常用的气相防霉变药剂有：环氧乙烯、甲醛和多聚甲醛等，主要用于皮革制品等日用工业品的防霉。应注意的是，气相防霉变药剂应与密封仓库、大型塑料膜罩或其他密封包装配合使用，这样才能获得理想效果。另外，使用中要注意安全，严防毒气对人体的伤害。

学习微平台

延伸阅读8-1：防霉剂的五种正确使用方法你知多少？

常见的防霉方法还有气调防霉、低温防霉、干燥防霉和辐射防霉等。对于已发生霉变的商品，为避免进一步的质量变化造成更大的损失，应及时采取措施救治。霉变商品的救治方法很多，常用的方法有晾晒、烘烤、熏蒸、机械除霉及加热灭菌等，使用时应根据实际情况合理选择。

8.1.2　商品害虫与防治

1）虫蛀、鼠咬

仓库中的害虫和鼠类对于商品的储存具有很大的危害性，它不仅是某些商品损耗的直接原因，还可能污染商品，甚至传播病菌。

仓虫大部分属于昆虫，也包括螨类等微小动物。仓虫由于种类很多、食性杂、传播途径广，所以在一般仓库中都可能存在。对商品危害较大的仓虫主要有甲虫类、蛾类、蟑螂类和螨类。仓虫与其他动物不同，一般都具有较强的适应性，在恶劣环境下仍能生存，并且食性杂、繁殖性强、繁殖期长，对温度、光线、化学药剂等外界环境的刺激有一定的趋向性。正是由于仓虫的这些习性，给商品储存造成了极大危害。

鼠类属于啮齿类动物，在库房中常见的有小家鼠、黄胸鼠和褐家鼠三种。鼠类繁殖性强，每只雌鼠一年可生5~6次，每次产仔8~9只，一般寿命1~3年。鼠类属食性杂且具有咬啮特性，记忆力强，视觉、嗅觉和听觉都很灵敏，一般在夜间活动。

2）防治害虫的方法

储运中害虫的防治工作应贯彻“以防为主，防治结合”的方针。对于某些易生虫的商品和原材料，必须积极地向厂方提出建议和要求，在生产过程中，对原材料采取杀虫措施，如竹、木、藤等原材料可采取沸水烫煮、汽蒸、火烤等方法，杀灭隐藏的害虫。对于某些易遭虫蛀的商品，可在其包装或货架内投入驱避药剂，如天然樟脑或合成樟脑等。此外，储运中害虫的防治还常采用化学、物理、生物等方法，杀灭害虫或使其不育，以保证储运商品的质量。

（1）化学杀虫法。化学杀虫法是利用化学药剂来防治害虫的方法。在实施时，应考虑害虫、药剂和环境三者之间的关系。例如，针对害虫的生活习性，要选择其抵抗力最弱的虫期施药，药剂应低毒、高效和低残毒，且对环境无污染；在温度较高时施药，可获得满意的杀虫效果。化学杀虫按其作用于害虫的方式，主要有熏蒸法、触杀杀虫法和胃毒杀虫法三种。

（2）物理杀虫法。物理杀虫法是利用各种物理因素（如热、光、射线等）破坏储运商品上害虫的生理活动和机体结构，使其不能生存或繁殖的方法。其主要包括高低温杀虫法、射线杀虫法、远红外线辐射杀虫法、微波干燥杀虫法和充氮降氧杀虫法等。

（3）生物防治法。利用害虫的天敌（寄生物、捕食者、病原微生物）来防治害虫，以及利用昆虫的性引诱剂来诱集害虫或干扰成虫的交配、繁殖等，都属于生物防治方法。

生物农药既杀虫又环保。生物农药主要是指自然界存在的、对农作物病虫害具有抑制作用的各种具有生物活性的天然物质，包括对这些活性物质进行开发所获得的、对环境安全友好、不易产生抗药性的生物制品，以及各种抑制病虫害的真菌、细菌、病毒等病原微生物。

生物农药最大的特点是以生物群治生物群。最初人们主要依靠“天敌”减少有害生物群密度。近年来，随着“天敌”对害虫致病、寄生的研究进展，已能通过提取这些发挥作用的物质制成生物农药来防治病虫害，或是使“天敌”能够在体内合成致毒物质等用作生物农药来防治病虫害。随着最新分子生物学手段的应用，转基因生物农药新品种不断涌现，向更安全和更环保的方向发展，而且产品更新换代速度也在加快。利用生物农药的思路和转基因技术，能够生产出杀虫广、毒性强的微生物菌株，扩大了防治对象，增强了防治效果，只要把其喷洒在害虫上便可达到“以菌治虫”的目的。

3）防鼠与灭鼠的方法

防鼠与灭鼠，要针对鼠类的特性和危害规律，采取防治与突击围剿相结合的方法，要揭其巢穴、断其来路、消其疑忌、投其所好，进行诱捕。防鼠的主要方法是保持库房内外清洁卫生，清除垃圾，及时处理堆积的包装物料及杂乱物品，不给鼠类留有藏身的活动场所。灭鼠有多种方法，包括机械捕杀法、毒饵诱杀法、生物法、驱除法等。

学习微平台

延伸阅读8-2：存储粮食如何防虫

小思考8-1

害虫的生物防治，就是利用害虫的天敌来防治害虫。这句话对吗？

答：不对。害虫的生物防治，既包括利用害虫的天敌来防治害虫，也包括利用昆虫的性引诱剂来诱集害虫或干扰成虫的交配、繁殖等。

8.2　商品的防锈与防老化

8.2.1　商品的锈蚀与防治

1）锈蚀

金属制品与周围环境（主要是空气）发生化学反应或电化反应所引起的破坏现象，即为金属锈蚀。金属所处环境不同，所引起的化学反应也不相同，主要有化学锈蚀和电化学锈蚀。

在干燥的环境中或无电解质存在的条件下，金属制品遇到空气中的氧而引起的氧化反应称为化学锈蚀。化学锈蚀的结果是在金属制品表面形成一层薄薄的氧化膜，它可使金属制品表面变暗。有些金属氧化膜对金属还能起保护作用，如铝制品表面上的氧化膜。化学锈蚀约占锈蚀总量的10%～20%。

在潮湿的环境中，金属制品表面通过吸附毛细管凝聚，特别是结露作用，可使水蒸气在其上形成水膜，水膜溶解表面的水溶性黏附物或沉淀物（多为盐类）和空气中的二氧化碳、二氧化硫等可溶性气体，最终成为一种具有导电性的电解液。金属制品接触这种电解液后，电位较低的金属成分成为负极（阳极），电位较高的杂质或其他金属成分成为正极（阴极），从而引起电化学反应，反应中金属以离子形式不断进入电解液而被溶解，这种锈蚀称为电化学锈蚀。电化学锈蚀的结果是使金属制品表面出现凹陷、斑点等现象，然后使破坏掉的金属转变成金属氧化物或氢氧化物而附于金属表面，最后或快或慢地往里深入，最终成片往下脱落。锈蚀严重的，使商品内部结构松弛，机械强度降低，甚至完全失去使用价值，所以电化学锈蚀是金属商品的主要破坏形式。电化学锈蚀强度取决于金属电位的高低，电位越低，金属越容易发生锈蚀。在电化学锈蚀的环境因素中，最主要的是湿度、温度和氧。此外，锈蚀也与金属表面附着的灰尘、污物和空气中的二氧化碳、二氧化硫等气体有关。

2）防锈蚀的方法

金属商品的电化学锈蚀是造成商品损失的重要因素之一，所以做好金属商品的防锈蚀工作非常重要，这也是仓储过程中商品养护的一项重要任务。金属商品的电化学锈蚀除取决于内在因素，如金属及其制品本身的组成成分、电位高低、表面状况外，还主要决定于金属表面电解液膜的存在。因此，在防止金属商品电化学锈蚀的方法中，相当多的是围绕防止金属表面生成水膜而进行的。在生产部门，为了提高金属的耐腐蚀性能，最常采用的方法是在金属表面涂盖防护层，如喷漆、搪瓷涂层、电镀等，把金属与促使金属锈蚀的外界条件隔离开来，从而达到防锈蚀的目的。在仓储过程中，使用的主要防锈蚀方法是改善仓储条件、涂油防锈、气相防锈和可剥性塑料封存等。

（1）涂油防锈。涂油防锈是金属商品流通中常用的一种简便有效的防锈蚀方法。它是在金属表面涂覆一层油脂薄膜，在一定程度上使大气中的氧、水分以及其他有害气体与金属表面隔离，从而防止或减缓金属商品生锈的方法。此法属于短期的防锈法，随着时间的推移，防锈油被逐渐消耗或由于防锈油的变质使金属商品又有重新生锈的危险。根据防锈油形成膜的性质，防锈油可分为软膏防锈油、硬膜防锈油、油膜防锈油三类。除防锈油外，凡士林、黄蜡油、机油等也可作防锈油脂。

（2）气相防锈。气相防锈是利用挥发性气相防锈剂在金属制品周围挥发出缓蚀气体，来阻隔空气中的氧、水分等有害因素的腐蚀作用，以达到防锈目的的一种方法。这是一种较新的防锈方法，具有使用方便、封存期较长、使用范围广泛的优点。它适用于结构复杂、不易为其他防锈涂层所保护的金属制品的防锈。常用的气相防锈剂有亚硝酸二环已胺、肉桂酸二环已胺、肉桂酸、福尔马林等。

（3）可剥性塑料封存。可剥性塑料是以高分子合成树脂为基础原料，加入矿物油、增塑剂、防锈剂、稳定剂以及防腐剂等，加热溶解后制成的。这种塑料液喷涂于金属制品表面，能形成一层特殊的可以剥落的塑料薄膜，像给金属制品穿上了一件密不透风的外衣，它能阻隔腐蚀介质对金属制品的作用，从而达到防锈的目的。在可剥性塑料中，常用的树脂有乙基纤维素、醋酸丁酸纤维素、聚氯乙烯树脂、过氯乙烯树脂和改性酚醛树脂等。

3）金属商品的除锈

金属商品的养护应贯彻“以防为主”的方针，不应在金属商品生锈后再进行除锈处理，因为金属商品一旦生锈，总是要遭受一定的损失，特别是精度较高的商品，而且除锈往往还要比防锈花费更多的人力和物力。但是金属商品常常会出现在进入储存环节前或经过一段时间储存之后发生了锈蚀的问题，这时候为了防止锈蚀的继续发展，必须进行防锈处理，对生锈的金属制品必须在防锈处理前进行除锈。

（1）锈蚀程度的鉴别。金属商品严重生锈时，容易根据各种金属的锈蚀特征鉴别，但轻微生锈与表面污染在外观上往往没有明显的差别，必要时可用化学定性、酸溶解、金相法等加以鉴别。

关于锈蚀程度，除从表面生锈的厚度与金属锈蚀深度方面鉴别外，主要是看锈蚀面积。国外有的用金属总表面积与锈蚀面积的比来表示锈蚀程度，如把钢铁锈蚀程度分为5个级别（见表8-4）。

表8-4 钢铁锈蚀程度表

级别	生锈面积比值
A级	0
B级	1%~10%
C级	11%~25%
D级	26%~50%
E级	51%~100%

（2）物理机械除锈法。按作用原理，除锈方法可分为物理机械除锈法和化学除锈法。物理机械除锈法又可分为人工除锈法与机械除锈法。

①人工除锈法，是指用钢刷、铁锤、铲（刮刀）、砂布、砂纸等除去铁锈的方法。此法简便，但不适于小型及大量产品除锈。

钢刷除锈法——用直径为0.3mm的钢丝制成的钢刷，刷除金属制品表面的黑皮与红锈。其比较费力，但方法简便，适用于结构简单、个体较大、数量不多的钢铁制品。

铁锤刮刀并用法——这种方法适用于结构致密、较厚的黑皮与赤锈，或表面附着非锈异物的钢铁制品，刮除后再用钢刷除锈，效果更好。

砂纸或砂布打磨除锈法——对于表面精度要求不高或非加工面的金属制品的锈蚀，可用砂纸、砂布打磨。砂纸或砂布的标号可根据要求选择。

②机械除锈法。

喷射法是将沙粒等强力喷射在金属表面，借其冲击与摩擦的作用将锈除掉的方法。按喷射材料的不同，喷射法可分为喷沙法（以海沙、河沙、石粒为喷射材料）、钢粒喷射法（以小钢弹或碎钢粒为喷射材料）、软粒子喷射法（以植物种子或塑料颗粒为喷射材料）等。

按喷射方式的不同，喷射法可分为动力喷射法（将干燥的喷射材料用高压空气喷射的方法）、湿式喷射法（将细沙粒与水混浊成泥浆状用高压空气喷射的方法）以及真空喷射法等。喷射法适用于大型制品或金属材料的除锈，需要喷射机械，用湿式喷射法时，还需在水中加入水溶性缓蚀剂。喷射法的优点是除锈效率高、成本低。

砂轮与布轮除锈法——砂轮除锈法只能对非加工面使用；对于表面镀层或表面光洁要求较高的钢铁或有色金属制品，可以采用布轮除锈法，此法只适用于表面平整的商品。

此外，国外还利用氧化皮与金属材料热胀系数的不同，采取加热后骤冷使氧化皮脱离金属表面的方法对大型钢板等表面的氧化皮进行清除，加热是用特制的乙炔或氢氧燃烧器。

（3）化学除锈法。化学除锈法包括酸洗法、碱除锈法（碱液电解、碱还原、碱液煮沸等方法）以及电解酸洗法等，其中应用最为广泛的化学除锈法是酸洗法。酸洗法是将金属制品浸在各种酸溶液中，酸与金属锈蚀产物发生化学作用，使不溶性锈蚀产物变为可溶性物质，脱离金属表面溶入水溶液中的方法。酸洗法与物理机械法相比，主要优点是不会引起金属材料的变形，处理的表面不粗糙，操作简便，效率高，金属制品各个角落的锈都可以除去，而且不需用专用设备，成本较低，适用于大量小型制品的除锈。

（4）电化学除锈法。所谓电化学除锈法，是指被除锈的金属制品在电解液中接在外接电源上，通过电化学作用除去锈蚀物的方法，其主要用于较大的钢铁制品。电化学除锈法有阳极法和阴极法两种。阳极法以金属制品为阳极，通电后借金属溶解及在阳极度上产生的氧气的机械力分离锈层。此法在除锈过程中很难避免金属被腐蚀，所以一般不用，主要应用于金属制品的电抛光。阴极法是以金属制品为阴极，通电后在阴极度上产生氢气还原氧化铁，并以氢气的机械作用剥离锈层。此法对金属制品具有保护作用，所以是常用的电化学除锈法。

相关链接 8-1

普通纪念币和纪念钞的收藏保养方法

很多人都知道金银币要保养，但其实普通的纪念币和纪念钞也需要好好保养。

第一，装入钱币册。应尽量选择质量比较好、钱币种类多、设计比较精美的币册。币册买来后，将钱币对号入座，放入相应的位置，这样既便于管理，又便于欣赏研究，既保护了品相，又能存放多年，一举多得。

第二，进行塑封。用镊子将消毒后的钱币装入制式塑料护币袋，然后将塑料护币袋密封起来。密封后的钱币可以保持品相，不被汗渍、灰尘等污染。需要取出时，用剪刀在护边上剪开，再用镊子将钱币取出。

第三，注意防虫、防潮、防霉，常用的材料包括卫生球、樟脑丸和干燥剂等。

第四，灭菌处理。一般用 30 瓦的紫外线灯照射灭菌，在 20～40 厘米距离以 15℃～30℃温度照射钱币 30～40 分钟即可。另外，将钱币放到日光下晒 2～3 小时，也可达到灭菌的效果。

第五，放入箱柜内。存放时一般选用杉木箱、铁盒、保险柜等一些密封性较好的容器。在箱柜内摆放的币册间要留有空隙，不宜叠放，以防压坏钱币。

资料来源 中国集币在线. 普通纪念币和纪念钞的收藏保养方法［EB/OL］.［2018-07-28］. http://www.jibi.net/News/qbzs/141349208.html.

8.2.2 商品的老化与防老化

1）老化

老化是某些以高分子化合物为主要成分的商品，如橡胶制品、塑料制品及纤维制品等，受日光和空气中氧气等环境因素作用而失去原有的优良性能，以致最后丧失其使用价值的化学变化。上述商品的老化变质，主要是高分子化合物在光、热等因素作用下，引起大分子链断裂、高聚物分子量下降；或者引起分子链相互连接，形成网状或体型结构。前者称为降解反应，使高分子材料变软、发黏，机械强度降低；后者称为交联反应，使高分子材料变硬、发脆，丧失弹性。

2）防老化方法

防老化是指根据高分子材料性能的变化规律，采取各种有效措施以减缓其老化的速度，达到提高材料的抗老化性能，延长其使用寿命的目的。高分子商品的老化有其内因和外因，所以防老化应从这两方面着手。

（1）提高商品本身的抗老化性能。对于高分子材料的防老化，首先应提高其对外界因素作用的抵抗能力。例如，通过改变分子构型减少不稳定结构或者除去杂质，可提高高分子材料本身对外界因素作用的抵抗能力；可以在加工生产中，用添加防老剂（抗氧剂、热稳定剂、光稳定剂、紫外线吸收剂等）的方法来抑制光、热、氧等外界因素的作用，提高其耐老化性能。此外，还可以在高分子材料的外表涂以漆、胶、塑料、油等保护层，其具有显著的防老化作用。例如，就塑料商品而言，可用某些塑料粉末在其表面涂一层薄膜，从而提高其耐磨、耐热和耐气候等性能。

上述防老化方法中，添加防老剂是常用而又有效的一种方法。防老剂是一种提高高分子材料和制品的热加工性能及储运、使用寿命的化学物质，其添加量很小就能使材料和成品的耐老化性能提高数倍乃至数千倍。

（2）控制储运中引起老化的因素。

①商品包装应保持清洁完整，以减少外界因素的影响。

②加强商品入库验收，以便有的放矢地进行养护和及时采取防治措施。

③库房应清洁干燥、凉爽，门窗玻璃应刷上白色，避免阳光直射；同库不能存放油类、腐蚀性、含水量大的商品。

④底层仓间要做好隔离地潮工作；露天货垛要做好防晒、防雨、防风工作，防止露垛。

⑤严格控制和调节库房的温湿度。

⑥加强商品的在库检查，一般每月或每季抽查一次，注意货垛上、中、下三层商品有无发黏、变色、变形、龟裂、脆损等情况。在具体工作中，炎热季节要多注意货垛上层的商品，梅雨季节要多注意货垛下层的商品，如发现有上述现象，应尽量提早出库，不宜继续储存。

⑦贯彻先产先出原则。

此外，在保管中还应注意不同商品的属性，做好养护工作。以橡胶制品为例，底层库房垫木上要密铺一层垫板，有包装的宜用正方形或长方形的压缝式堆码，木箱可码6～8层，纸箱可码10层；汽车轮胎和硬边车胎一般应直立堆放，高3～4层。库温宜控制在−10℃～25℃之间，最高不超过35℃和最低不低于−30℃；相对湿度宜控制在60%～80%之间，最高不超过85%，每月应定期检查一次。轮胎每3个月要求及时转动90°，以防变形；内外胎连在一起的，在内外胎之间要撒上滑石粉。发现内胎发硬、发黏时，要及时揉搓整理；内胎如系盒装，每3个月应错过原折位置重新再折一次装盒，以免折叠处老化。橡胶商品的储存期一般不宜超过1年。

案例8-1

商品储存的适宜温湿度见表8-5。

表8-5 **商品储存的适宜温湿度**

商品	温度	相对湿度	商品	温度	相对湿度
棉织品	35℃以下	75%以下	粉笔	35℃以下	75%以下
毛织品	30℃以下	75%以下	电池	-10℃~25℃	75%以下
丝织品	35℃以下	75%以下	打火石	35℃以下	75%以下
麻织品	35℃以下	75%以下	火机	30℃以下	75%以下
锦纶织品	35℃以下	80%以下	鞋油	25℃以下	70%~85%
涤纶织品	35℃以下	80%以下	肥皂	-5℃~30℃	60%~80%
腈纶织品	35℃以下	80%以下	洗衣粉	35℃以下	75%以下
氯纶织品	35℃以下	80%以下	牙粉	25℃以下	75%以下
毛皮	30℃以下	75%以下	牙膏	-5℃~30℃	80%以下
毛皮制品	30℃以下	75%以下	雪花膏	-5℃~30℃	60%~80%
皮革制品	30℃以下	75%以下	香脂	30℃以下	80%以下
乳胶制品	-10℃~25℃	80%以下	香水	20℃以下	70%~85%
橡胶制品	25℃以下	75%以下	花露水	20℃以下	70%~80%
人造革制品	-10℃~25℃	80%以下	香粉	25℃以下	75%以下
玻璃制品	35℃以下	80%以下	鱼肉罐头	-5℃~25℃	75%以下
搪瓷制品	35℃以下	60%~75%	青菜罐头	0℃~25℃	75%以下
竹木制品	30℃以下	75%以下	糖浆罐头	-10℃~25℃	75%以下
金属制品	35℃以下	75%以下	糖水罐头	-5℃~25℃	75%以下
纸制品	35℃以下	65%~80%	炼乳罐头	-5℃~15℃	75%以下
糨糊	0℃~25℃	65%~80%	白酒	30℃以下	75%以下
墨汁	0℃~25℃	65%~80%	果酒	-5℃~20℃	75%以下
墨水	0℃~25℃	70%~80%	黄酒	-5℃~20℃	75%以下
修正液	20℃以下	70%~80%	卷烟	25℃以下	55%~70%
广告色	0℃~25℃	65%~80%	食糖	30℃以下	70%以下
广告粉	30℃以下	75%以下			

资料来源 郑言，等. 商品养护学［M］. 北京：中国商业出版社，2005.

问题：根据表8-5的数据，选择三种商品，试分析它们在储存期的养护措施。

分析提示：从三种商品储存期间可能发生的质量变化、原因及可采用的养护措施等方面分析。

基本训练

□ 知识题

1.判断题

（1）商品霉变导致商品产生霉味，但不会有毒。（ ）

（2）金属商品防锈的中心思想是防止金属表面形成水膜。（ ）

（3）老化只会使高分子材料变硬、发脆。（ ）

2.填空题

（1）水分、温度、________、pH值、________对微生物的影响最大。

（2）仓虫具有食性杂、________、________等习性。

（3）金属商品锈蚀的种类有________和________锈蚀两种。

3.选择题

（1）多数霉菌生长的最适宜温度是（ ）。

A.10℃～20℃　　B.20℃～30℃

C.30℃～40℃　　D.0℃～10℃

（2）灭鼠有多种方法，包括（ ）。

A.机械捕杀法　　B.生物法

C.驱除法　　D.毒饵诱杀法

（3）在高分子材料的生产过程中，加入的防老剂有（ ）。

A.热稳定剂　　B.光稳定剂

C.抗氧剂　　D.防腐剂

4.简答题

（1）怎样防治商品霉变？

（2）防锈和除锈的主要方法有哪些？

（3）简述虫害的综合防治措施。

（4）如何做好橡胶、塑料商品的防老化工作？

综合应用

□ 实训题

每3～5名同学分为一组，考察消费者是如何防霉、防虫、防锈的。

□ 案例分析题

常见商品的养护方法见表8-6。

表8-6 常见商品的养护方法

序号	商品	包装形式	存储特性	保管措施	消防方法	备注
1	护肤霜	用纸盒、纸箱作为外包装	不耐低温和高温，怕潮湿和过分干燥，不能与异味商品混存	①储存在清洁、干燥、冬暖夏凉的库房内，不得在简易货棚或露天货场存放；要避免光照射、曝晒，勿接近热源。②储存温度在5℃～30℃之间，最低不低于0℃，最高不超过35℃；相对湿度在60%～75%之间，最低不低于50%，最高不超过80%。③护肤霜可与化妆品储存在一起，不得与含水量高的商品（如肥皂）混存一库，也不能与有异味的商品和施放防虫剂的商品一起存放，还不能与具有吸附性食品、茶叶混存。④堆码搬运要轻拿轻放，标志箭头向上，不得倒置	着火时可用水和各种灭火器扑救	保管期限：瓶装、覆塑袋装为1年；塑袋装为9个月
2	聚乙烯	常用塑料编织袋包装	易氧化，易燃，怕日晒，怕潮	①储存在阴凉、干燥、通风、清洁的库房内，窗户要遮光，温度要在35℃以下，相对湿度在80%以下。②不能与有机溶剂、矿物油、油溶性染料、油墨等混存。③远离火种和热源，初起火时可用各种灭火器、沙土、水扑救；引起火灾时用雾状水流灭火；商品安全储存期为4年	初起火时，可用各种灭火器、沙土、水扑救；引起火灾时，用雾状水流灭火	商品安全储存期为4年
3	真丝绸	分为布包和箱装两种，箱装又分为木箱和纸箱	怕潮，不耐高温日晒，不能接触碱性物质，易招虫蛀	①储存在清洁、干燥、阴凉的楼库中层仓间，仓间要具备通风、防潮、排潮、降温、密闭、遮光等条件和设施，要专库储存。②不宜在简易货棚储存，不得在露天货场存放，不要在有害气体和尘埃严重地区设置丝绸专库。③适宜温度是25℃以下，最高不超过30℃；适宜的相对湿度为60%～75%，最高不超过80%	应远离火源火种，失火时可用水、二氧化碳灭火器扑救	保管期限一般为1年，最长不超过2年
4	家用电器	家用电器每件都由塑料罩套装，放入纸箱，箱内用软塑料泡沫加固，外部各种标志明显	怕潮湿，怕碰撞，怕震，怕侧置、倒置	①储存在库房内，保持干燥、凉爽、通风，不可露天存放。②加强库房温湿度管理，温度宜控制在30℃以下，相对湿度在75%以下。③不可与含水量大或有腐蚀性的物品混存。④堆码应牢固，不宜过高，轻装卸，防止碰撞，注意标志，防止包装破裂	初起火时，可用二氧化碳、干粉、1211灭火器扑救，尽量不用水；发生火灾时，可用水灭火	

资料来源 窦志铭，白世贞. 物流商品养护技术［M］. 2版. 北京：人民交通出版社，2007.

问题：参照表8-6，制作出皮鞋、书籍、小五金商品的养护方法一览表。

职业工作站

开发你的商品养护观察能力

● 目标

该项练习能帮助你提高对商品养护的认知能力。

● 内容

考察学校或社会有关部门的商品养护情况，分析研究其差异。

● 时间

本章第一次课后的业余时间，要求一周内完成。

● 步骤

（1）3～5名同学分为一组，制订考察方案。

（2）进行实地观察和调查，考查学校或社会有关部门的商品养护实例。

（3）对观察和调查的资料进行分析整理。

（4）运用商品养护知识进行分析研究，并写出书面报告。

（5）各组在班级进行交流、讨论。

第9章
食品的贮藏

学习目标

□ 思政目标：引导学生树立科学的理念认识食品在贮藏过程中发生的物理、化学变化，使用科学的方法开展食品贮藏工作。

□ 知识目标：了解食品在贮藏中的质量变化，认识食品的贮藏性能与机理。

□ 能力目标：掌握食品常见的贮藏方法，能进行食品的贮藏工作。

9.1 食品的贮藏性能与质量变化

9.1.1 食品的贮藏性能

食品贮藏就是根据食品的贮藏性能、质量变化和影响质量变化的各种因素，采用科学的贮藏方法和条件来维护食品质量，减少损耗，延长食品贮藏期的工作。

在贮藏期，由于食品本身的特性及环境因素的影响，食品会在化学成分、物理状态和组织结构方面发生不同程度的变化，进而引起食品质与量的改变。食品的贮藏性能就是指食品本身所具有的能够阻止或延缓上述各种变化的性能。一般来说，贮藏性能良好的食品，贮藏寿命长；贮藏性能差的食品，贮藏寿命就比较短。

根据加工程度的不同，食品可分为天然食品和加工食品两大类。它们的贮藏性能是不同的。

1）天然食品的贮藏性能

天然食品是指由农业、林业、牧业和渔业等所提供的带有原料性的初级产品。按来源不同，天然食品又可分为植物性食品和动物性食品。属于植物性的天然食品主要有粮食、蔬菜、水果等；属于动物性的天然食品主要有家畜肉、禽肉、鲜乳、水产鲜活品等。蔬菜、水果、鲜蛋、鲜活水产品等因采后仍有生命活动或类似生命活动的延续而具有易腐易损性，所以又被称为鲜活食品。畜禽肉、鲜乳、水产鲜品等，还被称为生鲜食品。一般来讲，天然食品的耐贮藏性能差，容易腐烂变质，通称为易腐性食品；但原粮含水量低，比较耐贮藏，不属于易腐性食品。

影响天然食品贮藏性能的因素是多方面的，如品种、产地、栽培和饲养条件及贮藏方法等。但就食品本身而言，对其贮藏性能产生直接影响的是它们原来在动植物体中分属的组织器官类型。动植物天然食品的组织器官，主要包括营养器官和繁殖器官。这两种器官在动植物个体的生长、发育和繁殖过程中，担负着不同的生理功能，其生理、生化性质也存在着明显的差异，可以说是各种天然食品在贮藏性能上出现差别的基本原因。

一般来说，来自动植物繁殖器官的天然食品要比来自营养器官的天然食品有较高的贮藏性能。来自动植物繁殖器官的天然食品，为了生物个体的繁衍，在生长、发育过程中积累了大量的营养物质，这些营养物质多是一些化学稳定性较强的高分子有机物，如淀粉、蛋白质、脂肪等。当这些天然食品具备了食用价值时，它们组织中的酶活性往往趋于下降，生理活动也减弱，或者处于休眠状态，积累的营养物质不易被分解，同时又有表皮或外壳作为保护层，可以增强抗伤和抗腐能力。因此，来自动植物繁殖器官的天然食品，就具有了较高的贮藏性能。

2）加工食品的贮藏性能

加工食品是指以天然食品为原料，经过不同深度的加工处理得到的各种加工层次的产品。加工食品主要包括粮食制品、肉制品、蛋制品、乳制品、水产制品、食用油脂、蔬菜和水果加工品、酒类、食糖和糖果、茶叶、发酵调味品、罐头、冷饮及各种小食品等。加工食品除少数水分高的产品（如熟肉、黄油、豆制品等）不耐贮藏外，绝大多数产品由于经过加工处理和完善包装，其贮藏性能都高于天然食品，因为食品加工本身就具有防腐保藏的作用。经过干制、冷冻、盐腌、糖渍、罐藏等加工的食品，由于水分减少和经过消毒灭菌处理，都能较长期地贮藏。经过妥善包装的食品，能够有效地防止微生物的再次污染，从而较好地保持色、香、味、形状，大大地提高贮藏性能。

9.1.2 食品在贮藏中的质量变化

食品贮藏期间，由于本身贮藏性能的差异及受外界环境条件的影响，常会发生各种变化，从而引起食品质量的改变。食品贮藏中的质量变化，主要有酶促作用引起的生理变化和生物化学变化，微生物污染引起的微生物学变化，温度、湿度、氧气等环境因素引起的化学变化和物理变化等。这些变化都会造成食品质量下降和数量损失，只有掌握食品在贮藏中的各种变化，才能确定适宜的贮藏条件和方法。

1）食品贮藏中的生理变化和生物化学变化

（1）呼吸作用。呼吸作用是指生物体中的能源物质（主要是糖类），在氧化还原酶作用下，逐步降解为简单物质和放出能量的过程。呼吸作用是生物有机体最普遍的生理现象，也是鲜活食品最基本的生理活动。鲜活食品的呼吸可分为有氧呼吸和缺氧呼吸两种类型。

有氧呼吸是鲜活食品的正常呼吸。它是指有氧条件下，葡萄糖被氧化降解生成二氧化碳和水，并放出热量的完全氧化过程。

$C_6H_{12}O_6+6O_2 \rightarrow 6CO_2+6H_2O+2\ 830$（千焦耳）

缺氧呼吸是指在缺氧条件下，鲜活食品中的葡萄糖利用分子内的氧，在酶的催化下分解为酒精和二氧化碳，并放出少量热量的不完全氧化过程。

$C_6H_{12}O_6 \rightarrow 2C_2H_5OH+2CO_2+117$（千焦耳）

就鲜活食品的贮藏来说，不论哪种类型的呼吸作用，都要消耗食品的营养成分，降低食品质量。呼吸热的产生和积累，还会导致植物鲜活食品的腐烂变质，尤其是缺氧呼吸会积累过多的乙醇和乙醛，可使活组织细胞中毒，出现生理病害，缩短食品的贮藏期限。因此，鲜活食品应尽量防止缺氧呼吸。应当指出，正常的有氧呼吸，不仅可使鲜活食品获得必要的能量，维持其生命活动，而且也是一种自卫手段，有利于抵抗微生物的侵害，防止生理病害的发生。但是呼吸过于旺盛，又会很快消耗食品的营养成分。因此，贮藏鲜活食品时，要防止缺氧呼吸，并保持较弱的有氧呼吸。

影响鲜活食品呼吸强度的因素主要有温度和空气中的气体组成。一般而言，环境温度升高时，呼吸强度也随之增大。当环境温度低于0℃时，因酶的活性受到抑制，呼吸强度会急剧下降。鲜活食品进行呼吸作用的最适宜温度为25℃～35℃。因此，降低环境温度是贮藏鲜活食品的重要措施。此外，空气中的氧含量降低和二氧化碳含量升高，也会明显抑制呼吸作用。目前，鲜活食品采用的气调贮藏法，就是利用改变空气成分，达到抑制鲜活食品呼吸强度的一种较适宜的贮藏方法。

（2）僵直和软化作用。僵直作用是指动物在屠宰或捕捞致死以后的一段时间里，肌肉丧失原有的柔软性和弹性而呈现僵硬的现象。

僵直是动物死亡后特有的生物化学变化过程。死亡后的动物，因血液循环停止，肌肉组织细胞供氧中断，有氧呼吸转变为缺氧呼吸。糖酵解产生乳酸，肌肉中的磷酸和三磷酸腺苷分解，使肌肉组织的pH值降低，原来呈松弛状态的肌肉因肌纤维蛋白和肌球蛋白结合，形成无伸展性的肌凝蛋白，丧失弹性而呈僵直状态。

僵直作用发生的早晚及持续时间，因动物种类、致死原因和温度等的不同而有差异。一般来说，鱼类的僵直早于畜、禽类，带血致死的早于放血致死的，温度高的早于温度低的。哺乳动物僵直始于死后8～12小时，经15～20小时终止；鱼类僵直约始于死后1～7小时，持续时间约为5～20小时。处于僵直期的鱼类，新鲜度最高，食用价值也最大；处于僵直期的畜、禽肉，由于弹性差，不易煮烂，缺乏香味，消化率低，未达到最佳的食用品质。但是，从食品的贮藏角度来说，僵直期的肌肉pH值低，有利于抑制腐败微生物的生长、繁殖，肌肉组织致密，作为主要成分的蛋白质尚未分解，基本上保持了其原有的营养价值，此时最适宜冷冻贮藏。

软化是畜、禽、鱼肉僵直达到极限后，进一步变化的结果。其特点是肌肉逐渐变软，恢复弹性；由于蛋白质和三磷酸腺苷的分解，肌肉变得多汁，并且具有肉所特有的芳香味和滋味。这一变化有利于改善畜、禽肉的食用品质，因此畜、禽肉在食用前，应该使其完成软化过程，即肉类的成熟作用。鱼属于冷血动物，鱼体肌肉含水量大，组织脆弱，又往往带有水中微生物，软化过程会降低食用价值，甚至导致腐败变质，所以应防止鱼类死后发生软化。

软化是一种生物化学变化，主要因鲜肉中所含的组织蛋白酶（即自溶酶）活性增强，引起肌肉蛋白质分解所致。因此，软化现象也称为蛋白质自溶现象。蛋白质分解的产物多具有碱性，能中和肌肉中的乳酸，使肌肉的pH值回升，趋于碱性，有利于腐败微生物的繁殖。软化后的畜、禽、鱼肉的贮藏性能已显著降低，不适于贮藏。

畜、禽、鱼肉的软化速度，受温度影响较大，高温可加速软化，低温能延缓软化。当把温度控制在0℃时，可使软化停止。因此，采用冷冻贮藏，可以有效地防止畜、禽、鱼肉的软化，延长其贮藏期限。

（3）后熟作用。后熟是指果实、瓜类等鲜活食品脱离母株（即采收）后继续其成熟过程的现象。在后熟过程中，酶可引起一系列的生理、生化变化，使瓜、果类的色、香、味以及硬脆度等食用品质得以改善。例如，在后熟过程中，淀粉水解为单糖，使瓜果变甜；叶绿素分解消失，使瓜果中的胡萝卜素和花青素显露出红、黄、紫等色；鞣质聚合，使涩味降低；有机酸数量相对减少，使瓜果酸味降低，产生挥发油和芳香油，增加了瓜果的芳香气味；原果胶质水解，降低了瓜果的硬脆度。但是，后熟作用完成后，瓜果等鲜活食品已处于生理衰老阶段，组织开始变得粗老，食用品质下降，并且易腐败变质，难以继续贮藏。因此，作为贮藏的瓜果类鲜活食品，应在它们成熟之前采收，通过控制贮藏条件来延缓其后熟与衰老过程，达到贮藏保鲜的目的。对于某些急需供应市场的产品，则可以进行人工催熟。

（4）发芽与抽薹。处于休眠期的果实或二年生的蔬菜，由于生理活动减弱，比较容易贮藏。但是在适宜的外界条件和酶的作用下，这些果实和蔬菜也会出现发芽（也称萌芽）或抽薹现象。发芽与抽薹是菜果打破休眠状态，由营养生长期向生殖生长期过渡时发生的一种变化，主要指那些以变态的根、茎、叶等作为食用器官的菜果，如大白菜、马铃薯、大蒜、苤蓝、萝卜等。发芽或抽薹的菜果，由于养分的转移和消耗，使菜果变得空瘪粗老，除少数可供食用的菜薹外，一般都丧失了食用价值。贮藏这些菜果需要采取有力措施，延长其休眠期，以防止发芽与抽薹。低温、采用植物生长素（如α-萘乙酸酯、抑芽丹等）或γ射线辐照等，能延长菜果的休眠期，抑制菜果的发芽与抽薹。

2）食品贮藏中的微生物学变化

食品中含有丰富的营养成分，很容易被微生物污染，一旦受污染，不仅影响外观质量和营养价值，甚至会产生毒素，危害人体健康。微生物污染是影响食品质量的重要因素。在食品贮藏中，微生物引起的质量变化，主要有腐败、霉腐和发酵等。

（1）食品腐败。食品腐败是指由微生物（主要是腐败细菌）所分泌的蛋白酶对食品中的蛋白质、氨基酸等含氮物进行深度分解而造成的食品变质现象。食品腐败多发生在含蛋白质丰富的动物性食品中，如家畜肉、禽肉、鱼类、贝类、鲜蛋、鲜乳以及它们的加工制品。植物性食品中的豆制品，含有大量的植物蛋白，也容易出现腐败变质现象。

食品腐败是一个极为复杂的过程，受多种因素的影响，但最根本的原因是微生物在食品中的繁殖。自然界分布的微生物有细菌、霉菌和酵母菌等，引起食品腐败的主要是细菌，尤其是那些能分泌大量体外蛋白酶的细菌（即腐败细菌），其更是食品腐败的直接参与者。

（2）食品霉腐。食品霉腐是霉菌在食品中繁殖的结果。霉菌能分泌大量的酶，可分解、利用碳水化合物，所以含糖丰富的食品，如粮食、糕点、水果、蔬菜、茶叶等，容易霉腐。霉腐的食品不仅损失营养成分，外观颜色也会因菌落的寄生出现黑、褐、黄、绿、青等颜色，而且会使食品带有霉味。食品如果被产毒的霉菌菌株污染，还会由于毒素的存在，严重危害人体健康。贮藏中应防止食品霉腐。引起食品霉腐的霉菌主要有曲霉、青霉、根霉和毛霉等。

（3）食品发酵。食品发酵是指在微生物分泌的氧化还原酶的作用下，食品中的单糖发生不完全氧化的过程。食品发酵广泛应用于发酵食品的生产上，但在食品贮藏中它却能引起食品变质。食品贮藏中常见的发酵有酒精发酵、醋酸发酵、乳酸发酵和酪酸发酵等。

①酒精发酵。酒精发酵是指食品中的葡萄糖在酵母菌的作用下降解为乙醇的过程。

$$C_6H_{12}O_6 \rightarrow 2C_2H_5OH+2CO_2$$

含糖食品（如水果、蔬菜、果汁、果酱等）在贮藏中发生酒精发酵后，会产生酒味。水果、蔬菜等鲜活食品，因缺氧呼吸也会产生酒味。这都表明它们的质量已经发生变化。

②醋酸发酵。醋酸发酵是指食品因酒精发酵生成乙醇后，在醋酸杆菌的作用下，进一步氧化为醋酸的过程。

$$2C_2H_5OH+2O_2 \xrightarrow{酶} 2CH_3COOH+2H_2O$$

食醋就是利用醋酸发酵的原理生产出来的。但食品在贮藏中，如果发生醋酸发酵，则会降低食品的质量，甚至使某些食品完全丧失食用价值。如低度酒中的果酒、啤酒、黄酒以及果汁、果蔬罐头等，常因醋酸发酵而变质。

③乳酸发酵。乳酸发酵是指食品中的葡萄糖在乳酸菌的作用下产生乳酸的过程。由于这种发酵特别容易在乳品中发生，所以称为乳酸发酵。

$$C_6H_{12}O_6 \xrightarrow{酶} 2CH_3CH_2OH+2CO_2$$

乳酸发酵广泛应用于酸奶、酸豆乳、酸菜和泡菜的生产。但其他食品在贮藏中发生乳酸发酵，不仅会使风味变劣，而且会因乳酸改变食品的pH值，出现蛋白质凝固、沉淀等变化。

④酪酸发酵。酪酸发酵是指食品中的糖类物质在酪酸菌的作用下产生酪酸的过程。酪酸发酵对于食品贮藏极为有害，发酵产生的酪酸会使食品发出一种令人厌恶的气味，尤其是鲜乳、乳酪等，在变质过程中，常出现这种酪酸的气味，严重降低了食品质量。因此，在食品贮藏中要注意防止酪酸发酵。

微生物所引起的食品质量变化，都是微生物污染食品并进一步繁殖的结果，因此控制食品水分和空气的温湿度是防止微生物对食品造成危害的主要措施。对含水量较低或干燥的食品，除应贮藏在低温下外，还应控制相对湿度，使其低于70%。

3）食品贮藏中的化学变化

（1）蛋白质的变化。在食品贮藏期间，蛋白质的变性和水解对食品质量有着重要影响。

肉类蛋白中的浆蛋白呈液态，存在于肌肉纤维中，性质极不稳定，容易变性。它所含的色蛋白和多种酶类，还会引起各蛋白间的作用，降低食品质量。肉类蛋白中的肌球蛋白对肉类的持水性和黏结性有重要作用，它的存在有助于冷冻肉类解冻后恢复原状和保持原有的感官品质。但肌球蛋白容易变性（在pH值为7.0、温度为30℃时就开始变性），因此畜、禽屠宰后的热鲜肉，应立即冷却降温，以避免肌球蛋白变性。

卵蛋白在贮藏中的主要变化是卵白蛋白发生酶促水解，破坏了蛋白组成，使浓厚蛋白变稀，水样化的蛋白含量增多。固定蛋黄的系带强度变弱，会导致鲜蛋发生粘壳甚至变质。

乳类中的酪酸蛋白主要存在于小麦、稻米、玉米、大豆、花生等粮食和油料作物的种子中，由于种子含水量低，处于干燥状态，酶的活性受到抑制，所以较动物蛋白稳定。

（2）碳水化合物的变化。碳水化合物主要以单糖、双糖和多糖的形式存在。由于单糖、双糖具有吸湿性和结晶性，含糖量高的食品（如食糖、糖果、糕点、果实制品等）在空气湿度增大时，会因糖类吸湿而使含水量增加，严重时会造成食品黏结、溶化、流糖等；当空气湿度降低时，又会因水分蒸发增加食品的干耗，已溶解的糖类会浓缩析出结晶，出现食品的返砂现象。因此，贮藏含糖量高的食品时，要注意密封包装和严格控制库房的空气湿度。

多糖中的淀粉老化（有关淀粉老化的内容详见“食品贮藏中的物理变化”）和果胶质的水解，也会降低贮藏食品的质量。食品中的果胶质与纤维素结合成果胶，对保持植物性鲜活食品的硬脆性有重要作用。当原果胶发生酶促水解后，会使植物性鲜活食品的组织变软，食用质量和耐贮性能大为降低。在贮藏中，通常采用低温控制原果胶水解，以保持食品的硬脆性质。

（3）脂肪的变化。脂肪及含脂肪的食品，在贮藏期间往往会因为脂肪酸败而发生变质。脂肪酸败不仅会使贮藏食品产生难闻的哈喇味，而且酸败产物中的醛类、酮类等还有害人体健康。同时，与脂肪共存的脂溶性维生素和必需脂肪酸也被破坏，使食品营养价值和感官质量降低。

脂肪氧化酸败是食品贮藏中脂肪酸败的主要类型，多数食品的哈喇味都与这种酸败有关。脂肪氧化酸败是游离脂肪酸氧化、分解的结果。这一变化首先是脂肪水解产生游离脂肪酸，而游离脂肪酸特别是其中的不饱和脂肪酸，受空气中氧的作用，很容易氧化成过氧化物（主要是氢过氧化物）；这种过氧化物极不稳定，会进一步分解，生成低分子醛、酮、酸等具有哈喇味的物质。

在脂肪氧化酸败中，氧是不可缺少的条件，减少氧与食品的接触是防止脂肪酸败的有效方法之一。为此，可采用真空包装或充气包装，隔绝氧与脂肪的接触。降低食品中的水分含量和采用低温贮藏，也能延缓食品中的脂肪氧化酸败。铜、铁等金属及日光中的紫外线，能加速脂肪的氧化酸败，因此在加工和包装食品时，应避免与金属接触，注意避光贮藏。此外，添加抗氧化剂，也能在一定时间内有效地防止脂肪氧化酸败。

（4）色素的变化。色素是食品的呈色物质，按来源可分为天然色素（主要是动、植物体原有色素），食品加工贮藏中因褐变产生的新色素，食品在加工中按卫生标准规定添加的合成色素三类。这三类色素使食品具有各种不同的颜色。在贮藏期间，这些色素的变化会引起食品的变色，使食品感官品质下降。

（5）风味的变化。风味是食品的重要感官质量指标。狭义而言，风味就是食品的香气、滋味，是由食品中的呈香和呈味物质所形成的。

食品香气成分的变化，因食品类别及种类的不同而有所不同。天然植物性食品的香气与它们的生长发育状况有密切关系。许多挥发性芳香成分（如水果中的酯类、醛类、萜类等），随着果实或植物的生长、成熟而逐渐合成和积累。采收后的果实，在贮藏过程中，香气成分又因后熟衰老程度而不断变化。一般来讲，在后熟前期，香气成分含量低；进入后熟期，酶活性增强，香气成分含量逐渐增多；进入后熟后期，由于生理衰老，香气成分含量又趋于下降。

加工食品的香气变化与生产工艺过程有密切关系。正常情况下，在生产中经加热或发酵工艺处理的食品，由于发生了一系列反应，食品的香气成分含量增加，往往变得香气浓郁。反应产生的一些不稳定中间产物，在食品贮藏期间会继续反应，并参与食品香气的形成，有助于改善食品的风味。如白酒、食醋、酱油等发酵食品的香气，一般随着贮藏时间的延长而增加，这是因为它们所含的有机酸与醇类进行酯化反应，产生了芳香酯类成分。此外，某些成分含量低时，有助于食品香气形成；含量高时，则产生不好的气味。如啤酒中的双乙酰，浓度极低时，有奶油香气；浓度较高时，则产生酸臭气味。啤酒“跑汽”或贮藏时间过长，双乙酰含量超过20ppm，即有馊饭的气味。

食品的香气成分具有挥发性，在贮藏中会因环境温度过高、贮藏时间过长或包装容器密封性差而挥发使食品受损，降低食品原有的香气。因此，低温、控制贮藏时间和加强包装容器的密封性，有利于保持食品的香气。

食品在贮藏期间，会因呈味物质的分解和消耗而丧失原有的滋味。例如，水果在贮藏中由于呼吸作用，会使有机酸和含糖量下降，改变糖酸比值，进而影响水果的滋味；多酚类物质被氧化而聚合，会使水果的涩味消失。肉类中的肌苷酸降解后，会使肉类的鲜味降低，甚至消失。

4）食品贮藏中的物理变化

食品贮藏期间，由于环境温度和湿度的变化或者贮藏管理不善，可能会使食品发生形态、组织结构和重量等方面的物理变化，如水分蒸发与发汗、受潮溶化与干缩结块和淀粉老化等。

环境温度过高或湿度太低，都会使食品的体温增高，导致食品体内水分蒸发。水分蒸发对新鲜的水果、蔬菜、肉、禽、鱼、贝等食品，均会产生不良影响。它不仅会造成食品干耗，还会导致新鲜食品的萎蔫、皱缩，失去光泽，使原有的新鲜度和脆嫩度下降，甚至丧失食用价值。对于贮藏时间较长的食品，因水分蒸发引起干耗所造成的经济损失是相当大的。调整库房的温湿度，迅速降低贮藏食品的体温，可有效地减少食品的水分蒸发。

食品在湿度较高的环境中存放或者房内外温差过大，都可导致食品表面发生结露现象（即“发汗”）。水蒸气在食品上凝结，会增加食品的自由水含量，使食品的水分活度增大，加速食品质量劣变而使其难于贮藏。水蒸气在凝结过程中，可将空气中的微生物带入食品中，增大其腐败变质的可能性。防止食品发汗，需要加强仓库的温湿度管理，防止库温波动。冷藏食品在出库前要进行“回热”处理。

食品受潮溶化及干缩结块，是由食品的吸湿性引起的。空气湿度较大时，食品易受潮溶化；空气湿度降低时，又会使食品中的水分散失而干缩结块。这些变化，在吸湿性较大的食品（如砂糖、糖果、食盐等）的贮藏中常会发生。

淀粉老化是指糊化淀粉随着温度的降低，失去原有的均匀结构而发生的凝沉现象。淀粉老化后，食品的黏性和柔软性降低，食感发硬，滋味变差，消化率下降。淀粉老化对以淀粉为原料的食品（如面包、馒头、糕点等）的质量有不良影响。温度和水分是影响淀粉老化的两个主要因素。高温条件下，淀粉糊稳定，不易老化；温度低于60℃时，淀粉则开始老化；在2℃～5℃时，老化速度加快；降至0℃以下，老化速度又显著减慢。含水量30%～60%时，最易老化；低于10%时，不易老化。防止淀粉老化的方法很多，可将含淀粉多的食品在室温以上保存或在−45℃的低温冷冻保存，还可以在食品中添加碱类膨松剂、乳化剂（如单硬脂酸甘油酯、大豆磷脂等）或经膨化处理，这些措施都能有效防止淀粉老化。

小思考9-1

只要食品在贮藏期间发生了质量变化，就会导致食品质量下降。这句话对吗？

答：不对。后熟作用就有利于改善食品的食用品质，有些水果急需上市时，还可在储存期间进行适当的催熟。当然，后熟对食品的长期储存是不利的。

9.2 食品贮藏的方法

食品的贮藏方法很多，除传统的高温杀菌、干燥、低温等贮藏方法外，近些年还发明了气调、辐射、真空冷却、减压贮藏等一些新的贮藏方法。各种贮藏方法各有特点，如低温贮藏法可抑制大多数的微生物繁殖，保持食品原来的新鲜感，但温度过低易造成蔬果的低温伤害；高温加热法除短时间可杀灭部分细菌外，亦可抑制酵母菌活性，保持食物的色、香、味，但温度过高或高热时间太长会使食品中营养素受到高温的破坏。在实际工作中，应综合考虑相关因素，选择相应的贮藏方法。

根据食品贮藏的基本原理，食品贮藏的方法可分为两大类：

第一类，全部或部分杀灭微生物和破坏酶的活性。其主要有高温杀菌法、辐射法、紫外线照射法以及化学杀菌剂法等。采用这类方法贮藏食品，只要有良好的包装，就能防止微生物对食品的再次污染，达到在常温条件下长期贮藏的目的。但这类方法对食品的原有风味有一定的影响，只能用于部分食品。

第二类，抑制微生物繁殖和酶的活性及非酶化学变化。其主要有低温法、干燥法、盐腌法、糖渍法、气调贮藏法等。这类方法在食品贮藏中应用广泛，特别是低温贮藏法，能较好地保持食品的原有风味，目前为国内外企业普遍采用。

9.2.1 抑制法

1）低温贮藏法

低温贮藏法是指在15℃以下的温度环境中贮藏食品的方法。其原理是利用低温条件，抑制食品中微生物的繁殖和酶的活性，有效地防止微生物引起的食品质量变化，减弱鲜活食品的生理活动和生鲜食品的生物化学变化，降低水分蒸发速度和延缓食品化学成分的变化。它有利于减少食品干耗，保持食品的色、香、味，从而较好地保持食品原有的新鲜度、风味品质和营养价值。

低温贮藏的温度范围，一般在-30℃～15℃之间。由于食品的种类、特性和贮藏期限不同，采用的贮藏温度也不一样，通常分为冷却贮藏和冷冻贮藏两种。

冷却贮藏又称冷藏，贮藏温度一般在食品的冰点温度以上。由于引起食品变质的嗜温性微生物处于10℃以下的低温就难以繁殖，所以除少数原产热带、亚热带的蔬菜和果品外，多数食品的冷藏温度为0℃～10℃（易腐性食品的冷藏温度应控制在10℃～15℃）。冷却贮藏的食品一般不发生冻结，能较好地保持食品的风味品质。但是，食品中酶的活性及鲜活食品的生理活动并未停止，嗜冷性微生物仍能繁殖，所以食品贮藏时间不宜过长。

原产热带、亚热带的蔬菜和果品，由于其生理特性适应较高的温度环境，在10℃以下贮藏会因正常生理活动受到干扰，招致“冷害”，如香蕉适宜贮藏的低温为12℃～18℃，番茄为10℃～12℃。因此，这些食品的冷藏温度，要根据它们对低温的耐受程度进行控制，避免库温下降过低，防止发生“冷害”。对于含水量大的食品，还会因水分蒸发出现干耗，使食品重量减轻，影响食品的外观品质。为此，应保持库内有较高的相对湿度，并降低空气流速，以减少干耗。

冷冻贮藏又称冻结贮藏，它是先将食品在冰点温度以下冻结，然后在高于冻结温度（0℃以下）的低温条件下冻藏。

冻结温度越低，食品中被冻结的水分也就越多。一般来说，温度降至-5℃时，食品中的水分有60%～80%冻结；降至-18℃时，则有90%的水分冻结。食品中的大量水分冻结后，游离水含量降低，水分活度显著下降，不仅使嗜高温、中温和低温的微生物停止繁殖（长时间的冷冻能造成部分微生物死亡），而且也抑制了食品中酶的活性。因此，冷冻食品可以长期贮藏，贮藏温度越低，食品品质保持越佳，贮藏期也越长。为了获得好的贮藏效果，一般在-18℃或者-23℃（甚至-40℃）的低温下速冻，在-15℃或更低的温度下贮藏，如果条件不允许，也可在-8℃的低温下贮藏。但贮藏温度一般不得高于-8℃，否则会缩短食品的贮藏期限。

采用冷冻方法贮藏的食品，除肉类、禽类、鱼类、水果类、蔬菜等易腐性食品，以及冰棒、冰淇淋、食用冰等冷饮食品外，还包括近几年发展起来的速冻食品、方便冷冻食品（如冷冻元宵、冷冻水饺）等。

食品的冷冻温度和冷冻速度，对于冷冻食品的质量有很大影响。目前，比较理想的贮藏方法是低温快速冷冻。使用这种方法，冻结温度低、速度快，冰晶生成速度大于细胞内水分向外扩散的速度。细胞内外水分几乎同时结冰，生成的冰晶细小、分布均匀，食品中约90%的水分被冻结在原来的位置。这样速冻食品就不会像缓冻食品那样，因细胞间隙的冰晶过大，造成细胞的机械损伤和破裂。

低温快速冷冻食品在解冻时能减少汁液流失，容易使食品恢复原状，更好地保持其原有质量。采用低温快速法冷冻的食品，主要有速冻蔬菜和水果。它是将新鲜水果、蔬菜经预冷、清洗整理和热烫等处理后，在-30℃～-18℃的低温下快速冻结，使食品在30分钟或更短的时间内，迅速通过最大冰晶生成带（-3.9℃～0℃）；将原料中心温度继续降到-18℃以下，使蔬菜细胞组织内外的自由水和结合水能同时析出大量的核晶，形成大量分布均匀、颗粒细小的冰晶体，使细胞内外的压力保持均衡。适于速冻贮藏的食品有豌豆、四季豆、胡萝卜、马铃薯、甜玉米、荔枝、龙眼、枇杷、杨梅、李子等；而番茄、芹菜、桃、杏、菠萝、苹果、葡萄等，由于冷冻保存的适应性差，不适于冷冻加工。速冻的蔬菜、水果，一般可以贮藏1年以上。

冷冻食品通常采用缓慢升温的解冻方法，使冰晶体缓慢融化成水，以便于组织细胞对水分的吸收，有利于减少汁液流失，从而保持食品的原有状态和营养价值。升温过快会使冰晶体迅速融化，大量的水分来不及被组织细胞吸收，造成很多汁液流失，食品质量也会因此而降低。

一般来讲，冻藏食品在贮藏期间的质量是比较稳定的。但是随着贮藏时间的延长，食品质量也会发生某些变化，主要有由冰晶升华而造成的食品干耗、由空气中的氧引起脂肪氧化酸败而造成的冻结烧、由低温引起的某些蛋白质变性以及食品的色素变化等。为了防止上述变化，食品在冷冻贮藏期间，应保持稳定的库温，采用密封包装或表面镀冰衣以及添加抗氧化剂的方法，保持冷冻食品的质量和延长贮藏期。

小思考9-2

低温贮藏就是利用低温杀灭微生物和酶的活性，防止微生物和酶引起食品质量变化。这句话对吗？

答：不对。低温贮藏的原理是：利用低温条件，抑制食品中微生物的繁殖和酶的活性，有效地防止微生物引起的食品质量变化，减弱鲜活食品的生理活动和生鲜食品的生物化学变化，降低水分蒸发速度和延缓食品化学成分的变化。

2）干燥贮藏法

干燥贮藏法是利用干燥或脱水措施，降低食品的含水量，使之处于干燥状态的一种贮藏方法。食品的干燥或脱水，统称为干制。经干制的食品，称为干燥食品或干制食品。

食品经干制后，由于水分减少，酶的活性受到抑制，细胞原来含有的糖分、盐类、蛋白质等稀溶液浓度升高，渗透压增大，导致微生物细胞脱水，繁殖受阻，甚至死亡。这样，就可以延长食品的贮藏期。

食品经干燥脱水后，体积与重量均显著减小，有利于运输。某些喷雾干燥或冻结干燥的食品，还具有溶解迅速和复水性好的特点，如速溶咖啡、速溶豆浆晶、速溶奶粉及果汁饮料等，都为运输和食用提供了方便。干燥食品具有多孔结构，具有吸湿性强、易破碎、易氧化等特点，需采用隔水和隔氧性好的包装。

食品的干燥方法有自然干燥法和人工干燥法两种。

自然干燥法是利用日晒、风吹等自然条件，使食品脱水干燥的一种方法。这种方法使用的设备简单，成本低廉，不需要特殊技术条件，主要用于原料区或基地的食品（如粮食、干果、干菜、水产海味品等）干燥。但是，自然干燥法受气候和地区等自然条件的限制，干燥过程中温度上升慢，水分蒸发速度慢，干燥时间长；受日光照射和空气中氧的影响，使产品的颜色变暗，损失营养成分。有些食品在干燥过程中，还伴有一定程度的腐败变质现象。此外，食品也容易被灰尘、杂质、昆虫和微生物等污染。为了保证干燥食品的质量，应选择清洁卫生的晒场及用具，并加强晒场管理。

人工干燥法是通过人为地控制环境条件，对食品进行脱水干燥的一种方法。这种干燥方法形式多样，主要有直火烘烤、热风干燥、喷雾干燥、真空冷冻干燥等。直火烘烤和热风干燥多用于蔬菜、水果、面包、饼干、糕点等食品的干燥。喷雾干燥常用于牛奶、豆浆、果汁、咖啡、麦乳精等食品的干燥。真空冷冻干燥是一种新的食品干燥方法，它是将冻结食品在近乎完全真空的状态下，以冰晶升华的方式使其干燥的一种方法。冷冻干燥的食品，需先经冻结前处理，再以-40℃～-30℃的低温速冻，然后在气压为0.1～1.0mm汞柱的干燥室内，以-30℃至常温的温度通过冰晶升华，完成食品的干燥过程。由于干燥过程是在低温和真空下进行的，食品的颜色和营养成分几乎不发生变化，也不会因干燥而收缩变形，且复水性好。真空冷冻干燥是目前比较理想的食品干燥方法，适用于蔬菜、果汁、肉类、炼乳、咖啡等食品。

学习微平台

延伸阅读9-1：什么是冰箱病？夏天如何才能保持健康饮食？

人工干燥法与自然干燥法相比，其不受气候条件的限制，可缩短干燥时间，减少因缓慢升温而造成的质量变化，避免灰尘、杂质及昆虫、微生物的污染，能保持食品质量和减少损耗。但人工干燥法需要有专用设备，费用也较高。

3）气调贮藏法

气调贮藏法的基本原理是：在适宜的低温下，改变贮藏库或包装中正常的空气组成（正常的空气组成中氧占21%、氮占78%、二氧化碳占0.03%），降低氧气含量，增加二氧化碳气体含量，以减弱鲜活食品的呼吸强度，抑制微生物的生长、繁殖和食品中化学成分的变化，从而达到延长贮藏期和提高贮藏效果的目的。

气调贮藏以适宜的低温为基础，可以被视为低温贮藏的一种强化手段。这种方法于1928年第一次用于商业，此后得到迅速发展，目前已被世界各国广泛采用。它除了能获得一般的冷藏效果外，由于调节了空气中氧气和二氧化碳的比例，还弥补了低温贮藏的某些不足。气调贮藏的优点主要表现在以下两方面：

第一，气调贮藏可比冷藏更有效地延缓鲜活食品的生理衰老过程，并且在贮藏室中能较好地保持食品的感官品质，如水果、蔬菜的色泽、硬脆度和口味等。

第二，气调贮藏的温度高于一般冷藏温度，可以避免某些原产热带、亚热带的鲜活食品，在过低的温度贮藏中出现低温“冷害”现象。

目前，气调贮藏除了应用于蔬菜、水果外，还用于粮食、油料、肉及肉制品、鱼类和鲜蛋等多种食品。气调贮藏有普通气调贮藏和机械气调贮藏两种。

普通气调贮藏是将食品贮藏在密封的塑料薄膜里或塑料袋内，利用生石灰或二氧化碳洗涤器，吸附鲜活食品呼吸时释放出的过多的二氧化碳，使气体组成达到贮藏的要求。这种方法简单方便，成本低，只要有冷库（简易冷库也可），利用塑料帐幕或塑料薄膜袋，就可以进行苹果、柑橘、蒜苗和西红柿等鲜活食品的气调贮藏。其经济效益也高于低温贮藏。

机械气调贮藏需在密封性较高的气调库内进行，利用气体发生器和二氧化碳吸附器协调工作，或者利用先进的碳分子筛控制贮藏库内的气体组成。机械气调贮藏效果好，但成本较高。

采用气调贮藏法时，必须注意以下几个问题：

第一，果蔬的质量要符合贮藏的要求。用于气调贮藏的水果、蔬菜，要生长良好，没有机械伤和病虫害，具有适宜贮藏的成熟度。此外，必须在进入呼吸高峰之前就进行贮藏。

第二，气调贮藏需要适宜的低温。温度对果蔬的贮藏效果影响很大，选择适宜的低温是果蔬气调贮藏的基础。温度的高低需要根据果蔬的种类、生长环境和成熟度等因素来确定。一般来说，温带作物适宜的气调贮藏温度为-1℃～45℃，亚热带和热带作物适宜的气调贮藏温度为8℃～15℃。总之，气调贮藏温度可比冷藏温度高1℃～2℃。温度波动会对贮藏效果产生不利影响，所以应维持恒定的贮藏温度。

第三，调节气体成分的适宜配比，以符合果蔬贮藏的需要。在气调贮藏中，氧气和二氧化碳的比例对果蔬的呼吸、成熟、衰老和其他生理、生物化学变化有重大影响。因此，调节气体成分的适宜配比是气调贮藏的中心环节。对于大多数果蔬来说，适宜的气体成分配比为1%～3%的氧气和0～5%的二氧化碳。据试验，采用这种比例，果蔬仅35天就会出现呼吸高峰，并开始变软成熟；如果气体成分配比采用低氧气（3%）和高二氧化碳（5%），香蕉贮藏108天还尚未黄熟，即大大延长了香蕉的贮藏期。

气调贮藏设备必须密封性好，不得漏气，贮藏期间要经常对食品的外观、硬度、滋味、成熟度等质量状况进行检查；对库内的温度、湿度、氧气和二氧化碳的浓度要定期检查，发现问题及时处理。进入气调室应有安全防护措施，以防因二氧化碳浓度过高造成窒息。

案例9-1

食品冷杀菌技术研究汇总

本文综述了国内外在冷杀菌技术方面的研究进展，主要介绍超高压杀菌、辐射杀菌、超高压脉冲电场杀菌、脉冲强光杀菌、磁力杀菌、紫外线杀菌和二氧化钛光催化杀菌等技术的基本原理及其在食品工业中的应用。

1.超高压杀菌技术。食品超高压技术（Ul-tra-High Pressureprocessing，UHP）简单称为高压技术（High Pressure Processing，HPP）或高静水压技术（High Hydrostatic Pressure，HHP），即将包装好的食品物料放入液体介质（通常是食用油、甘油、油与水的乳液）中，在100～1 000MPa压力下处理一段时间使之达到灭菌要求。其基本原理就是利用压力对微生物的致死作用，主要通过破坏细胞膜、抑制酶的活性和影响DNA等遗传物质的复制来实现。

2.臭氧杀菌。臭氧杀菌是指通过臭氧分解产生活泼氧原子和微生物体内的生理活性物质相互作用，而使细胞生理机能受到影响。试验证明，臭氧水是一种广谱杀菌剂，它能在极短时间内有效地杀灭大肠杆菌、蜡杆菌、痢疾杆菌、伤寒杆菌、流脑双球菌等一般病菌以及流感病菌、肝炎病毒等多种微生物。可杀死和氧化鱼、肉、瓜果蔬菜、食品表面能产生异变的各种微生物和果蔬脱离母体后继续进行生命活动的微生物，加速成熟乙烯气体，延长保鲜期。

3.低温等离子体冷杀菌。低温等离子体冷杀菌技术（CPCS）具有作用时间短、杀菌温度低等优势。与目前广泛采用的热源杀菌技术比较，CPCS与气调包装（Modified Atmosphere Packaging，MAP）保鲜技术完美结合。产生杀菌作用的等离子体来源于包装内部气体，对包装产品进行杀菌处理不会产生二次污染，不会产生化学残留，安全性高；尽管使用的电压非常高，但电流微小、杀菌处理过程很短，不会产生热量，没有温升，且能耗低、操作简便。因此，CPCS-MAP技术是食品冷杀菌保鲜包装技术的重要突破。

除上述冷杀菌新技术外，食品杀菌技术还有膜过滤除菌技术、CO_2杀菌技术、交变磁场杀菌技术、半导体光催化杀菌技术等，它们在食品工业的不同领域都显示出较好的应用价值。与传统的食品加热杀菌技术比较，冷杀菌技术能充分保留食品的营养成分和原有风味，甚至产生某些令人喜爱的特殊风味，而且杀菌彻底，处理时间短，不产生毒性物质。但由于一些技术还不成熟，在实际应用时受到了较大程度的限制。

资料来源 佚名. 食品冷杀菌技术研究汇总［EB/OL］.［2020-07-15］. http：//foodsafetyt.com/home/articleItem？id=2071.经编者节选与改编。

问题：你所知道的食品冷杀菌技术还有哪些？

分析提示：收集食品冷杀菌技术方面的信息作答。

9.2.2 杀灭法

1）加热灭菌贮藏法

食品加热处理，可以杀灭引起食品变质的微生物，破坏食品中酶的活性，有利于食品的贮藏。加热灭菌的食品，需有密封包装，从而使内容物与外界隔绝，防止微生物二次污染和氧气的侵入，以利于食品的长期贮藏。

一般来说，在100℃～121℃之间，食品中的细菌、霉菌、酵母菌以及耐热性很强的肉毒杆菌等可被杀灭。罐头生产常采用此种灭菌法。传统的巴氏杀菌法，杀菌温度低，只能杀死微生物的营养细胞，不能杀灭它们的孢子或芽孢，通常只用于那些不适合进行高温、长时间加热的食品或者只作短期贮藏的食品，如鲜奶、果汁、啤酒、酱油和清凉饮料等。目前，巴氏杀菌法已突破原来的杀菌温度和时间，发展出了以下三种方法：

（1）低温长时间杀菌法。其杀菌温度为62℃～65℃，加热时间为30分钟。其既可杀灭食品中的致病菌，又不损害食品风味，能较好地保持食品的营养价值。

（2）高温短时间杀菌法。其杀菌温度提高到72℃～75℃，加热时间缩短到15～16秒，或在80℃～85℃的条件下加热10～15秒。虽然加热时间很短，但杀菌温度较高，仍可收到预期的杀菌效果。它是目前采用较多的一种热杀菌方法。

（3）超高温瞬间杀菌法。其杀菌温度提高到135℃～150℃，加热时间极短（如牛乳高温杀菌时间只有2～8秒）。由于微生物热致死的温度系数很大，超高温杀菌具有明显的效果，加热时间极短，能更有效地保持食品的营养成分。实践证明，通过这种方法处理过的食品，贮藏效果也较好。例如，用此法处理过的牛奶，经包装后可冷藏20天；如果采用无菌包装，可在常温下贮藏3～6个月。

2）辐射贮藏法

辐射贮藏法是利用穿透力较强的射线照射食品，杀灭食品中的微生物，破坏酶的活性、抑制鲜活食品的生命活动，从而达到防腐保鲜、延长食品贮藏寿命目的的一种贮藏方法。

辐射贮藏所用的射线源，主要是同位素钴60（^{60}Co）和铯137（^{137}Cs）。这两种放射性同位素能释放出穿透力很强的γ射线。γ射线是一种波长极短的电磁波，能穿透几百英尺的空气或几英尺厚度的固体物，具有很强的杀菌力。辐射贮藏法具有许多优点：能比较彻底地杀灭食品中的微生物和昆虫，防止蔬菜、水果发芽或后熟，使食品在常温下长期贮藏不变质。辐射贮藏法采用的γ射线穿透力强，可同时对食品的表面及内部进行消毒灭菌；对包装食品而言，可以同包装一起消毒灭菌，因而能有效地防止食品被微生物二次污染。在辐射过程中，食品温度几乎不升高，因而有“冷杀菌”之称，能较好地保持食品的营养价值和新鲜程度。

食品经照射后所吸收射线的能量，称为吸收剂量。其单位为拉德（Rad）或戈瑞（Gy），国际单位制采用戈瑞，1戈瑞等于100拉德。

根据食品品种及贮藏条件的不同，吸收剂量分为小剂量、中等剂量和大剂量三种。

小剂量照射，平均辐射剂量范围在1 000戈瑞以下，主要用于抑制马铃薯、洋葱等的发芽，杀死昆虫和肉类中的病原寄生虫以及延缓鲜活食品的后熟等。

中等剂量照射，平均辐射剂量范围约为1 000 ~ 10 000戈瑞，主要用于肉类、鱼类、粮食、水果、蔬菜等食品的杀菌。它与低温贮藏结合使用，可获得较理想的效果。例如，桃是一种很难贮藏的鲜果，如果在冷藏温度下保存，2周就开始软化，而经辐射处理后，在室温下可保存14天，在4.4℃的低温下可保存30 ~ 45天。

大剂量照射，平均辐射剂量范围约为10 000 ~ 50 000戈瑞，可以完全杀灭微生物，主要用于冷冻肉类、鱼类、贝类的长期贮藏。

辐射后的食品，也会发生一些质量变化，如脂肪氧化、糖类降解，产生辐射臭，使食品颜色变暗，损失维生素等。这些质量变化，可以通过一些辅助措施予以防止。例如，食品在辐照前，可经适当升温处理，使酶的活性钝化，并在低温下辐照和贮藏。又如，为了提高辐照效果，可以采用充氮包装或真空包装。

学习微平台

延伸阅读9-2：节粮减损，将粮食最大化利用

辐射食品的安全性是人们普遍关注的问题。1980年，在日内瓦召开的辐射食品卫生会议上，联合国粮农组织（FAO）、国际原子能机构（IAEA）和世界卫生组织（WHO）联合专家委员会得出结论：任何食品在辐照总平均剂量达10 000戈瑞水平时，都不具有毒理学上的危害性，也不会引起特殊的营养或微生物问题，这样的食品无须进行毒理学检查。大量的实验也证明，只要辐照剂量和辐照条件符合要求，辐照贮藏的食品对人体是安全的。

3）化学贮藏法

化学贮藏法是在生产或贮藏过程中，添加某些对人体无害的化学物质，增强食品的贮藏性能和保持食品品质的一种贮藏方法。食品化学贮藏采用的保藏剂种类很多，按保藏机理不同，可分为食品防腐剂、食品杀菌剂、食品抗氧化剂和脱氧剂等。

（1）食品防腐剂。食品防腐剂是指能抑制微生物繁殖的物质。它主要是通过抑制微生物酶系统（尤其是呼吸酶）的活性，或者阻碍、破坏微生物细胞膜的正常功能而起到防腐作用。目前，食品中使用的防腐剂多为化学合成防腐剂，主要有苯甲酸及其钠盐、山梨酸及其钾盐等。化学合成防腐剂的使用量必须符合《食品添加剂使用卫生标准》（GB 2760）。如果超过规定的限量，会对人体健康有一定的影响。在酱油、食醋、果汁、罐头及果酱中，苯甲酸及其钠盐和山梨酸及其钾盐的最大使用量不得超过0.1%；在汽水、汽酒中不得超过0.2%。

（2）食品杀菌剂。食品杀菌剂是指对污染食品的微生物起杀灭作用的物质。按其灭菌特性，食品杀菌剂可分为氧化型杀菌剂和还原型杀菌剂两类。

氧化型杀菌剂主要有过氧乙酸、漂白精等。它们都具有很强的氧化能力，可以有效地杀灭食品中的微生物。其杀菌机理是通过分解释放出初生态氧和游离氧，利用它们的强氧化作用杀灭微生物。

过氧乙酸是一种广谱、速效、无毒害的强力杀菌剂，对细菌及其芽孢、真菌和病毒均有较强的杀灭效果。即使在低温条件下，过氧乙酸也具有杀菌作用，因而有利于保护食品的营养成分。一般使用0.2%浓度的过氧乙酸便能杀灭霉菌、酵母菌；用0.3%浓度的过氧乙酸可在3分钟内杀死芽孢杆菌。在我国，过氧乙酸多用于食品加工车间加工工具及容器设备的杀菌消毒，也可用于某些食品的杀菌。如用0.2%浓度的过氧乙酸溶液浸泡新鲜蔬菜或果品，经2～3分钟即可杀死霉菌；用0.4%浓度的过氧乙酸溶液浸泡鸡蛋，经2～5分钟便可杀死蛋壳表面的全部细菌。此外，过氧乙酸还可以用于苹果的贮藏保鲜。如苹果采收前，用1%浓度的过氧乙酸溶液喷洒树上的苹果，采摘后苹果能贮藏173天，好果率可达82.4%，比原来（没有喷洒过氧乙酸溶液的苹果）提高28.3%。

漂白粉和漂白精的化学组成基本相同，但后者纯度高。它们对细菌、芽孢、酵母菌、霉菌及病毒均有杀灭作用。其主要用于饮水、食品加工车间、库房、容器设备及鲜蛋等的杀菌消毒。

还原型杀菌剂主要指亚硫酸及其盐类，如二氧化硫、亚硫酸钠、保险粉（连二亚硫酸钠）等。其常用于蜜饯、饼干、罐头、果酒、食糖等加工过程中的杀菌，也用于某些蔬菜、水果的保鲜。其杀菌机理是利用亚硫酸的还原性消耗食品中的氧，使好氧性微生物因缺氧而致死，同时还可通过阻碍微生物生理活动中酶的活性，杀死微生物。还原型杀菌剂还具有漂白和抗氧化作用，能够使某些食品褪色，也能阻止食品颜色褐变。在实际应用中，需根据不同食品的杀菌要求和杀菌剂中的有效二氧化硫含量，来确定杀菌剂用量及溶液浓度，并严格按食品卫生标准控制食品中的二氧化硫残留量，以保证食品的卫生安全性。在饼干、食糖、粉丝、罐头中，二氧化硫的残留量不得超过0.05克/千克；其他食品不得超过0.1克/千克。

（3）食品抗氧化剂和脱氧剂。食品抗氧化剂是能防止或延缓食品氧化变质的一类物质。添加适量的抗氧化剂，可提高食品的抗氧化能力，避免食品在贮藏期间发生氧化变质，从而延长食品的贮藏期限。抗氧化剂的抗氧化作用都是以其还原性为理论依据的。有的抗氧化剂通过消耗食品内部和环境中的氧，保护食品品质；有的抗氧化剂则通过抑制氧化酶的活性，防止食品氧化变质。常用的抗氧化剂有丁基羟基茴香醚（BHA）、没食子酸丙酯、二丁基羟基甲苯（BHT）和生育酚（维生素E）等。抗氧化剂在使用过程中，要注意防止光、温度、氧以及铜、铁等金属离子的不利影响，避免分解和失效。

脱氧剂是能除去食品中游离氧的一类物质，亦称去氧剂、游离氧吸收剂、游离氧去除剂等。其使用方式与作为食品添加剂的抗氧化剂不同，它不直接加入食品的组成中，而是随食品一起密封在同一包装容器中，与外界呈隔离状态，通过化学反应除氧，以防止食品被氧化，并抑制好氧微生物的繁殖，达到延长食品贮藏期的目的。使用脱氧剂是食品贮藏的一项辅助措施，对食品无污染，简便易行，效果显著。常用的食品脱氧剂有特制铁粉、连二亚硫酸钠和碱性糖制剂等。

此外，在食品贮藏中，还常使用虎皮灵、青鲜素、S-81等来贮藏苹果、马铃薯、鸭梨和柑橘等，有时还使用药物来贮藏这些果蔬食品。上述化学药剂主要通过防腐、灭菌或抑制鲜活食品的生命活动来延长食品的贮藏期，使用时也须严格按照有关食品卫生标准的规定执行。

相关链接9-1

食品包装中的智能化包装技术

智能化包装，是指在包装制作的过程中使用特殊结构、新型材料与技术，或加入集成原件，使包装在满足传统包装功能的基础上，对产品的质量、流通安全、使用便捷等功能中的某个方面进行积极的干预与保障，以更好地实现包装在流通过程中使用与管理功能的一种新型包装。智能化包装技术种类繁多，在食品包装中智能化包装可通过利用特殊材料的指示标签，从而实时检测包装内部的环境条件，在运输和储藏期间向消费者与管理者提供食品品质信息。另外，还可以通过改变包装食品的环境条件来延长货架期，从而保持食品的营养成分不被破坏，保证食品新鲜度，在承载信息方面具备可溯源的功能。

1.智能化指示标签。食品发生腐败是其内外因素共同作用的结果。导致食品腐败的主要因素包括食品自身酶的催化作用、外界微生物污染，以及受到环境温度、湿度、氧化作用的影响等。智能化指示标签根据不同作用下的反应情况，可分为时间温度指示标签与气体指示智能标签。时间温度指示标签是一种附在包装外部的指示卡，其工作原理为：记录食品在贮藏和销售期间所经历的温度变化，从而预示食品的品质情况。气体指示智能标签的工作原理为：利用食品在贮藏过程中释放的某些特征气体与特定试剂而产生特征颜色反应，引起指示剂发生明显的变化，从而帮助消费者直观、准确、科学地判断食品品质与新鲜程度。

2.活性包装技术。活性包装又称AP包装（Active Packaging），是通过材料中的活性组分来改变食品内部的包装环境（比如氧气与二氧化碳的浓度、温度、湿度和微生物等在包装中应用）以延长贮藏期，改善食品安全性和感官特性，有效地保持食品营养与风味。活性包装能够在很大程度上延长食品的贮藏期和货架期，具备抑菌、杀菌、控制温湿度的功能，市场对于活性包装的需求量也很大。

3.信息溯源技术。信息溯源可依靠的技术有条形码技术、无线射频识别技术等，通过直接接触或者非直接接触的方式自动识别产品的包装。条形码技术主要以数字的形式将商品信息与商户信息储存在条形码中，从而让顾客利用手机终端以更方便的形式读取信息。常见的条形码包括一维条形码和二维码。比较而言，二维码技术具有编码密度高、存储信息量大、防伪功能强和成本低等多方面的优点。信息溯源技术在产品防伪、溯源、使用和自动物流管理方面都可起到积极的作用，有利于消费者和安全监察部门了解以及监督食品的安全。

资料来源　佚名. 食品包装中的智能化包装技术［EB/OL］.［2020-01-06］. http://baijiahao.baidu.com/s?id=1654947462688955406&wfr=spider&for=pc.

基本训练

□ 知识题

1.判断题

（1）加工食品经过妥善包装能提高其贮藏性能。（　）

（2）后熟作用对食品是不利的，应加以控制。（　）

（3）低温也能杀灭微生物。（　）

2.填空题

（1）鲜活食品的呼吸作用可分为________和________两种类型。

（2）食品加热处理，可以杀灭引起食品变质的________，破坏食品中酶的________，有利于食品的贮藏。

（3）根据食品品种及贮藏条件的不同，吸收剂量有________、________和________三种。

3.选择题

（1）属于鲜活食品的有（　）。

A.水果　B.蔬菜　C.畜禽肉　D.茶叶

（2）食品贮藏中的化学变化有（　）。

A.蛋白质变化　B.色素变化　C.腐败变化　D.风味变化

（3）属食品人工干燥法的有（　）。

A.日晒干燥　B.风吹干燥　C.喷雾干燥　D.真空干燥

4.简答题

（1）食品在贮藏期间的微生物学变化有哪些？对食品质量有何影响？

（2）低温贮藏法和气调贮藏法各有何特点？

（3）食品化学贮藏采用的保藏剂有哪些？在实际使用中应注意哪些问题？

综合应用

□ 实训题

调查学校食堂是如何贮藏食品的。

□ 案例分析题

打破传统冷藏短板，“冰温贮藏”让食品保鲜更持久

一尾青鱼，经过保鲜处理后，贮藏期可长达70天……一项食品加工新技术即将亮相工博会，它能够将食品贮藏期延长至传统4℃冷藏的10倍以上。这项食品保鲜新技术的发明者是上海海洋大学万金庆教授，针对传统冷藏食品贮藏期短的难题，他和自己的团队成员开发了一项“0℃至-4℃食品非冻结保鲜新技术”。

目前市场上的食品“长期”流通方式主要有两种：一是干制品，采用传统的自然

晾晒、热风或冷风干燥等方式，但这样耗时长、效率低、口感差。二是冷冻品，冻藏易导致蛋白质变性和脂肪氧化，使水产品的感官和营养品质下降。

该团队经过查阅大量的文献了解到，零度到生物体冻结点之间的温度区间，被称为冰温温度带。在此温度区间贮藏、后熟、干燥和流通的食品被称为冰温食品，它在保持食品鲜度和风味等方面具有独特优势。冰温贮藏是继冷藏和冻藏后的一种新兴的保鲜方法，发展前景良好。

经过多年的反复试验和研究积累，万金庆团队近期发明了一种“冰温真空脱水+冰点调节剂”的方法，它可以降低食品冰点至-4℃以下，然后在0℃至-4℃非冻结状态流通，最大程度地维持生鲜食品的新鲜度，显著延长了食品的贮藏期，降低了对制冷设备的温控要求，对冰温技术的推广应用具有重要意义。

资料来源 庞菁涵. 打破传统冷藏短板，“冰温贮藏”让食品保鲜更持久［EB/OL］.［2020-10-16］. http：//www.nkb.com.cn/2020/1016/354726.shtml.

问题：冰温贮藏有何特点？目前市场上食品保鲜方法有哪些？

职业工作站

食品贮藏新发展的信息收集练习

● 目标

该项练习能帮助你了解食品贮藏技术新进展。

● 内容

收集食品贮藏新发展方面的信息。

● 时间

本章课后的业余时间，要求一周内完成。

● 步骤

（1）3～5名同学分为一组，制订收集计划。

（2）进行食品贮藏新发展方面的信息收集。

（3）对收集的食品贮藏新发展信息进行整理和分析研究，并撰写收集报告。

第10章 危险化学品的储存与防护

学习目标

- □ 思政目标：引导学生运用自己掌握的知识和技能做好危险化学品安全防护知识宣传普及工作，树立服务社会意识。
- □ 知识目标：认识危险化学品的特性，了解危险化学品养护的重要性，掌握危险化学品储存管理与防护的内容。
- □ 能力目标：掌握危险化学品的储存管理与防护方法，能进行危险化学品储存管理和养护工作。

10.1　危险化学品的性质与管理

危险化学品，是指具有毒害、腐蚀、爆炸、燃烧、助燃等性质，对人体、设施、环境具有危害的剧毒化学品和其他化学品。在经营、运输、储存中，熟悉这类商品的性能和安全防护知识极其重要。

10.1.1　危险化学品的特性

1）易燃、易爆商品的特性

燃烧、爆炸是危险品的主要危害现象，是危险品防范的重点。

（1）燃烧。它是指可燃性物质与助燃剂如氧等，发生剧烈化学反应，同时放出大量热和光的一种现象。

（2）燃点（即着火点）。它是指可燃物质接近火源而燃烧的最低温度。物质受热达不到燃点，不会引起燃烧。不同的可燃物质，有不同的燃点。燃点低，容易燃烧，危险性大；燃点高，燃烧困难，危险性小。如乙醚的燃点是180℃，石油醚的燃点是246℃，故乙醚的燃烧危险性比石油醚大。

（3）闪点。它是指易燃液体在一定温度下，蒸发出来的气体与空气混合，当接触火源时，能发出断断续续的火花，但不能持续燃烧，迅即终止，这一温度称为闪点。一般来说，物质的闪点越低，越易燃烧，它表示物质的易燃程度，通常与燃点结合起来断定物质的易燃性质。

（4）自燃点。它是指可燃物质受热发生自燃的最低温度，如锌粉的自燃点是360℃。

（5）爆炸。它是一种在极短时间内完成的化学反应，是处于固体或液体状态的物质，在外界条件的引发下，在极短时间内转变为气体状态，反应过程中产生大量热能，并由于气体体积的急剧膨胀，发出响声和冲击力，从而对外界产生巨大破坏作用力的现象。

（6）爆炸极限。它是指可燃气体、可燃液体的蒸气或可燃粉尘与空气混合并达到一定浓度时，遇到火源就会发生爆炸，这个遇到火源就会发生爆炸的浓度范围称为爆炸极限。

2）毒害性、腐蚀性商品的通性

（1）毒害性商品。它是指侵入人体内部或接触皮肤即可破坏人体的正常生理机能，造成中毒甚至死亡的一类物品，简称毒品。毒品的毒性一般用半数致死量和空气中最大允许浓度表示。

①半数致死量。它也称为致死中量，以符号LD50表示，单位是毫克/千克体重。LD50数值大的，毒性小；LD50数值小的，毒性大。

②空气中最大允许浓度。它是指有毒气体或挥发性毒品的蒸气，在空气中达到影响人体健康时的最低浓度，通常用一百万分体积的空气中毒气所占的比重来表示，符号为ppm。

（2）腐蚀性商品。它是指接触人体能发生腐蚀、灼伤或接触其他物质能发生破坏甚至会引起燃烧和爆炸的一类物品。

相关链接10-1

物质的毒性分级

急性口服毒物的半数致死量LD50：用成熟的白鼠做试验，毒物经口摄入，在14天内能引起实验动物半数死亡所用的毒物剂量。其结果以每千克体重的毫克数表示（mg/kg）。

急性皮肤接触毒物的半数致死量LD50：在白兔裸露的皮肤上持续接触24小时，在14天内能引起实验动物半数死亡所用的毒物剂量。其结果以每千克体重的毫克数表示（mg/kg）。

急性吸入毒物的半数致死量LC50：用成熟的白鼠做试验，连续吸入1小时后，在14天内最有可能引起实验动物半数死亡所用的毒物的蒸气、烟雾或粉尘的浓度。就粉尘和烟雾而言，试验结果以每升空气中的毫克数表示（mg/L）；就蒸气而言，试验结果以每立方米空气中的毫升数表示（ml/m^3）。

V：20℃时，标准大气压下的饱和蒸气浓度，以每立方米的毫升数为单位。

剧毒物品：少数侵入机体，短时间内即能致人、畜死亡或严重中毒的物质。

剧毒物品动物试验中，经口服半数致死量LD50≤50mg/kg的固体或液体，与皮肤接触半数致死量LC≤2mg/L的固体或液体，以及吸入的半数致死浓度符合下述标准液体或气体：V≥LC和LC≤$300ml/m^3$。

外来化合物的急性毒性分级（WHO）见表10-1。

表10-1 外来化合物的急性毒性分级（WHO）

毒性分级	大鼠一次经口 LD50(mg/kg)	6只大鼠吸入4小时死亡2~4只的浓度(ppm)	兔经皮时 LD50(mg/kg)	对人可能致死的估计量	
				总量 (g/kg)	总量 (g/60kg)
剧毒	< 1	< 10	< 5	< 0.05	0.1
高毒	1-	10-	5-	0.05-	3
中等毒	50-	100-	44-	0.5-	30
低毒	500-	1 000-	350-	5-	250
微毒	5 000-	10 000-	2 180-	> 15	> 1 000

资料来源 夏元洵. 化学物质毒性全书［M］. 上海：上海科学技术文献出版社，1991.

3）放射性商品的特性

放射性商品所放射出来的射线，称为放射线。放射线有甲、乙、丙三种。

（1）甲种射线（α射线）。它是带有阳电的氦原子，速率为每秒20万千米。这种射线的穿透力很弱，如铀238释放的甲种射线只要2.7厘米厚度的空气层就能被吸收；遇到固体和液体物质时，更能大大缩短它的射程，一张普通的纸就可以挡住甲种射线。但是，甲种射线的电离本领很强，若进入人体能引起很大的伤害。

（2）乙种射线（β射线）。它是带有阴电的电子，速率为每秒20万千米。这种射线的穿透力比甲种射线大，可以穿过铅箔，在空气中的射程可达几百厘米。

（3）丙种射线（γ射线）。它没有电荷，是甲、乙两种射线和周围的物质冲撞而引起的光波，速率为每秒30万千米。这种射线的穿透力最强，在空气中的射程达几万厘米，可以穿透很厚的金属。

4）危险品等级

根据危险性的不同，危险物品可分为9类，其中有些类别又分为若干项。危险品等级编码见表10-2。

表10-2 **危险品等级编码表**

危险品等级编码	危险品等级名称	危险品等级编码	危险品等级名称
0	非危险品	4.2	易自燃物质
1.1	具有同时爆炸危险的物质和物品	4.3	遇水放出易燃气体的物质
1.2	具有喷射危险但无重大爆炸危险的物质和物品	5.1	氧化物质
1.3	具有燃烧危险或者较小爆炸或者喷射危险的物质和物品	5.2	有机过氧化物
1.4	无重大危险的物质和物品	6.1	毒性物质
1.5	具有同时爆炸危险但很不敏感的货物	6.2	感染性物质
1.6	没有整体爆炸危险极不敏感的物品	7A	一级放射性物质
2.1	易燃气体	7B	二级放射性物质
2.2	非易燃气体	7C	三级放射性物质
2.3	有毒气体	7E	裂变性物质
3	易燃液体	8	腐蚀性物质
4.1	易燃固体	9	杂项危险物质和物品

10.1.2 危险化学品的储存管理

1）危险品的入库验收

（1）到库物资的验收。其一般以感官检查为主，主要有“看、听、嗅、摸、验”，具体做法如下：

“看”：用眼睛看物资有无潮解、风化、溶化、夹杂物等，包装有无破损、渗漏、锈蚀等。

“听”：利用听觉鉴别容器是否有破裂声，容器内的物质是固体还是液体，可用手指轻敲容器外壁或瓶口加以辨别。

“嗅”：通过嗅觉鉴别库房内的气味是否浓厚，包装外表是否有异味发生，来确定物资有无渗漏。

“摸”：利用手的触觉探测物资有无结块、粘连、发热，包装有无损坏。

“验”：运用仪器测定稳定剂的含量，鉴定物资的性质，并组织进一步试验等。

（2）查验项目。在包装外形方面，应检查包装是否有残破、锈蚀、渗漏、封口不密、钢瓶漏气、不牢固、包皮黏附杂质、油污或遭受水湿雨淋等情况。在包装内的物资方面，应检查是否有吸潮、潮解、溶化、风化、硬结、发热、变脆、变色、容量过多、产生异味、夹杂物、稳定剂含量不适、内衬垫不妥等情况。

分解、变质、引起燃烧、爆炸的物品，除一日三查外，还应该定期进行测温、化验，采取必要的倒垛、通风、吸潮、整理、改装、添加稳定剂、分开存放和催请货主处理等安全措施，严格做到勤检查、勤联系、勤处理，以防损失和发生事故。

（8）对于危险品库，除一日三查外，每年还应当组织春防、夏防、秋防、冬防等大检查，并邀请公安、保卫、储运等部门参加，分别检查防爆、防火、防暑、防冻、防台风、防霉变、防汛、防虫蛀等工作，及时采取预防措施。

（9）对于换装危险品的空容器，在使用前必须进行检查，彻底清洗，以防遗留物与装入物品发生接触，引起燃烧、爆炸和中毒。对于遗留在地上和仓板上的危险品，必须及时清除处理，保持库房清洁。

（10）仓库区应严禁烟火。储存电石的场所，应禁止采暖（如暖气、炉子等），也应禁止修建下水道及阴沟。

（11）应在库房内外的适当地点设置温湿度计，建立检查记录制度，定时进行记录，根据气候条件对库房进行通风、散潮、降温、密封、保暖，以保持适当的温湿度。

（12）有条件的仓库应建立养护研究组织，平时进行鉴定、试验、测定工作，积累资料，总结和推广先进经验。

（13）危险品库要加强警卫，严格出入库管理制度。

小思考10-1

胶质硝化甘油等敏感性高的炸药必须双人保管。这句话对吗？

答：对。雷管、胶质硝化甘油等敏感性高的炸药，在日常管理中，要建立严格的双人保管、双人收付、双把锁、双本账制度。

学习微平台

延伸阅读10-1：烟花鞭炮存放需要注意哪些事项

10.1.3　危险化学品的温湿度管理

温湿度管理是仓储商品养护的核心，绝大多数仓储商品的质量变化直接与温度和湿度相关，而且在高温、高湿条件下，危险品还会发生燃烧、爆炸等事故。因此，危险化学品安全储存的关键，是严格控制好库内的温度和湿度。

1）爆炸性物品的温湿度管理

爆炸性物品大多数都具有吸湿性，吸湿后容易降低或失去爆炸效能；而受较高温度的影响，又容易发生分解，可能引起爆炸。因此，必须加强库房温湿度控制，应在库房内设置干湿温度计，每日定时观察并记录2～3次，根据需要做好通风或密封工作。夏季库温应不高于30℃。如库房条件差，不能达到温度控制的要求，可采取库房门窗挂门帘、窗帘，库门设避风阁，库顶设隔热层以及库外墙壁刷白等措施。库外温度低于库内时，可利用自然通风降温。

库房相对湿度最好保持在75%以下，最高也不要超过80%。如库内相对湿度过高，可在库外湿度低于库内时，利用自然通风降湿。如无法利用自然通风，可采取密封库房门窗、放置吸潮剂吸潮的方法（切忌用生石灰）。有条件的地方可用吸湿机吸潮。储存胶质炸药的库房，冬季库温不得低于-10℃，以防药体变脆，发生危险。

2）氧化剂的温湿度管理

存放氧化剂的库房要设置温湿度计，定时记录温湿度变化情况，相应地采取整库密封、货垛密封或密封与自然通风相结合的方法控制库房温湿度。在不能通风的情况下，可采用库内吸潮或人工降温的方法（如加冰降温、库顶喷水降温等），使库内温湿度适应不同物品的要求。

有机过氧化物，如过氧化苯甲酸叔丁酯，受热后不仅易于挥发和膨胀，同时还能加速分解作用，因此库温不宜超过28℃。一些含结晶水的硝酸盐类，如硝酸铟、硝酸锰等低熔点物品，受热后能溶于本身的结晶水中，若封闭不严，又极易吸潮溶化，因此库温宜保持在28℃以下。其他各种氧化剂在贮藏时，库温不宜超过35℃。

有些氧化剂易吸潮溶化，如硝酸铵、硝酸钙、硝酸镁、硝酸铁等；有些易吸潮变质，如过氧化钠、三氧化铬等。贮藏这些物品的库房应保持干燥，相对湿度不宜超过75%，一般氧化剂的库内相对湿度也宜保持在80%以下，最高不能超过85%。

3）自燃物品的温湿度管理

加强库房的温湿度管理，是确保自燃物品不发生自燃事故的重要养护措施之一。一级自燃物品，库温不宜超过28℃，相对湿度不宜超过80%；二级自燃物品，库温不宜超过32℃，相对湿度不宜超过80%；黄磷库房的温度，冬天不宜低于3℃。要达到上述温湿度要求，并不是轻而易举的，应采取一定的措施。如梅雨季节，应随时掌握库内外的湿度变化情况，及时做好库房通风降潮工作。在阴雨天和雾天，库内湿度过大时，可用电动空气去湿机或氯化钙、硅胶等吸潮。在炎热的夏天，可在库房的窗户玻璃上涂白漆或白胶浆粉，然后再加挂窗帘，库房外墙壁也可刷成白色，以减少日光的辐射热，并根据库内外的温湿度变化，及时做好密封、通风工作。若通风等办法不足以降低库内温度，可临时采用屋顶喷水的办法，并将货垛改小，降低堆码高度。

4）易燃液体的温湿度管理

库内温度过高，是易燃液体挥发损耗的主要原因，也往往是造成火灾事故的原因，特别是在炎热的夏季，存放沸点50℃以下的易燃液体仓库，应在早、晚气温较低时作业。这类商品宜储存在装有空调机的恒温库内，如一般仓库必须因地制宜地降低库温。

密封降温——库房门窗挂门帘、窗帘，库门加一层避风阁，做成双道门。这样，在库外温度高时，密闭门窗，而在早、晚开启门窗通风降温。

库房涂白降温——库房内外墙喷刷成白色，利用白色的反射作用，一般能降低库温1℃～3℃。

埋藏降温——如储存量不大，可在密封库内用砂土埋藏的方法降温。同时，因外部压力增加，对防止高温容器爆破也有作用。

用泡沫塑料降温——在库房墙壁四周，粘贴一层5～10厘米的聚乙烯泡沫塑料，距库顶50厘米高再加一层石棉顶，其隔热效果很好，一般可降低库温3℃～4℃。

上述方法要结合库房条件和物品性质加以应用。一般沸点在50℃以下、闪点在0℃以下的易燃液体，库温宜控制在25℃～26℃以下；沸点在51℃以上、闪点在1℃以上的易燃液体，库温宜保持在30℃以下。对于存放二级易燃液体的库房，温度宜控制在32℃以下，最高不能超过35℃。

有的易燃液体受冻后，容易变质或造成容器爆破，因此冬季应注意防冻。如乳化漆类受冻后，有水珠析出，乳化状态被破坏。熔点低的液体如环己烷、二氧六环等，若用大玻璃瓶盛装，气温低时容易凝结成块，可能引起包装胀破。叔丁醇即使用小玻璃瓶盛装，也易造成容器破裂。

湿度一般对多数易燃液体影响不大，但如湿度过大，会使金属包装生锈。氯或氟硅烷类物品吸潮后，能分解并产生有腐蚀刺激性气味的气体，所以亦需防潮。

5）腐蚀性物品的温湿度管理

对于沸点低和易燃的腐蚀性物品，库温宜保持在30℃以下，相对湿度不宜超过85%。夏季须采取防热措施，防止液体挥发和容器爆破。

对于怕冻的腐蚀性物品，冬天要做好防冻工作，库温需保持在10℃以上。在寒冷地区，储存甲醛的库房，冬天需采取提温措施，但严禁用明火；不具备提温条件的，可用谷糠围垛或装箱，也可搬入窑洞、地窖中保管。

对于吸潮后分解、发热、发烟的腐蚀性物品，除保持包装完整、封口严密外，相对湿度不宜超过70%，必要时还可用不燃和耐酸的粉末将商品埋藏起来，以隔绝与空气的接触，或用塑料袋套装，扎紧袋口。

6）其他危险物品的温湿度管理

保存压缩气体和液化气体时，库温最高不超过32℃，相对湿度宜控制在80%以下，以防气瓶生锈。夏季可于早、晚通风降温，通风后气瓶出现水淞时，应及时擦干。

对于遇水燃烧物品，库内相对湿度一般应保持在75%以下，最高不超过80%。在干燥季节，可利用自然气候条件通风散潮；在潮湿天气，应密封门窗防潮或在库内放氯化钙、用吸潮机吸潮。

对于易燃固体中的樟脑、赛璐珞、火柴、精萘等怕热商品，库温宜控制在30℃以下，相对湿度在80%以下。二级易燃固体物品，库温宜控制在35℃以下。

毒害性物品虽没有严格的温湿度要求，但一些有机易挥发液体剧毒品，在库温过高时能加速挥发，影响人身健康和增大商品损耗，因此库温以不超过32℃为宜。有些毒品受潮后易结块，甚至分解，放出剧毒气体，如氰化钙等，不仅降低了有效成分，而且不利于安全，所以库内应经常保持干燥，相对湿度控制在80%以下。

放射性物品对库内温湿度无特殊要求，只需防止湿度过大损坏包装，因此应保持清洁、干燥，除必要的检查和收发业务外，工作人员应尽量减少进入库房的次数。

相关链接10-2

危险货物包装标志（GB 190—2009）

危险货物包装标志是对易燃、易爆、易腐、有毒、放射性等危险性商品，为起警示作用在运输包装上加印的特殊标记，由文字与图形构成（见表10-3）。《危险货物包装标志》（GB 190—2009）规定了危险货物包装图示标志的分类图形、尺寸、颜色及使用方法等。本标准适用于危险货物的运输包装。标志分为标记和标签，标记4个，标签26个，其图形分别标示了9类危险货物的主要特性。

表10-3　**危险货物包装标志**

序号	标志	序号	标志
1	危害环境物质和物品标记  （符号：黑色，底色：白色）	5	爆炸性物质或物品  （符号：黑色，底色：橙红色）  （符号：黑色，底色：橙红色）  （符号：黑色，底色：橙红色）  （符号：黑色，底色：橙红色） ** 项号的位置——如果爆炸性是次要危险性，留空白。 * 配装组字母的位置——如果爆炸性是次要危险性，留空白。
2	方向标记  （符号：黑色或正红色，底色：白色）  （符号：黑色或正红色，底色：白色）		
3	高温运输标记  （符号：正红色，底色：白色）	6	非易燃无毒气体  （符号：黑色，底色：绿色）  （符号：白色，底色：绿色）
4	易燃气体  （符号：黑色，底色：正红色）  （符号：白色，底色：正红色）	7	毒性气体  （符号：黑色，底色：白色）

续表

序号	标志	序号	标志
8	易燃液体  （符号：黑色，底色：正红色）  （符号：白色，底色：正红色）	13	有机过氧化物  （符号：黑色，底色：红色和柠檬黄色）  （符号：白色，底色：红色和柠檬黄色）
9	易燃固体  （符号：黑色，底色：白色红条）	14	毒性物质  （符号：黑色，底色：白色）
10	易于自燃的物质  （符号：黑色，底色：上白下红）	15	感染性物质  （符号：黑色，底色：白色）
11	遇水放出易燃气体的物质  （符号：黑色，底色：蓝色）  （符号：白色，底色：蓝色）	16	一级放射性物质  （符号：黑色，底色：白色，附一条红竖条） 黑色文字，在标签下半部分写上： “放射性” “内装物 _____” “放射性强度 _____” 在“放射性”字样之后应有一条红竖条
12	氧化性物质  （符号：黑色，底色：柠檬黄色）		

续表

<table>
<tr><th>序号</th><th>标志</th><th>序号</th><th>标志</th></tr>
<tr><td>17</td><td>裂变性物质

（符号：黑色，底色：白色）
黑色文字
在标签上半部分写上：“易裂变”
在标签下半部分的一个黑边框格内写上：“临界安全指数”</td><td>20</td><td>二级放射性物质

（符号：黑色，底色：上黄下白，附两条红竖条）
黑色文字，在标签下半部分写上：
“放射性”
“内装物 ____”
“放射性强度 ____”
在一个黑边框格内写上：“运输指数”
在“放射性”字样之后应有两条红竖条</td></tr>
<tr><td>18</td><td>腐蚀性物质

（符号：黑色，底色：上白下黑）</td><td rowspan="2">21</td><td rowspan="2">三级放射性物质

（符号：黑色，底色：上黄下白，附三条红竖条）
黑色文字，在标签下半部分写上：
“放射性”
“内装物 ____”
“放射性强度 ____”
在一个黑边框格内写上：“运输指数”
在“放射性”字样之后应有三条红竖条</td></tr>
<tr><td>19</td><td>杂项危险物质和物品

（符号：黑色，底色：白色）</td></tr>
</table>

10.2 危险化学品的安全防护

10.2.1 危险化学品的防火与防爆

1）防火与防爆

危险品仓库发生火灾和爆炸的因素很多，如产品质量不稳定、包装质量不好或不合规定要求、入库验收不严、违章作业以及缺乏安全常识等。这些因素使事故发生成为一种可能，但要发生火灾与爆炸，则常常受某些外界因素的影响。这些外界因素主要有：

（1）明火。明火是指敞开的火焰、火星或灼热的物体等。它是引起火灾的最主要火源。防止明火引起火灾，应采取如下安全措施：

①严禁在货区吸烟，禁止带入火柴和打火机等火种。

②严禁明火照明，只允许用防爆或封闭式电气照明。

③金属容器进行焊锡，必须在库外安全地区操作。

（2）摩擦和撞击。

①搬运操作禁止滚动、摔、拖拉，防止相互撞击、摩擦，同时也不得使用会产生火花的工具。

②不准穿带有铁钉鞋子的人员进入易燃、易爆库房。

（3）电器设备引起的火花。

①搬运、装卸用的电瓶车、电动吊车、电动铲车等必须装置防爆或封闭式马达。

②工作结束后，切断库房内电器设备的电源。

（4）化学能。浸油的废纱、抹布等不得放入库房，以防止发生自燃。

（5）聚集的日光。

①用玻璃容器盛装的易燃或可燃液体露天储放时，应防止聚光，引起着火。

②库房窗玻璃应涂白或糊纸，或者采用磨砂玻璃。

③盛装压缩或液化气体的钢瓶，低沸点易燃液体的铁桶，易燃、易爆物品以及受热容易蒸发的物品，都不得放在日光下暴晒。

2）灭火方法和灭火器材

（1）灭火方法。物质燃烧需要有三个条件：有可燃物质，如纸、木、塑料等包装，木制屋架、门窗等；有助燃剂，如空气中的氧气和危险品中的氧化剂；具备达到物质燃点的环境温度。因此，灭火方法就是设法消除引起燃烧的某个条件。

①冷却法。冷却燃烧区的温度，使其降低到可燃物质的燃点以下，使燃烧停止。通常是将灭火剂直接喷射到燃烧物上，以降低燃烧物的温度。冷却法是灭火的重要方法，主要用水和二氧化碳来冷却降温。

②窒息法。阻止空气流入燃烧区域或用不燃烧的物质冲淡空气，使燃烧物得不到足够的氧气而熄灭。通常，当空气中氧的含量降到16%以下时，可使燃烧物窒息。因此，用石棉毯、湿麻袋、黄沙覆盖，或用泡沫、干粉、二氧化碳、四氯化碳灭火剂灭火，都能使燃烧物与空气隔绝，起到灭火作用；也可将燃烧的建筑物门窗孔道紧闭，使建筑物内部得不到氧气而停止燃烧。

③隔离法。把燃烧物或燃烧物周围的可燃物隔离或转移，使大火由于缺少可燃物而熄灭。必要时，及时拆除与燃烧物相连的易燃建筑，以隔绝火源，防止蔓延。

④化学中断法。化学中断法又称抑制法。这种方法是把含氟、溴的化学灭火剂（如1211等）喷向火焰，让灭火剂参与到燃烧反应的过程中，使游离基的链式反应中断，达到灭火的目的。

（2）灭火剂和灭火器材。使用灭火剂和灭火器材，必须根据危险品的性质，正确使用。灭火剂的要求是灭火效能高，使用方便，来源丰富，成本低，对人体和物体基本无害。常用的灭火剂和灭火器材有以下几种：

①水。水的热容量很大，要使1千克水升高1℃，需要热量1千卡，要使它全部汽化，还要吸收539千卡的热量，同时生成水蒸气。因此，把水浇到燃烧物上，能使其

表面温度迅速下降，同时水蒸气可以冲淡燃烧区的可燃气体和助燃气体的浓度，并能阻止空气中的氧气通向燃烧物，因而是一种高效、经济、方便的灭火剂。

②泡沫。泡沫可分为化学泡沫和空气机械泡沫。化学泡沫是硫酸铝和碳酸氢钠与泡沫稳定剂（空气泡沫或甘草萃取液）相互作用而形成的膜状气泡群。泡沫的比重为0.15 ~ 0.25。化学泡沫可分为单粉和双粉两种，是扑救油类火灾最有效的灭火剂。对于水溶性易燃液体（如乙醇、丙酮等）储罐的火灾，应用皂化泡沫。皂化泡沫粉是在单粉中加入2%皂粉制成的。产生化学泡沫的器材有泡沫灭火剂和泡沫发生器。

空气机械泡沫是由一定比例的泡沫液、水和空气，经过水流的机械作用，相互混合组成。泡沫液的成分是动、植物蛋白质类物质，由牛角、豆饼经水解制成。泡沫的比重为0.11 ~ 0.16，可有效地扑救由易燃液体引起的火灾。

泡沫灭火剂不适用于与酸、碱有反应的物质（如氰化物、遇水燃烧物品）引起的火灾。

③二氧化碳。二氧化碳性质稳定，比重为1.529。灭火机用的二氧化碳以液态灌入钢瓶内，在20℃时，钢瓶内为20个大气压。二氧化碳从灭火机中喷出后，呈白色雪花状固体，因此又称干冰，温度在-78.5℃时，能够冷却燃烧物和隔绝燃烧区空气中的氧。当空气中二氧化碳的含量达到30% ~ 35%时，燃烧停止。其适宜扑灭电气火灾和着火范围不大的油类火灾以及某些忌水物质（如电石）和气体的燃烧引起的火灾，但不宜用于金属钾、钠、镁等的灭火。

④四氯化碳。四氯化碳的沸点为76.8℃，遇热迅速汽化，1千克四氯化碳可生成145升蒸气，比重约为空气的5.5倍。其不仅能降低燃烧物的温度，而且能隔绝空气，在空气中浓度达7.5%时，即可熄灭汽油和丙酮的燃烧，但扑灭火灾的范围较小。四氯化碳不导电，因此主要用于扑灭电气火灾。

四氯化碳有毒并有一定的腐蚀性，当空气中每立方米含有0.5克时，人吸入就会中毒，所以在使用时要站在上风方向或高处。如果在空气不流通处使用，最好带上防毒面具或用湿毛巾把嘴和鼻孔捂上，灭火后要立即通风。

四氯化碳与灼热的钾、钠、镁、铝以及电石和乙烯等接触时，能强烈分解，甚至发生爆炸。因此，在危险品灭火中，有一定的局限性。

⑤干粉灭火剂。干粉主要由碳酸氢钠、硬脂酸铝、云母粉、石粉、石英粉混合配成。干粉由于浓度密集、颗粒微细，覆盖在燃烧物上形成隔离层，并受热分解出不燃气体，稀释燃烧区空气中氧的含量从而灭火，适用于不宜用水扑救的火灾。

⑥1211灭火剂。1211为二氟一氯一溴甲烷代号，本身为液体，易挥发，不导电，适用于高压电火灾，特别适用于油类和有机溶剂的灭火，灭火能力是二氧化碳的4倍多。在有爆炸气体存在的库房内，其浓度达6.75%时，就能抑制燃烧和爆炸。

此外，黄沙、石粉、碳酸钙、碳酸钠等可以被用来盖灭小量易燃液体和某些不宜用水扑灭的危险品的燃烧及引起的小火等。石棉布、毯等对于扑灭小量易燃液体和固体化学物品引起的小火亦很有效。

3）灭危险品火灾注意事项

（1）不能用水和泡沫灭火剂扑灭的危险品有：金属钾、钠、钙、镁、钛、铝粉、锌粉、铝镁合金、氢化钠（钾）、电石、磷化钙、发烟硫酸、氯磺酸、三氯化磷、五氯化磷、五氧化磷、无水氯化铝、过氧化钾（钡）和镍催化剂等。

（2）易燃和可燃液体，用水灭火时，根据与水共处的性质不同，可分为3类：

①比水轻不溶于水的，如石油烃类化合物和苯等芳香族化合物，对于由这类液体引起的火灾，需用泡沫灭火。火势不大时，可用雾状水、二氧化碳和化学干粉灭火。

②溶解于水或稍溶解于水的，如醇类、醚类、酯类、酮类、二氧六环等，扑灭由这类物品引起的火灾时，如火势不大，可用雾状水、泡沫、二氧化碳和化学干粉，其中皂化泡沫最为有效。如果使用化学泡沫灭火，泡沫强度必须比1类液体火灾中的泡沫强度大3～5倍。

③不溶于水、比重大于水的，如二硫化碳等，由这类液体引起的火灾可以用水扑灭，因为水能浮在液面上将空气隔绝。

（3）灭气体火灾最主要的是堵塞气体的来源，并用雾状水或二氧化碳、氮气喷射，切断火焰与喷出的气流，火焰即可被扑灭。在灭火的同时，应将未着火地区的钢瓶迅速移至安全地带。如来不及移开，可用密集的雾状水使钢瓶冷却。

（4）对于粉尘状固体着火，不能使用密集水流灭火，否则由于水流冲击可能造成粉尘飞扬，扩大灾害，应该用二氧化碳、氮气或雾状水灭火。对于氧化剂，亦不宜使用大量加压水流冲击，以用雾状水为宜。因为熔融的氧化剂，经水流冲击后流散，遇到可燃物，能引起燃烧。遇水能起化学反应的危险品及不溶于水的液体，都不能用水扑救，而只能用干沙或干粉等灭火。

（5）危险品的火灾，有的能发散出有毒、带刺激性气味的气体和烟雾，如氯、溴、氨、氰化氢、硫化氢、二氧化硫、氯化苦等。因此，在扑救由这类物品引起的火灾时，必须配备氧气呼吸器或防毒面具，以防中毒。

对于有腐蚀性的酸、碱及剧毒物品，消防人员在火场时，亦应注意安全防范。

案例10-1

灭火器：瓶体外观有“四注意”

近年来，很多造假者把“黑手”伸向了消防产品，假冒伪劣的消防产品可能造成不可想象的后果。如何辨别消防产品的真伪，是消费者必须学习的重要一课。近日，青岛市公安消防部门发布了几种常见消防产品的鉴别方法。以下介绍灭火器真伪的鉴别方法。

1.注意商标。手提式干粉灭火器瓶体上的商标应端正、不缺边少字，无明显皱褶、气泡等缺陷，灭火剂、驱动气体的种类、充装压力、总质量、灭火级别、操作方法、注意事项、制造厂商名称和生产日期齐全，必须有“灭火器一经开启，不得重复使用、充装”的警示性文字说明。商标内容不全的灭火器，可判定为不合格。

2.注意筒体。灭火器瓶体外表涂层应色泽均匀，无龟裂、气泡，无明显刮痕、碰伤、磕伤，无腐蚀、泄漏等缺陷，否则为不合格产品。合格灭火器的底圈或颈圈等部分，应有该灭火器的水压试验压力值、出厂年份的钢印。灭火器瓶身上的编号要与灭火器销售商提供的国家检验部门颁发的检验合格证书上的编号一致。

3.注意压力。灭火器压力表分为红、黄、绿三个区域，压力指针达不到绿色区域的为不合格产品。压力指示器的种类应与该灭火器的种类相符，充装量大于3千克的灭火器应配有喷射软管；灭火器应安装保险销，且保险销的铅封（塑料带、线封）应完好无损，否则为不合格产品。

4.注意“身份证”信息。合格的灭火器上通常会有两张贴纸标志，一张为红黑色覆膜的，另一张为黑白色纸质的，这两张都是灭火器的“身份证”。其中，红黑色覆膜的是“身份证”的正本，由灭火器终身携带；黑白色纸质的是副本，是“身份证”的备份。“身份证”只有表层的塑料膜可以撕下来，因而无法被转移到别的灭火器上。

如果想查询自己购买的消防产品是否为合格产品，可登录“中国消防产品信息网”查询，核对所购买的消防产品是否属于网站上备案的产品，凡有备案的产品一般都为合格产品。同时，正规厂家生产的消防产品都要有“一书一报”，即公安部消防产品合格评定中心所出具的产品型式认可证书和国家级消防产品质量监督检测中心出具的消防检验报告，二者缺一不可。

资料来源 佚名. 如何鉴别消防产品真伪［EB/OL］.［2021-07-02］. http://www.chinatt315.org.cn/fwzs/2020-7/2/212470.html.

问题：常见的其他消防产品的真伪鉴别方法有哪些？

分析提示：可以从各渠道收集消防产品的真伪鉴别方法，或登录“中国消防产品信息网”来了解。

10.2.2 危险品的防护

1）化学灼伤及其预防

由高温（烫伤）、低温或化学药品（灼伤）作用所引起的身体组织的损害，统称为烧伤。有时，烧伤也可能是高温和低温与化学品二者共同作用的结果。

烧伤按程度可分为三度。一度烧伤，仅限于皮肤发红，既不起泡也不结疤。二度烧伤，皮肤的表皮层和角质层都遭到破坏，并且形成水泡。三度烧伤，扩展到皮下脂肪层的细胞、肌肉、神经、血管，并烧焦皮肤。当三度烧伤占到人体表面积1/3以上时，就有致命危险。

各种烧伤的主要危险，是身体损失大量的水分，在大多数情况下会发生严重的并发症，也常常在敞开的创伤内落入使病症复杂化的微生物。此外，在烧伤时被破坏组织的分解产物，也有使身体中毒的危险。

（1）化学灼伤。化学灼伤是由固体（氢氧化钠、硫酸酐等）、液体（各种酸碱）和气体（氮氧化物、氟化氢等）等化学物质接触人体所引起的。一般固体物质只能灼伤与其直接接触的皮肤，而液体和气体则能立即侵害很大的面积，并能透过衣服。

灼伤的程度与引起灼伤的物质的性能、浓度、温度、作用时间以及对受害者是否采取适当措施等有关。任何一种化学物质落在皮肤或眼睛上，若与人的细胞组织化合，发生化学反应，都会夺去皮肤细胞生存所必需的物质。例如，硫酸滴落在皮肤上就会夺去皮肤内的水分而破坏了生机。

化学灼伤比一般烫伤痛苦，而且伤口往往不易愈合。而某些化学物质如氢氟酸、漂白粉等引起的灼伤，在开始时，患者常不加注意，而是经过几小时后才发现它的破坏作用，而有时要经过3~4天才发现有严重伤害。因此，当这些物质落在皮肤上时，应立即采取措施。某些物质落在皮肤上的破坏作用是很弱的，但是落在眼睛上，却能使眼睛失明，如氨水。

灼伤也有综合性，如磷落在皮肤上燃烧，属于烧伤，同时生成磷酸也会灼伤皮肤，这又属于化学灼伤。这种烧伤被称为热-化学烧伤。

（2）化学灼伤的原因和预防方法。腐蚀性物质落在身体上发生灼伤的原因很多，必须特别慎重地遵守为这类工作所制定的规程。灼伤的主要原因如下：装卸、搬运、检验，特别是加工、改装腐蚀性物品时，没有或有不完善的安全技术规程；无防护用具或使用已损坏的防护用具；包装受潮或已被腐蚀，搬运时脱落；陶瓷和玻璃容器碰撞破碎等。在密封保存硝酸、盐酸和浓氨等时，如用薄壁玻璃，打开时可能会因为瓶内压力增加而爆炸；如用厚壁坚固器皿，当第一次试图打开瓶子时，由于蒸发使器皿内压增高，瓶塞可能会突然地顶出，溅出液体导致面部或眼睛灼伤等。所以，打开保存这类物品的瓶子时一定要小心。

熟悉腐蚀性物品的性质、灼伤的原因和后果，及时制定装卸、搬运、检验、化验、加工、改装、收发、处理危险品的操作规则和规程，是防止化学灼伤的主要措施。操作时应穿戴必要的防护用品，特加是装卸腐蚀性物品时，需戴耐酸手套、防护眼镜，穿长筒靴、套裤，系橡胶围裙。搬运腐蚀性强、毒性大的易挥发物品时，还需戴防毒面具或口罩，要站在上风头操作，或用电扇排毒，并随时注意休息，呼吸新鲜空气。当卸放空桶或罐子时，应注意到可能有剩余的液体，因此取下、运送、放置时，都要口部向上，不得倾翻。改装时，应留有5%以上的空间，避免热膨胀时容器爆炸。绝对禁止将危险液体装入非专用的和没有标志的桶内。

此外，作业现场还应根据物品的性质配备相应的防腐蚀、防毒等防护用品，如清水、低浓度的碱液、稀醋酸液或稀硼酸液。

（3）化学灼伤急救。由于灼伤程度与腐蚀物的浓度和接触时间有关，因此一旦有酸、碱液溅到皮肤或眼内，应用中和法立即冲洗，然后用大量的冷水迅速冲洗灼伤处15~20分钟。冲洗工作应在灼伤后立即进行，不能拖延，即使晚5~6秒也会有极大影响。如呼吸道受酸性气体刺激，可用2%~5%的小苏打溶液漱洗，也可用清水漱洗后再用低浓度氨水漱洗或轻度嗅吸氨气，以中和酸性物，减轻刺激。氢氟酸腐蚀性强、危害性大，人体接触后，会使组织坏死，如不及时治疗，会导致严重后果，因此用清水或稀碱水立即冲洗后，应再到医院治疗，以防伤势严重。

因此，有化学灼伤危险的地方应该装有一种带有橡皮管和淋浴式喷头的水龙头。其优点是橡皮管能任意转动，喷出水的面积大。此外，水龙头的开关应该是长形易扭转的，不要螺旋式开关，以便手掌、手指受伤时用肩、肘或头也能打开开关，而且应装设复合型冲淋洗眼装置。有时可能不允许用水冲洗，如遇水燃烧物品落到皮肤上时，首先应将该物质清除掉，再用水冲洗。

2）中毒预防及其急救方法

（1）防止中毒的一般预防措施。为了保障人身安全和仓库安全，对于毒害物品，应做好以下工作：

①选好保管人员。应选择责任心强、身体健康、具有一定业务知识的人担任毒害品保管员。

②加强安全储运毒害品的宣传教育工作，制定安全的管理制度和防护措施。

③对储运毒害品的各环节如装卸、搬运、堆码、验收、检查、包装整理、改装等，要分别制定安全操作规程。

④储存毒害品的库房，操作前必须通风散毒，操作后立即清扫现场。

⑤储存不同性质毒害品的仓库，应有包装室、验收室以及对人身进行防护的必要措施，并备有中毒救护的简易器械和药物。此外，还应有更衣室和简单的淋浴设备。

⑥对有毒危险品的库房应经常检查空气中的有毒物质含量，并且经常对工作地点进行消毒。

⑦为操作人员配备个人防护用具，如工作服、防毒口罩、防护油膏等，在个别情况下，还应有防毒面具，并要经常检查其状态。工作人员应定期检查身体，有中毒怀疑时立即就医。

⑧库房内不准存放食物，在经过仔细地洗手、漱口后，才能在指定房间内吃饭。每天下班后要洗澡，不许把家里穿用的衣物和工作时穿用的衣物放在一起。

（2）急性中毒急救方法。急救是人身中毒后的临时性措施，主要是在医生到达前或中毒者送院医疗之前，使中毒者及时得到治疗。发现有人中毒后，首先应将中毒者移出中毒地区，并迅速排除或中和其体内的有毒物，同时维持其身体最重要系统的活动。常见的中毒急救包括以下几种：

①呼吸道中毒急救。呼吸道中毒通常指有毒蒸气、烟雾、粉尘被吸入的中毒现象，多表现为喉痒、咳嗽、流涕、气闷、头晕、头痛等。如有上述情况，应立即离开现场，到空气新鲜处静卧。对于呼吸困难者，可吸氧或进行人工呼吸，直至恢复呼吸正常，并立即予以治疗。但有些毒物如溴甲烷，中毒后并无警觉，因此在操作前应测定空气中的浓度。

②消化道中毒急救。最简单的方法是用手指刺激咽部，或注射1%的阿扑吗啡0.5ml以催吐，或用当归三两、大黄一两、明矾一两、生甘草五钱，用水煮服以催泻。如系油溶性毒品中毒，禁用蓖麻油、液体石蜡等油质催泻剂。中毒者呕吐后应卧床休息，注意保温，可饮热茶水。

对于皮肤中毒或灼伤，首先应冲洗，然后涂一层氧化锌药膏或硼酸软膏。有毒物进入眼睛，应先用清水或低浓度医用氯化钠清洗10～15分钟，再送医院治疗。

③心血管系统、心脏活动失调急救。对于心血管系统、心脏活动失调，可皮下注射2～4ml的樟脑油或1～2ml的咖啡因；不太严重时，可使用缬草、金盏花的混合液。

3）放射线对人体的危害和防护

放射线对人体的影响是长期的和潜伏的，如不注意，会在不知不觉中受到危害。受到过量照射或有过量放射性物质进入人体内，就会引起放射病，初期有疲倦、体重减轻、嗜睡或失眠、白细胞减少、食欲减退、恶心、呕吐、腹泻等症状；病势继续加重者，有脱发、皮肤发炎、便血等现象。如果一次照射超过500伦琴，绝大多数人会在3周左右时间内死亡。但是如果采取积极的防护措施，使射线对人体的照射剂量每天不超过50毫伦，就不会产生有害影响。

无论是内照射还是外照射，尤其是内照射，都能严重地损伤人体，因此必须进行适当防护。

α射线和β射线射程短，穿透力弱，在外照射的情况下，穿厚工作服、胶靴，系胶围裙，戴眼镜、手套，即可防护。要戴防尘面罩，防止粉尘吸入体内，避免内照射。

γ射线穿透力强，因此在工作时间，不能超过允许照射剂量，同时应穿紧密光滑的织物工作服，系铅质橡胶围裙，戴含有机磷酸钨的玻璃眼镜、厚胶手套、加厚口罩，穿长筒胶靴。需要抬物品时，最好两个人抬，以防放射性物品接近身体。几种放射性物品的γ射线的放射剂量见表10-4，外照射γ射线不同剂量的工作时间限制表见表10-5。

表10-4　　几种放射性物品的γ射线的放射剂量

品名	距离放射源(厘米)	放射剂量(毫伦/小时)
瑞士夜光粉	2	20.000
朝鲜独居石	10	13.900
广西独居石	2	1.180
铈钠复盐	40	6.940
硝酸镧	2	4.300
发光剂	2	0.183

注：表内所列铈钠复盐、硝酸镧，都是独居石制硝酸钍的副产品，所以混有放射性元素。

表10-5　　外照射γ射线不同剂量的工作时间限制表

每天工作时间接触射线，最大允许剂量为50毫伦	
射线不同放射强度(毫伦/小时)	相对允许时间(小时)
6.25	8
6.94	7
8.33	6
10.00	5
12.50	4
16.60	3
25.00	2

为防止吞入放射性物质，工作人员在工作场所不准吸烟、饮食，不准穿工作服进入食堂。患有皮肤病或有损伤者，应停止对放射性物品的操作。同时，应定期检查身体，以便及早发现问题，采取必要的卫生保健和医疗预防措施。

学习微平台

延伸阅读10-2：危险化学品安全管理条例（部分）

基本训练

□ 知识题

1. 判断题

（1）熟悉危险化学品的性能是做好其防护工作的关键。（ ）

（2）物质的半数致死量越大，其毒性也越大。（ ）

（3）加强温湿度管理是确保自燃物品不发生自燃事故的重要养护措施之一。（ ）

2. 填空题

（1）危险化学品是指具有燃烧、________、________腐蚀以及放射性等性质的商品。

（2）一级自燃物品，库温不宜超过________，相对湿度不宜超过________。

（3）化学灼伤的程度与引起灼伤物质的性能、________、________等有关。

3. 选择题

（1）危险化学品入库验收的感官方法有（ ）。

A. 看　B. 听　C. 摸　D. 嗅

（2）属于窒息灭火法的有（ ）。

A. 黄沙盖　B. 用水扑灭　C.1211灭火剂灭火　D. 拆除相连物

（3）α射线和β射线射程短，穿透力弱，在外照射的情况下，主要防护措施有（ ）。

A. 穿厚工作服　B. 系铝质橡胶围裙　C. 系胶围裙　D. 穿胶靴

4. 简答题

（1）简述危险化学品的储存管理。

（2）在危险化学品的防火工作中，应注意哪些问题？

（3）在危险化学品的养护工作中，如何做好人身防护工作？

综合应用

□ 实训题

日常救火的方法有哪些？各有何特点？

□ 案例分析题

实验室危险化学品安全管理制度

1. 危险化学药品存放点是学校安全防范的重点部位，存放点严禁吸烟、明火等，严禁带火种进入存放点。

2. 严禁闲杂人员进入危险化学药品存放点。

3. 制定完善的药品使用手续，管理员要认真检查出入库药品并及时填写出库单、入库单，经负责人批准后方可发放化学药品。

4. 制定完备的领用及使用登记制度，领用时管理员和使用人必须同时在场。

5. 经常检查、核实和清点库存药品，并做好存放点的通风、干燥和常温避光工作。

6.管理员上下班时应检查门、窗、水、电和通风等设施，确保安全。

7.管理员要掌握药品属性、存放及搬运方法，切实做好药品的防盗、防火、防潮及防爆等工作，发生事故时要迅速启动应急预案，并及时上报学院安全保卫部门。

8.实验人员发现问题时要及时汇报，排除隐患。

资料来源　河南师范大学国家级生命科学实验教学示范中心. 实验室危险化学品安全管理制度［EB/OL］.［2020-01-07］. https：//www.htu.edu.cn/smkxsfzx/2020/0107/c12754a161821/page.htm.

问题：你认为上述实验室危险化学品安全管理制度是否科学全面？

职业工作站

走出课堂，开展《危险化学品安全管理条例》知识咨询活动

● 目标

该项练习能提升你的《危险化学品安全管理条例》认知能力。

● 内容

《危险化学品安全管理条例》，是国家关于危险化学品生产、储存、使用、经营和运输的安全管理施行条例，在班级或操场上开展一次《危险化学品安全管理条例》知识咨询活动。

● 时间

本章课后的业余时间，要求一周内完成。

● 步骤

（1）3～5名同学分为一组，制订知识咨询活动计划。

（2）进行知识咨询准备工作。

（3）在班级或操场上开展《危险化学品安全管理条例》知识咨询活动。

主要参考文献及网站

[1] 国家药典委员会. 中华人民共和国药典（2020年版）[M]. 北京：中国医药科技出版社，2020.

[2] 中国食品药品检定研究院. 中国药品检验标准操作规范（2019年版）[M]. 北京：中国医药科技出版社，2019.

[3] 陆建军. 商品检验与包装 [M]. 3版. 北京：中国劳动社会保障出版社，2019.

[4] 喻智成. 报关与商检模拟实验指导教材——以步惊云报关报检实务教学系统为例 [M]. 成都：西南财经大学出版社，2017.

[5] 赵亚丽. 药品质量检测技术 [M]. 2版. 北京：化学工业出版社，2017.

[6] 杨吉华. 量规仪器简单讲：仪器校正管理与测量系统分析 [M]. 广州：广东经济出版社，2012.

[7] 刘耀威. 进出口商品的检验与检疫 [M]. 4版. 北京：对外经济贸易大学出版社，2017.

[8] 付晓陆，马丽萍，汪少敏，等. 食品农产品认证及检验教程 [M]. 杭州：浙江大学出版社，2018.

[9] 温卫娟. 商品养护技术 [M]. 上海：上海交通大学出版，2009.

[10] 程晓栋，王伟娜. 商品学及商品养护技术 [M]. 2版. 南京：南京大学出版社，2020.

[11] 孙秋高，方照琪，周宁武，等. 仓储管理实务 [M]. 4版. 北京：电子工业出版社，2020.

[12] 谷岩. 仓储管理实务 [M]. 北京：首都经济贸易大学出版社，2020.

[13] 浦震寰，李海华. 仓储管理实务 [M]. 2版. 北京：中国人民大学出版社，2020.

[14] 万融. 商品学概论 [M]. 北京：中国财政经济出版社，2000.

[15] 汪永太. 商品学概论 [M]. 7版. 大连：东北财经大学出版社，2021.

[16] 汪圣佑，张黎. 商品学 [M]. 4版. 北京：电子工业出版社，2021.

[17] 窦志铭. 商品学基础 [M]. 5版. 北京：高等教育出版社，2020.

[18] 刘清华，李海凤. 商品学基础 [M]. 3版. 北京：中国人民大学出版社，2020.

[19] 白世贞，牟维哲，陈化飞. 商品学 [M]. 3版. 北京：中国人民大学出版社，2020.

[20] 中国商品学会网站，http：//www.cscs.org.cn.
[21] 国家市场监督管理总局，http：//www.samr.gov.cn.
[22] 中华人民共和国海关总署，http：//www.customs.gov.cn/.
[23] 中国检验检疫科学研究院，http：//www.caiq.org.cn.
[24] 安全管理网，http：//www.safehoo.com.
[25] 央视《每周质量报告》，http：//tv.cctv.com/lm/mzzlbg.
[26] 中国质量网，http：//www.chinatt315.org.cn.